德意志研究

2018

German Studies

张建伟　主编

图书在版编目(CIP)数据

德意志研究.2018/张建伟主编.—武汉：武汉大学出版社,2019.6
ISBN 978-7-307-20852-0

Ⅰ.德…　Ⅱ.张…　Ⅲ.德语—教学研究—文集　Ⅳ.H339.3-53

中国版本图书馆 CIP 数据核字(2019)第 065205 号

责任编辑:谢群英　　责任校对:汪欣怡　　版式设计:韩闻锦

出版发行：**武汉大学出版社**　(430072　武昌　珞珈山)
(电子邮箱：cbs22@whu.edu.cn　网址：www.wdp.com.cn)
印刷:北京虎彩文化传播有限公司
开本:787×1092　1/16　印张:13.25　字数:298 千字　插页:1
版次:2019 年 6 月第 1 版　2019 年 6 月第 1 次印刷
ISBN 978-7-307-20852-0　定价:45.00 元

编委会
Editorial Board

前 言

“deutsch”一词依据词源学来源于古高地德语 diutisk，意为“属于本民族”，有别于罗曼语民族的民风习俗、性格特征和语言习惯；后来演变成今天这一写法，主要指德国的、德意志的、德国人的和德语的。这是大家所熟知的。然而，当问起“*Was ist deutsch ?*”（什么是德意志?）该如何回答呢？也许，我们习惯于从字面上解释 deutsch 这个词，一句话就足矣；而德国博希迈耶教授为了回答这一问题，写满千页，其目的是去追寻一个民族的自我。围绕“什么是德意志?”这一有趣的话题，博希迈耶、魏育青和黄燎宇三位教授进行了一次有意义的对谈，中德学者从不同层面解读了“德意志”这一语言和文化符号在东西方的语境含义和文化内涵。就连“德意志”三个字的中文翻译也依据汉语字和词的独特功能赋予了译文丰富的内容和含义，尽管不知译者最初选择这三个汉字的用意，或许有一定的偶然性，或许纯属巧合，但“德意志”三字及其寄寓之意仍被认可和接受，并沿用至今。三位学者从中文的翻译又回归到德文的原义，还有引申义，并引用格林兄弟《德语词典》等，让人们了解到“德意志”一词也可以表示高贵的、优秀的含义，体现一种价值和美德。由此又谈到“德意志人”，不只是能干的、勇敢的、耿直的，也是孤独的，但仍具有深邃的精神品质。德国人的这种孤独受到了歌德的指责，因为他欣赏巴黎文艺圈相互交流的和谐氛围，并提出不分国别、相互影响、跨文化交流的“世界文学”。德国人这种纯粹的精神性与现实的分离并存于德意志性之中。

说到德意志人，就想到马克思，2018 年正好是这位伟大思想家诞辰 200 周年，也是《共产党宣言》发表 170 年。《共产党宣言》是马克思、恩格斯智慧的结晶，开创了共产主义。马克思主义在世界广为流传，马克思实践唯物论及其有关人的本质对象化和对象人化之原理就是邓晓芒教授传情论美学的主要理论基础，其次是康德有关审美是人不借助于概念而通过一个对象相互传达情感的定义，为传情论美学提供了审美心理学最基本的哲学原理；再次是胡塞尔现象学对人的审美心理现象所做的“现象学还原”，赋予情感传达以“主体间性”的哲学意味，为传情论美学建立了自己的方法论视域。传情论美学是一个全新的美学概念，是一种新型的美学观点，是一个鲜活的美学思想，萌生于邓晓芒教授长期现实生活中的审美体验和艺术实践经验，既紧贴人的直观感觉，又经受了哲学，特别是德国古典哲学、马克思主义哲学和德国现代哲学的洗礼，使这种感受提升到哲学人类学的层面。任何一个新观念的萌发、新概念的诞生、新思想的创立都离不开思想者渊博的理论学识和丰富的实践经验，还有灵敏的对大自然的悟性。传情论美学的首创同样如此，但传情论美学将不只是一个观念、一个概念，而将成为一个思想、一个学说、一个理论，流传下去。

康德实践哲学就是如此，并一直被称道，高小强教授从其思想出发，质疑来自于进化论的历史必然进步观，并反思康德视为最好的政治制度，进而提出应重视中华民族伦理基础，复兴礼教传统。高小强对权威理论并非一味顺从，点头称是，而是听从心灵意愿，依据所思所想，发表独特见解，并逐一分析，有理有据，体现出一位真正学者的反思精神和独立秉性。

理论源于生活，而生活又呈现在作品之中。托马斯·曼《魔山》被杨武能教授视为德国文学的一座宝山，在这里可以“寻西方精神思想之幽，搜欧洲人生世相之奇，览德语现代小说之胜”。《魔山》使用得最多也最有趣的现代主义手法是象征和精神分析，就连小说取名《魔山》也含象征寓意，小说所展现的“山庄”疗养院以及生活在里面的形形色色之人，也都富有对于特定的时代和社会的象征意义；小说精到、深入、全面和精彩地分析和论说了生与死这一核心问题，以及时间这个构成生命的要素。在杨教授笔下，《魔山》所描写的“山庄”疗养院实际上是19世纪末20世纪初精神空虚、道德沦丧、危机四伏的资本主义欧洲的缩影；整个“山庄”都未能逃脱死亡之厄运，这意味着“山庄”所象征的世界已经衰败、没落，欧洲战前代表自由资本主义的资产阶级在精神上已经衰败、没落。杨教授认为《魔山》作为《布登勃洛克一家》后续之作，已超越前者一大步，所反映的时代和社会生活更广、更深。有趣的是，《布登勃洛克一家》有一个副标题：一个家族的没落，杨教授也仿托马斯·曼之笔给《魔山》加上副标题：一个阶级的没落。将“家族”改为“阶级”，虽只换一词，看似随性而为，信手拈来，其实是深思所作，巧解题意。

中德文学交流源远流长，老子《道德经》在德国最初的传播要归功于施特劳斯，1870年第一个德文全译本就出自这位汉学家之手，施特劳斯用《圣经》等宗教术语阐释《道德经》之要素，可谓以“经”释“经”，让德语读者走近道家，感悟其神秘主义思想。谭渊和熊姣研究发现施特劳斯《道德经》

译本不只是含有大量背景知识，更是蕴藏了道家思想的深度。德国人青睐老子，研究老子时离不开卫礼贤《老子道德经》（1911 年）德译本，卫礼贤怀着虔诚之心走上“道可道非常道”，翻越繁复的古代汉语和高深的道家哲学这一座座语言和思想之山，融会中西文化，渗入自己思想，采取独特的或异化或归化翻译方法，打造出一部享有盛誉的百年经典译本，从而又开辟出一条东西方文化交流之道。鉴于此，戴特宁教授借鉴施莱尔马赫的翻译理论，详尽分析了卫礼贤在译作中如何尊重中国文化，以及如何巧妙借用歌德、路德、尼采等作品，其观点颇为新颖，不妨一读，还会引人深思。

不只是《道德经》，还有许多中国古典著作，如《文选》同样引起德国学者翻译和研究的兴趣。赞克《文选》德译本备受推崇，林琳和罗静从翻译策略上细致地分析了其中“赋”的篇题翻译，认为“赋”这一汉字的翻译展现了赞克中国文字和历史的学术造诣，体现了赞克严苛的翻译标准，奠定了篇题翻译中语言与文化融合的基调，吸引了西方人的阅读兴趣，可称为术语翻译之典范，值得揣摩借鉴。

《红楼梦》这部经典之作在德国人眼里是中国最好的小说，受到全世界欢迎。但《红楼梦》德文缩译本到全译本从翻译到出版却经历了一个漫长时期。20 世纪 90 年代，吴漠汀同学从马汉茂老师手中接过施瓦茨先生《红楼梦》前 80 回本译稿，也是传承了一份重担，一份责任，沉甸甸的。为了前辈之托，续译后 40 回本，吴漠汀也从青涩学子成长为大学教授。到今年，《红楼梦》德文全译本第 4 版就要出版，30 年心血倾注在《红楼梦》上，吴漠汀教授认为：值！并为此愿意一辈子。这种弘扬中国文化的精神令人钦佩！“无论说哪一种语言，身在哪一个国家，人们都应当读一读《红楼梦》”。这美好之梦，也有圆梦之时。

记得两年前评论谭渊教授论文时曾说过：布莱希特流亡并不意味着逃亡和沉沦，而是《从流亡到寻求真理之路》。谭渊再次强调布莱希特借助“历史镜像”廓清了德国“流亡文学”之目标和意义，并赋予了流亡道路一种新内涵：一条具有传奇色彩的反法西斯斗争道路。谭教授用史料说话，去伪存真，厘清渊源及因果关系，探寻结论。如叶隽教授所言：“他对中德文学关系研究的学术史谱系梳理，自有其特色，可以为后来人提供基本线索。如果能更具学术史眼光和代际谱系意识，乃至自身的架构设置，那么其对学术推进的意义则可更上层楼。”这令人期盼。

里尔克《马尔特手记》里一个个灵异现象片段神秘如谜，朱可佳博士以唯灵论元素的诗学维度为原点，直面不可见域及无法理解的存在者，跨越理智设定的生死界限，肯定死亡在生命中的在场性，梳理出小说中所蕴含的死亡观和世界观，并以此作为马尔特成为真正诗人的前提条件，同时论证了20世纪初风行德语文学圈的唯灵论对里尔克不可忽视的影响。

德语不只是德国，同样是瑞士的官方语言，瑞士作为多语制国家一直在探索制定并实施适宜的语言教育政策。语言教育政策是国家教育政策的重要组成部分，程曦和张建伟力求从政策制定和执行两个方面阐释瑞士语言教育政策，同时分析了社会和经济发展对其影响，因为瑞士是多民族国家，其语言政策关系到语言知识能力的培养，还影响到社会的稳定和发展。

德语语言学同样受到马克思主义影响，以“Bürger”为证，其派生词“bürgerlich”在马克思主义概念里与“资产阶级”密切相关。“Bürger”原义源于“城邦市民”，后指“城市居民”、“国家公民”，以及“资产阶级”，童欣探讨其在德国历史语境中的发展和演化，寻找其含义和情感色彩的演变与德国社会各阶级在不同时期之关联性。追根溯源，留下了青年学者寻觅真知的足迹，脚踏实地，一步一个脚印，在学术之路上将走得更远，直至目的地。

记忆，总是在追寻过去。海顿教授在德国柏林和勃兰登堡州搜寻中国印迹，从波茨坦无忧宫的中国茶亭到勃兰登堡州的桑树大道，追溯到普鲁士王国与中国长达数世纪的交流往来。这些看得见摸得着的记忆载体记录了两国在各个方面的交往状态，承载了两国人员交往时的各种情感，见证了不同时期的中德关系。有些往事虽不忍回首，但不可忘记。以史为鉴，铭记历史，方可使命在心，责任在肩，勇敢前行。

《德意志研究》（2018）也将成为一个记忆，相信这将是一个有历史意义的记忆，不只是承载了一个新的理论，一个新的学说，而是记录了一个新的探索精神，一个新的思想诞生。记忆，总是在不经意间悄然开启。当您记起《德意志研究》（2018）时，它或许成为您的参考文献。

张建伟

2019年春于武昌喻家山

目 录

学者访谈

哲学与美学

文学与翻译

语言与文化

Contents

Scholar Interview

Philosophy and Aesthetics

Literature and Translation

Language and Culture

学者访谈

什么是德意志？

——博希迈耶、魏育青和黄燎宇对谈录

复旦大学　姜林静

编者按：德国"金色歌德勋章"获得者、巴伐利亚艺术科学院前任主席迪特·博希迈耶院士(Prof. Dr. Dieter Borchmeyer)于2017年出版了一千多页巨著《什么是德意志？一个民族的自我追寻》(*Was ist deutsch? Die Suche einer Nation nach sich selbst*)，追溯了"德意志"这一概念从歌德到瓦格纳，再从尼采到托马斯·曼的变迁，以及它在现实处境下的全新意义，反响非凡。

围绕"什么是德意志"这一宏大主题，博希迈耶教授于2018年10月受邀在北京、上海两地从德国哲学、德国音乐和德国文学等多个角度，11天进行了11场系列研讨课、报告及对谈。10月18日在复旦大学，这位来自海德堡大学的德国教授与复旦大学德文系主任魏育青教授和北京大学德语系主任黄燎宇教授一同直面"什么是德意志"这一问题，从中德学者不同的视角探讨了"德意志"这一文化符号在双方旧题新意和内涵与外延之韵味。李双志博士和姜林静博士精彩的即兴翻译为中德三人对谈营造了轻松愉快、和谐友好的交流氛围，在此将中德三人对谈录编撰成文，以供中德学人交流分享。

中德三人对谈录

黄燎宇：首先，我想感谢复旦大学，感谢我的同事魏育青教授，还有李双志博士和姜林静博士，邀请我参加如此有趣的活动。我有幸在二十年前就结识了博希迈耶教授，他渊博的学识、宽广的视野给我留下了深刻的印象。我们都是托马斯·曼的爱好者，都是马丁·瓦尔泽的朋友，虽然马丁·瓦尔泽并不喜欢托马斯·曼。托马斯·曼在流亡期间说过一句名言："我在哪里，德国文化就在哪里。"我认为这句话也非常适用于博希迈耶教授：他在哪里，德国文化就在哪里。另外，托马斯·曼身上体现了尼采所说的理智的诚实，还有斗争精神，而博希迈耶教授也具有这样的品质。不仅如此，他还有极高的音乐素养。这一点就很德意志。我昨天在高铁上翻阅《什么是德意志?》，读到一句话，这句话用来评论托马斯·曼在东德参加歌德纪念活动时发表的言论在东、西德和美国引起的反响和争论。博希迈耶教授是这么写的："冷战的寒风像刀锋一样刺进了他的脸。"我觉得这句话源自舒伯特的《菩提树》(*Der Lindenbaum*)，因为《菩提树》中有一句就是："凛冽的寒风吹拂着我的脸"(Die kalten Winde bliesen mir grad' ins Angesicht)。我们的

座位紧挨着，所以我马上向他求证。他觉得是这么回事，但并非故意的。可见，博希迈耶教授的行文已经不自觉地带入了音乐与诗歌的成分。看看他，我们就知道什么是德意志。《什么是德意志?》这本书出版后，在柏林文学馆举行过一场对谈活动，请博希迈耶教授与德国联邦议院议长拉默特(Nobert Lammert)先生对话。拉默特有一句妙语，他说："什么是德意志？最简洁的回答应该是这个问题本身。"

博希迈耶：我简单补充一下，我和黄教授是在二十年前的昆明认识的，当时正好也是纪念歌德诞辰250周年的活动。而姜林静老师，我是在十年前和马丁·瓦尔泽一起来上海的时候认识的，各种机缘巧合下她来到海德堡大学读博，我也成了她的博士生导师。

黄燎宇：我们回归正题，来谈谈"什么是德意志"这个问题。这也是我们这些海外日耳曼学者非常感兴趣的一个话题。在今天这样一个国际化的对谈和讨论当中，我们首先需要从翻译说起。"Deutsch"在中国被翻译为"德意志"三个字，由"德"和"意志"两部分组成。我认为，这既是一个正确的翻译，也是一个错误的翻译。首先，我想说说我对这个翻译不满意的地方，因为德国的"德"，也就是"美德"(Tugend)的"德"，这是完全不对的。托马斯·曼对此可能会非常生气。因为，对他而言"美德"一词基本上是用来骂法国人的。他说过，法国等国家是被理性、启蒙、道德驯化的"文明"(Zivilisation)之国，德国是不排斥野蛮和野性的"文化"(Kultur)之国。我认为德国和美国的译名应该换一换，美国在中文里是"美的国度"，而我认为，德国人才是真正的唯美主义者，所谓的德意志性尤其体现在审美意义上。这可以回溯到康德对"美"的定义。康德说过，美是不涉利害的愉悦。无功利的自为的追求，就是一种唯美主义，而这种唯美主义正是德意志的特性之一。博希迈耶教授在他的书中也引用了从康德到瓦格纳的相关说法。

第二点，除了"德"之外还有"意志"这一部分，"意志"一词基本符合中国人对德国的想象。中国人都知道德国有一部电影叫做《意志的胜利》(*Triumph des Willens*)。(博希迈耶：这是一部纳粹电影。)没错，但这部电影在中国却广为流传。我们中国人在德国人身上首先看到一种坚韧的品质。例如，德国人发动了两次世界大战，两次世界大战都战败，但每次战败后都能很快地重振旗鼓，实现奇迹般的复兴。虽说二战之后复兴了的德国并不再是原来的德国了，但这种意志上的坚韧却让我们中国人感到印象尤为深刻。前不久，在北京和上海都设有代表处的DAAD(Deutscher Akademischer Austauschdienst)在重新登记的时候被要求更名。它原来的中文名称是"德意志学术交流中心"，新的名称为"德国学术交流中心"。DAAD的驻华首席代表博涵蕾(Hannelore Bossmann)女士对此感到非常困惑。她不懂汉语，也不明白原来的翻译出了什么问题。我就安慰她说，这个名字符合政治正确原则，因为"意志"两字更容易让人想起19世纪的"大德意志"方案，"德意志"听着有点儿咄咄逼人，所以"德国"听起来比"德意志"温和了很多。

博希迈耶：这次来华访学有个小插曲，或许与德国人"坚韧"的品质有些关联。我上周末飞到北京的时候，由于签证上的日期搞错了，而入境前没有注意到这个错误，导致下了飞机后无法通过海关。当时恰好不是工作日，中德双方又联系不到人，于是只能被迫遣返。但我回到慕尼黑之后马上用最快的速度重新办了签证，再一次飞到了北京，在一周之内经历了三次10小时的航程，可以说绕着地球飞了一圈。

魏育青：也正因为如此，我们今天才能与博希迈耶教授相聚复旦，畅谈“什么是德意志”。而黄教授能够从“德意志”三个字里讲出这么丰富的内容和含义，我很佩服。不过我认为，我们在用中文来翻译的时候，总是倾向于用一些积极的字词去翻译，但不一定真的是在用这些字词来描述这个国家。“德意志”的译法大概出现在第二次鸦片战争十年之后，当时对很多西方大国的国名翻译都采用了一些带积极含义的字词，例如“英吉利”、“法兰西”等等，当然也有“西班牙”、“葡萄牙”这样的例外。所以我认为，“德意志”这个翻译也可能是一个完全出于偶然的组合。

博希迈耶：虽然这些翻译可能具有一定的偶然性，但从德语的角度来说，“Deutsch”一词本身确实带有价值色彩。例如在格林兄弟编纂的《德语词典》(*Deutsches Wörterbuch*)当中，除了对“Deutsch”一词在词源学上的介绍外，还提到这个词也可以表示“高贵的”、“优秀的”、“出众的”等价值判断上的含义。因此，一个“德意志人”则通常就是能干的、勇敢的、耿直的，不会欺骗别人，还具有深邃的精神品质。除了格林兄弟的《德语词典》外，阿德隆(Johann Christoph Adelung)的《高地德语方言语法批判词典》(*Grammtisch-kritisches Wörterbuch der Hochdeutschen Mundart*)中也提到了德意志人的正直和正义感。另外，塔西陀(Tacitus)在他的《日耳曼尼亚志》(*Germania*)中已经对日耳曼的特性有所记载，并将其视为一种与当时没落、颓废的罗马帝国相对立的精神气质。所以“德意志”一词恰恰体现了一种价值和美德。在席勒的《阴谋与爱情》(*Kabale und Liebe*)中，主人公斐迪南的父亲想要他迎娶君主的情妇米尔福特夫人，以谋取政治利益。但斐迪南严词拒绝，他说自己不能这样做，因为他是一个“德意志青年”。

魏育青：非常感谢博希迈耶教授提到的“德意志”与美德之间的关系。不过在150年前，当中国人翻译“德意志”一词的时候，或许并没有去查《格林词典》，也很难考证当时人们为什么这样翻译。我想强调的是中国人有这样一种翻译的习惯：把一些美好的词用在外国国名的翻译上。至于当时的译者是否真的有更深层面的考虑，可能还有待商榷。另外，对于接受历史一定要考虑当时的语境，电影《意志的胜利》大约是在1939年前后在中国上映的，当时中国正处于抗日战争之中。

黄燎宇：在中国人眼中，德国人的确是一个拥有坚强意志的民族。一个例子就是德国足球队，唯一的例外可能是2018年世界杯在莫斯科的失利，但除此之外他们的确总是体现了坚韧的品质。另外，关于外国名字的翻译还有两个问题。其一，到底是谁翻译了这些名字，是中国人还是外国传教士，或者当时精通中文的外国人？其次，也并非所有的国名在翻译成中文时都用了好听的词，例如犹太人的“犹”，这个字带反犬旁，让人联想到动物，明显带贬低意味，人家甚至可以说这是一个带有反犹倾向的译名了。如果那样，我们就冤枉得很。在历史上中国人可能是对犹太人最友好的民族之一，从宋朝开始就有犹太人在中国居住，现在统称开封犹太人。与他们的欧洲同胞不同，他们没有遭遇歧视和屠杀，后来还逐渐汉化。第二次世界大战时上海也接纳了非常多的犹太难民。所以关于“犹太”这个译名，我们是不是应该考虑到还有更复杂的背景，比如是不是存在和《圣经》翻译之间的联系。另一个国名译得比较难听的国家则是“俄国”，它的发音上让人产生的联想不是“饥饿”的“饿”，就是“笨鹅”的“鹅”。所以我觉得，汉语里并不是所有的国家都有好听的译名。

博希迈耶：关于用在其他民族身上不太友好的词，还有一个典型的例子，就是在1800年左右，当席勒这一代作家提到法国人的时候，并不是用德语里本来指法国人的“Franzosen”一词，而是用“法兰克人”(Franken)来取代对法国人的称呼。原因在于，“Franzosen”一词在当时已经被污名化了，人们都用“Franzosen”来代指梅毒，因为他们认为梅毒都是法国人带来的，原来的法国人一词也就和梅毒联系在了一起。

提 问 环 节

听众一：我想提一个关于瓦格纳的问题。为什么希特勒和路德维希二世都是他的粉丝，他究竟有什么特别之处？

博希迈耶：伟大的艺术或艺术家受到人们的崇拜是很自然的一件事情，而他们被什么样的人所喜爱则是无法控制的。我举一个例子，奥斯维辛集中营的幸存者中有一位拉大提琴的女子，门格勒(Josef Mengele)在把犹太人送去焚尸炉前略感疲惫，于是要求她演奏一曲舒曼的《梦幻曲》(*Träumerei*)。曲毕，门格勒又有了力气，便继续送犹太人去焚尸炉。虽然舒曼的音乐在某种程度上帮助门格勒恢复了精神，但这并不意味着舒曼要对纳粹的行径负责。另外，路德维希二世本人其实是亲犹的，所以他对瓦格纳反犹的一面并不乐于了解。而希特勒虽然喜欢瓦格纳，但他对瓦格纳的排犹观点也并不完全认同。因为瓦格纳曾说过，犹太民族经过改造和重生可以重新融入德意志民族，这种“融入和重生”与希特勒的种族灭绝观点自然是不相容的。

听众二：海因茨·施拉夫(Heinz Schlaffer)在《德意志文学简史》(*Die kurze Geschichte der deutschenLiteratur*)中提出，二战后再无优秀的德语文学作品。请问您对此如何看待？您认为二战后是否还有优秀的经典德语作品出现？

博希迈耶：施拉夫的这本书是十年前写的，现在早就被人忘记了，里面有很多陈词滥调，而您所提到的这个观点也并不新颖。事实上我们很难说一百年后哪些作品会被人记住，会成为经典。例如，我们如果在1770年说约翰·塞巴斯蒂安·巴赫(Johann Sebastian Bach)的伟大，人们一定会觉得很奇怪，认为明明小巴赫(Carl Philipp Emanuel Bach)的贡献才更大。但如果今天看来，整个巴赫家族中理所当然是父亲大巴赫在音乐史上具有很重要的地位。再比如荷尔德林，他去世后很长一段时间都无人问津，直到20世纪初格奥尔格重新发现荷尔德林，才使他成为诗人中的诗人，得到了大家的认可。如果要说当代文学中哪些作品能得以流传，成为经典的话，我认为君特·格拉斯的《铁皮鼓》(*Die Blechtrommel*)可以说是一个世界文学的现象，它被翻译成多种语言，在世界各地被阅读。马丁·瓦尔泽的《迸涌的流泉》(*Ein springender Brunnen*)也可以算得上一部经典作品。但也很难说这些作家以后会不会被人遗忘。托马斯·曼和歌德属于努力追求身后名声的作家，他们的确给后人留下了很多文化遗产，但对于“身后之名”的追求有时甚至也成了他们的一种负担。总而言之，我们对于当代文学作品能否成为经典这样的问题必须要谨慎对待。

黄燎宇：博希迈耶教授书中有一章是关于两德统一的，我想借用托马斯·曼的长篇小说《浮士德博士》(*Doktor Faustus*)中的一个说法来为它更名。《浮士德博士》的主人公是一位现代音乐家，他创作的一部作品叫“浮士德博士的哀歌”。我认为，《什么是德意志?》的最后一章就可以叫作“博希迈耶博士的哀歌”，因为他在这里哀叹了联邦德国的文化创造力不如从前。五年前，博希迈耶教授在北大做讲座的时候，有一位从事国际政治研究的同事问道：“德国在很多文化领域都有着辉煌的成就，但唯独不讲政治，在政治上缺乏经验。”博希迈耶教授的回应是：“这已是过去式了，现在德国的政治搞得很好。遗憾的是，我们不再有贝多芬和瓦格纳，不再有歌德和托马斯·曼这样的文化大家。”我们发现，德国的文化发展和政治发展有时相生相克。为什么德国在二战后没有文化巨人出现？可能因为德国人在两次世界大战后变“乖”了，不再出“疯狂的天才”。博希迈耶教授的书中就有许多活生生的例子来说明什么是“疯狂的天才”，对此也有很多有趣的言论。例如席勒曾说过，德意志帝国和德意志民族是两回事，政治王国越风雨飘摇，精神王国就越稳固完美；施莱格尔则声称，法国大革命、费希特的《知识学》(*Grundlage der gesamten Wissenschaftslehre*)和歌德的《威廉·迈斯特》(*Wilhelm Meister*)是时代的三大趋势——这当然是一种疯人疯语，我很难想象其他哪个民族会拿两本书和法国大革命相提并论。瓦格纳也说过，神圣罗马帝国尽可烟消云散，但神圣的德意志艺术永垂不朽。对此，重视常识的中国人可能会说，皮之不存，毛将焉附。中国人绝不会像尼采一样撰文探讨“我为什么如此智慧”(*Warum ich so weise bin*)、“我为什么如此聪明”(*Warum ich so klug bin*)、“我为什么写出如此好书”(*Warum ich so gute Bücher schreibe*)，我们也写不出昔日德国国歌的气魄，昔日的德国国歌一开始就是：“德意志、德意志高于一切”(Deutschland, Deutschland über alles)。像这样一些奇思妙想和疯人疯语在今天的德国似乎就很难再看到。博希迈耶教授的书中也提到，有很长一段时间德国人认为哈姆雷特是德意志精神的写照，因为哈姆雷特富于思想，贫于行动。但今天的德国人，正像博希迈耶教授自己曾说过的，却是富于行动，贫于思想。

魏育青：中国对德国的接受史在20世纪二三十年代有过一段非常辉煌的时期。当时很多在德国留学的中国人，虽然学的可能是医学、哲学、机械等，却将翻译德语文学作为业余爱好。当时在上海五所高校最初开办德语系的创始人，也致力于宣传德意志文化，包括郭沫若这样的一流文人也翻译了很多德文作品。因为对于当时的中国而言，德国具有先进的文化，在诸多方面扮演着领先者的角色，德语在很多高校都是一门必修课。但1933年希特勒上台后一切都变了，这对于德国在中国的接受史来说是一个重大的转折。并且当时很多优秀的思想家、科学家都离开了纳粹德国，只剩下同纳粹合作的以及流亡的一批人，于是德意志的辉煌便不复存在。我很想知道，您认为当今的德国在哪些领域取得了可以和一百年前相媲美的辉煌成就呢？

博希迈耶：我本人算是一个乐观主义者。当前的德国政治的确趋于成熟和稳定，属于欧盟国家中的中坚力量，至于为什么德国现在缺少"疯子"，可能因为现在的德国媒体总是大力打击那些离经叛道的言论。马丁·瓦尔泽在1998年发表过一些具有争议性的言论，受到了媒体的打压和指责，以至于现在人们对他的接受度仍然不高。媒体对于政治正确的过分追求使得一些非主流的意见无法得以展现。因此现在的德国也很难再出现像荷尔德林这样的"疯狂的天才"。而且伴随着全球化趋势和欧洲博洛尼亚大学体制改革，德国大学面临着很多问题，而且越来越失去了原本作为精神高地的地位。像今天这样，有这么多年轻的学生在晚上来听报告，这在德国已经很少见了。海德堡大学我的讲座上，听众大概是50岁到102岁，而上周末我在北京的研讨会却场场爆满，让我感到很惊讶。如果说德国今天还有什么令人赞叹的技术的话，那么可能就是汽车制造技术吧。

听众三：在19世纪，中国人和日本人对"德意志"有不同的翻译方法。日本人用"独"来翻译"德意志"。与在欧洲范围内更受欢迎的法国文化和其他文化相比，德国文化是不是一个相对独立的、孤家寡人式的文化？我读了黑塞《荒原狼》(*Der Steppenwolf*)，孤独是不是可以说是一种德国人特有的精神特质？

博希迈耶：的确如此，虽然现在不像以前那么明显了。歌德也曾指责过德国人的孤独。在文学上尤其如此，作家之间没有沟通，彼此互不相识。例如席勒曾非常崇拜康德，却从未前往拜访；瓦格纳非常景仰叔本华，两人却也未有太多交集。德国浪漫派时期甚至曾有一本杂志，名字就叫做《独居者报》(*Zeitung für Einsiedler*)。歌德就很欣赏巴黎的文艺圈，因为在那里，大家彼此之间有更多交流。歌德的"世界文学"观念最初也是受到了法国杂志的启发。他所说的"世界文学"概念指的并不是荷马、莎士比亚等这些世界性的文学巨匠，而是指所有的作家应该不分国界，相互产生影响，形成超越国别的交流。所以孤独和独立确实是德国文学的一个问题。相比之下，作曲家就要好许多，他们需要和指挥家、交响乐团打交道，所以必然会有更多的交流。很多音乐家、作曲家聚集在维也纳，维也纳对他们来说就如同当时的巴黎，是汇聚了众多声音的一个音乐中心。

听众四：德意志始终有一种想要恢复神圣罗马帝国的意愿，急于自我证明，但同时德意志精神又具有一种不追求功利的审美取向，这两种精神元素是否有所矛盾，还是说这种矛盾本身也是德意志精神的一部分？

博希迈耶：这种纯粹的精神性与现实的分离的确存在于德意志性之中。托马斯·曼在《一个不问政治者的看法》(*Betrachtungen eines Unpolitischen*)中就曾深入探讨过这个问题。他一方面是个精神世界极其丰满的人，一直笔耕不辍，每天早上起来一定要写作，即使在火车上也一样。搬家的时候也要确保有可以写作的书房来创作他的小说《约瑟和他的兄弟们》(*Joseph und seine Brüder*)；另一方面他也是一个杰出的演说家，在演说当中他则扮演了一个政治家的角色。再例如海涅，他也是一个现实与精神世界分离的例子，这种现象在德国是确实存在的。

黄燎宇：德国人可以分为政治精英、文化精英和普通民众三类，他们的角色是不同的。在你的书中，我们读到更多的是文化精英的看法，但德意志当然还有其他的面相。你在书的末尾也提到，德国人长期以来认为自己是一个文化民族，你也属于仍然忠于“文化民族”理念的少数派德国知识分子。信仰“文化民族”理论的德国文化精英，更加向往的德国城市可能是海德堡、魏玛、拜罗伊特，而不是柏林。英国、法国的精神聚集地从来都是伦敦和巴黎，而在昔日的德国则是魏玛。魏玛虽然从地理上来看是个小城，但在精神文化上却是一座大城。两德统一之前，大部分德国知识分子不认为两德必须统一，他们认为只要文化上是统一的就可以了，政体上是否统一是次要的。君特·格拉斯曾说过，两德统一既是不可能的，也并非人心所向。但是，两德统一之后情况发生了转变，在波恩与柏林之间，人们选择了政治化的柏林。另外，对于上一个问题，托马斯·曼和他的同时代人尤其强调德意志的特殊性。但德国的发展和德意志性是否真的走上了一条特殊的道路，这在今天依旧是一个备受争议的话题。有人说正是这条特殊道路使德国通向了希特勒，至于这种说法是否合理，还有待于考量。尤其是在托马斯·曼一代人眼里，英国人只是一个商人的民族，德国人才是创造文化的英雄。但反之，今天很多德国人会把自己看作商人。

听众五：语言对我们来说非常重要，德语本身对于德意志文化而言也非常重要。奥地利也是德语国家，曾经受到哈布斯堡家族上百年的统治，那么奥地利和德意志之间的关系是怎样的呢？

博希迈耶：奥地利的身份问题是一个很棘手的问题。1806 年神圣罗马帝国在拿破仑的铁蹄下走向没落，弗朗茨·约瑟夫成为哈布斯堡王朝的最后一位皇帝。而到了 1871 年，由于奥地利是一个多民族国家，又无法和德国统一。1914 年奥地利和德国在第一次世界大战中成为联盟，但战后的德国宪法甚至称奥地利是德国的一个组成部分。此前，魏玛宪法也将奥地利与德国的最终统一作为目标，因此后来希特勒进军奥地利时似乎已经理所当然地认为奥地利是德国的一部分。总的来说，奥地利当然也具有其“奥地利性”，但我认为这同“巴伐利亚性”、“萨克森性”、“图林根性”没有本质区别，很难与德意志性相提并论。

总　　结

博希迈耶：在德国，中国也被称为“中央之国”，而“中心”（Mitte）这个概念对德国来说是非常重要的。德国同样处于欧洲的中心，在经历了三十年战争、第三帝国等分裂阶段后，如今的德国又重新成为欧洲的中心。托马斯·曼在一次吕贝克的讲话中也谈到，“中心”是一种纯粹的德意志概念。“中心”一词在德语中也可以派生为出“媒介”、“传播者”（Vermittler），所以德国也重新担任起一个中间人的角色，担负着给欧洲带来和平的使命，起到能使欧洲重新回到普世主义、平等主义的媒介作用。我认为，这也是德国在重新统一后最大的责任和义务——不仅在地理上处于中心，也在精神上成为一个中介者。我很好奇的是，中国人对于“中间”的概念有什么看法？

黄燎宇：其实中国作为“中央之国”和德国作为欧洲的“中央之国”是两个完全不同的概念。把德国称为“中央之国”，是一种地缘政治的描述，指的是德国夹在东、西方两大势力之间。作为“中央之国”的中国，是就华夷之辩而言的，华夏在中心，所以“中央之国”反映出我们在历史上的一种自大心态。当初我们认为除中国之外不再有其他更高级文明的存在。另一方面，我们也可以从儒家的“中庸之道”来理解中国的“中”，把中国视为“中庸之国”的简称。中国人讲“中庸”，提倡克制与均衡。这点也与德国截然相反。德国恰恰是一个很容易走极端的国家。这个说来话长。最后我想用海涅《夜思》(*Nachtgedanken*)的开头来描述此刻的心情，“每当我想到德国，我总是夜不能寐”(Denk ich an Deutschland in der Nacht，/ Dann bin ich um den Schlaf gebracht)。今晚我或许就要经历一个不眠之夜。

魏育青：在讨论“中央之国”和德国的中心位置时，我们要知道中国并不把自己视为处于中心的国家，因为处于中心也是处于被包围的危险位置。历史上我们称中国为“天下”，这不是指世界的一部分，而就是世界本身，所以当时无法想象还有其他与中国对等的国家或文明的存在。但这种自我中心的想象是非常危险的，它代表了一种凌驾于其他民族之上的优越感，这也是我们始终需要警惕的一种观点。

“全世界都应当阅读《红楼梦》”

——《红楼梦》德文版译者吴漠汀教授访谈录

西南交通大学　沈彬彬

编者按：德中协会主席、德国维藤海德克大学(Universität Witten/Herdecke)吴漠汀(Martin Woesler)教授与赖纳·施瓦茨(Rainer Schwarz)先生合译的《红楼梦》德文版全译本第4版将于今年12月在德国出版。吴漠汀教授于2019年春接受了波恩大学访问学者沈彬彬先生的现场采访，回答了关于《红楼梦》德文全译本1—4版的相关问题，以及翻译《红楼梦》后40回本的由来、经历和感悟。巧的是：《红楼梦》德文全译本也是由二人完成，施瓦茨、吴漠汀分别译了前80和后40回本，刚好与曹雪芹和高鹗及其前后回本相对应。从访谈录中我们可以了解到《红楼梦》在德国的接受情况，了解到翻译家对待翻译及其译作的追求和态度。外国翻译家和汉学家对中国传统经典作品的翻译和传播值得我们尊重和感谢！对宣传中国文化的外国学者我们深表敬意！

沈彬彬：吴教授，您好！谢谢您在春暖花开之时和我一起走进《红楼梦》！谢谢您和施瓦茨先生用德文合译了中国经典作品《红楼梦》120回本，让德国人能读到完整的《红楼梦》！请问《红楼梦》德文全译本为什么取名：*Der Traum der Roten Kammer oder Die Geschichte vom Stein*(《红楼梦又名石头记》)，就像是两个书名。

吴漠汀：谢谢沈先生！很高兴在德国与您聊一聊《红楼梦》。《红楼梦》德文全译本的取名是有缘由的。霍克思(David Hawkes，1923年7月6日—2009年7月31日)和闵福德(John Minford，1946年出生)英文版《红楼梦》也有这两种书名。《红楼梦》原文不同版本有不同书名，最常用的是《红楼梦》，再就是《石头记》。曹雪芹自己手稿上一般用《石头记》，少数用《红楼梦》。从1791年首次出版，大部分用《红楼梦》这种署名。《红楼梦》德文全译本由此将“红楼梦”与“石头记”用副词“oder”(或)连接，合二为一，这样就涵盖了中文原文的两个书名。

沈彬彬：原来如此，书名的翻译也显示了译者对原文的尊重。请问今年将推出的《红楼梦》德文全译本第4版与已出版的第1—3版有什么不同，其主要特点是什么？

吴漠汀：《红楼梦》德文全译本第1版由施瓦茨、吴漠汀合译，吴漠汀主编，原计划于2006年出版，后延迟至2007—2009年由欧洲大学出版社在德国波鸿出版发行，共3卷，这也是首个《红楼梦》120回本德文全译本。2010年，欧洲大学出版社在波鸿出版了第2版合订本；2016年在中国北京外文出版社出版了第3版《红楼梦》中德对照版本，共6册，列入《大中华文库》系列，以便中国和德语国家的读者都能欣赏，对照中文与德文进行比较、检验和研究。《红楼梦》德文全译本于2007年首次出版后，国内外红学家对译本翻译不断提出建议，随后我们对译本进行修改，包括翻译、注释和图片等方面。每个修订版都渗透和融入了学者的意见和译者的心血。

即将推出的第4版本再次吸收了红学家的建议，我作为《红楼梦》德译本主编带领学术和翻译团队分析哪些建议真的会提高新版本的翻译质量，特别是讨论怎样在译本修改时尊重并体现这些意见，哪些建议实现不了或是会影响翻译质量而不采用。我们又与中国学者一起仔细对照原文检查了后四十回本的每一句，力求做到译文准确地道，简洁明了。

沈彬彬：请问《红楼梦》德文全译本在德国反响如何？

吴漠汀：《红楼梦》德文全译本反响很好，很受欢迎，在德国ARD电视台永久最畅销书籍上排名第四，销量也很可观；同时得到德国学术界和翻译界的关注，讨论也很热烈。很多喜欢《红楼梦》的学者研读《红楼梦》，成为红楼梦译者和评论者。《红楼梦》德文全译本第1—3版有不同版本，以适应不同读者的需求。特别是6册精装版本，设计精美，德汉双语，包含200幅当代插图。正如我从信件和读后感中看到的那样，德国读者喜欢这部小说。

事实上，这部作品让德国读者想起了托马斯·曼的诺贝尔获奖小说《布登勃洛克一家》的许多方面。《红楼梦》带着德国读者穿越到遥远的文化和遥远的时代。然而，经过一段时间的阅读，德国读者似乎也无意中感觉很熟悉。这有许多原因。

首先，是因为在跨文化中存在相通的人类共性。所以读者可以很容易地把自己放在主角中，因为他们都曾年轻过，有着相似的经历，如友谊、创意性的艺术创作、继承者的责任、日常生活等。

其次，该部小说是最早的中国小说之一，通过主角们朗朗上口的对话，构成了一个时代及其延伸的时代小说，描绘了社会和地区中非常独特的角色，激活了部分角色的内部视角，这些视角不是非黑即白，而可能是灰色地带及其周边。

当然，中国小说中成百上千的人物角色需要德国读者去习惯，还有诗歌的插入以及大量不再重聚的故事情节线索。各式社会群体的日常生活，自然和差异化的情感世界以及各种幽默、社会批判、哲学的离题的翔实描述受到德国读者的欢迎。

沈彬彬：请您用一两句话说说《红楼梦》和曹雪芹。

吴漠汀：我认为，《红楼梦》是最好的中国文学，每个中国人都知道它，全世界都应当阅读《红楼梦》。关于这部小说的研究也很有意思。我了解一百年前人们对这部小说的接受情况，尤其是西方传教士、译者、文化使者和汉学家。从中我们发现，对《红楼梦》的评论反映了当时的时代精神，(在启蒙运动中的中国热和理想化之后)从消极(帝国主义时代和殖民主义时代的文化相对主义)转变为尊重(科学化，普遍主义)。这可以在评论中找到，特别是在小说只有部分翻译的时候。

我认为，曹雪芹对于最好的生活方式有自己的理解。他为穷人、弱者和弱势群体抗争，他和孩子们制作风筝、放风筝。他意识到，充足的财富、亲近大自然、艺术和思想自由是他此生的理想。当然，这也是他成功创作一部世界文学小说的原因，因为他在小说中成功地描述了他生活中的痛苦，换至今日应该获得诺贝尔文学奖。许多文学巨作都是因此而伟大。他还在小说中为女性形象的典范树立了一座丰碑，她们往往是当时社会的牺牲品。

沈彬彬：《红楼梦》德译本在你们这个全译本之前，一直都只是缩译本。而在很多国家，《红楼梦》早已有了全译本，您认为《红楼梦》德文全译本迟迟未出的原因是什么？

吴漠汀：完整翻译《红楼梦》在许多国家是一个艰难的过程，但在德国相对简单。原因是库恩(Franz W. Kuhn，1884—1961)先生翻译的《红楼梦》德文版虽然缩减了原文三分之二，但译本非常成功，欧洲国家纷纷仿效库恩翻译《红楼梦》，往往以库恩《红楼梦》德文版为蓝本翻译成其他语言，这样一来，许多语言《红楼梦》版本就不是全译本，只是缩译本。

莱比锡/威斯巴登出版社 1932 年出版的《红楼梦》(缩减版，德国图书协会享有版权)先后印刷出版 89355 次，直至今日依然有大量新版本问世；该缩减版又被翻译为荷兰语、法语、英语和意大利语，由此影响并延迟了直接由中文《红楼梦》120 回本完整地翻译到这些语言。当然，除了缩减内容之外，库恩先生译本还有其他问题，库恩使用的语言风格与其他几个世纪以及其他作者的中国小说翻译略有不同。库恩先生使其欧洲化、异域化。《红楼梦》现代翻译试图在当今德国实现类似的影响，就像 18 世纪中叶《红楼梦》原著在中国的影响。也许由于库恩《红楼梦》德译本影响较大，所以就没出现《红楼梦》德文全译本。《红楼梦》120 回本德文翻译得到了哈尔特姆特·瓦拉文斯(Hartmut Walravens)先生支持，他戏称自己为“产科医生”。当然，除了德语小语种外，在全球通用语言英语中，还有许多《红楼梦》翻译作品。中国和中国文学在德国传统上被视为“远方”，英语和其他欧洲语言的翻译比汉语要多得多。

沈彬彬：您认为翻译《红楼梦》的重点和难点分别体现在什么地方？

吴漠汀：之前的译本在很多地方修改了原著，并且因为译者自己的原因，改写了很多内容。一方面，我们的全译本更多的是关注原文的一致性，真正地将这本重量级的名著介绍给德国人。特别是过去已经读过原著，但是对中文掌握还不多的读者，在某种程度上，我们的译本更希望得到其肯定。另一方面，在一些地方(如人名的翻译等)我们需要结合普通德国人的阅读口味，使用德国人更能接受的描写方式来翻译《红楼梦》。

最大的困难是中国文化区以外的读者对时代历史背景的缺乏。我们的翻译在文章、前言、脚注和附文中对此作了翔实的注解。为了保险起见，在德语译本中，中文的完整原文(包括所使用的版本)，复制在德语翻译的左侧，德语翻译放在右侧。一方面是让懂中文的读者能够对照查看原文与译文；另一方面希望读者通过阅读这部小说学习汉语，或者提高自己的汉语水平。当然，这也是鼓励学习德语的人学会如何将汉语翻译成德语。

难上加难是使用古代书面语——文言文所写的诗歌。这部小说是世界上研究最多的小说之一，其解释和二次文献恐怕只有《圣经》可以超越。对于译者而言，不可能知道所有的二次文献，因此第一次翻译过程中可以忽略原文的一些细节。一旦细心的读者或同仁发现更好的翻译，应联系出版商或译者，以便对译作进行修改。对于译作质量的提高是毕生之事，实际上，这是一项无止境的工作，因为在译作出版后很久还会对某些段落的理解有新见解。

翻译的重点在于可理解性(对读者而言)以及忠实性(对原作者而言)。当然，没有人可以剥夺译者选择和使用译文的权利和职责(例如通过汉字发音或意思翻译人名或地名)，及其对读者知识面的要求。在这里，译者有一定的自由决定权。

沈彬彬：您从动笔翻译《红楼梦》到最后推出全译本，整个过程持续了多久？

吴漠汀：1990 年前后，在读汉学本科初期我就“认识”了《红楼梦》。我发现库恩的德文译本有几个不足之处：它仅含有原著的三分之一内容，而且读起来很像库恩翻译的其他小说，如《三国演义》、《水浒传》，虽然这些作品的时间和作家都不一样。由于我刚开始学习中文，阅读中文原文还很吃力。所以，经常去图书馆将原文和库恩的翻译放在桌上进行对照比较，并用词典重新翻译了原文。我申请德国留学基金会奖学金去北京大学继续读本科，当时我向主持选举委员会的顾彬教授说明了上述情况。随后我获得了奖学金，并继续学习和翻译。

我在北京红楼梦研究所读了很多文献，包括初版“红楼梦词典”，并翻译了好几年。20 世纪 90 年代末，我已是马汉茂(Helmut Martin，1940—1999，博士生导师)老师的学生助手，他交给我施瓦茨先生《红楼梦》前 80 回的译稿，我发现译稿还没有达到能发表的质量，但具有历史价值，可以在修订后发表，所以我对译稿进行了几年修订工作。就自己翻译工作而言，我当时专注于《红楼梦》后 40 章。2007—2009 年终于出版首个《红楼梦》德文全译本。

从那以后，我一直在不断努力改进翻译，并且一直继续研究小说及其翻译。第四修订版将于 2019 年底出版。对这部小说我花了将近 30 年的时间，我觉得是值得的。这个工作要继续下去，这是一个一辈子要去做的事情，值得君子为之滴洒汗水。

沈彬彬：《红楼梦》在中国被视为“中国文化的代表”，在国外，这部小说也深受海外读者欢迎。这部小说在海外能获巨大成功的原因有哪些？

吴漠汀：随着中国经济的腾飞，越来越多的德国人开始关注中国，关注中国人、中国经济、中国文化和中国社会，文学作为文化传播中重要环节也日益获得德国人更多的关注。

我认为这部小说是世界上为数不多的受到全世界欢迎的小说之一。日韩读者作为《红楼梦》第一批外国读者，无疑会珍视文化相似性的内容，像是对大家庭内部关系的描写，不会像那些来自强调个性文化的读者，对于集体或群体环境有不同的思考。小说调和了不同口味读者的需求：浩瀚无垠的文化大餐，韵味丰富的哲理意义，社会差异的各种情景，前行努力的无望作为，毫无意义的物质奢侈，等等。同样也有侦探悬疑情节的描述，正义和腐败，财富和贫穷，动人的个人命运和老天爷的不公正性。读者对《红楼梦》佩服得五体投地：这部小说似乎就是清朝纷繁世界的一面明镜。尽管书中的文化和历史距离现代都十分遥远，但里面的人物形象无疑展现了这样一种认同：人无处不在，而其命运最终也将交织在一起。

沈彬彬：很多人都在讨论译入和译出的问题。甚至有人认为，只有中国人才能深入理解中国文本深邃的内涵，即便是国外汉学家，在翻译中华典籍时，也难免有错。当然，如果中国人将母语中文翻译成目的语德文、英文或法文时，也会遇到文化和习俗的误区。在中国文化日益走进世界中央舞台的今天，您觉得该如何处理这个翻译的偏见？

吴漠汀：我不同意只有中国人才能理解《红楼梦》，更不用说只有中国人才能理解其背后的深层含义。我不同意由国籍来决定这个问题。理想的读者是怎样的呢？

也许，他是受过教育的。然后他应该能说中文，因为他可以阅读原著中的文字。最好他应该生活在清朝，对宫廷和各种社会关系都了如指掌。像是脂砚斋这样的早期读者，他知道小说的一些传记背景，然后评论小说，并认为这影响了创作过程。但是从他的评论可以看出，他是真的理解小说，还是说可能担心小说里贾家的故事会事实上影响曹家的声誉？我觉得，没有人可以比作者(或作者们)更理解小说本身。然而作者的身份在一定程度上是否是个不解之谜？这部小说不是充满了破碎的故事情节，矛盾和各种修改的痕迹吗？曹雪芹能理解几百年来关于这部小说所收集的几米高的二级文学中隐藏的所有思想吗？可能他一辈子都不够。因此，我们必须肯定人们不能完全理解对《红楼梦》的所有解释，但一位理想的读者必须能够理解小说的至少一种观点，即作者的观点。

事实上，语言是不准确的，一百个读者心中有一百个哈姆雷特，即使双胞胎也无法百分百实现“心中只有一个哈姆雷特”这一理想。当我们谈到理想的读者时，我们必须承认他不存在。因此，有一位不太完美的读者就足够了。为什么莎士比亚的作品是世界文学？因为世界上几乎每个人都知道它们。这些人是怎么阅读这些作品的呢？几乎完全依靠翻译。到底是那些作品的译作是世界文学还是原作品？如果质疑非中国人无法理解《红楼梦》，那么中国人是否能够理解莎士比亚也应当受到质疑。如果说莎士比亚的作品并没有像《红楼梦》那样具有大量的文化背景，但至少在文化上是以民族为中心的。人们可以通过莎士比亚的作品进入任何深度，创造一个当时代的道德肖像，或者推测作者及其意图，就像通过曹雪芹的作品那样。

当我阅读德语、英语或法语文学作品的中文译本时，我常常感到苦恼。更具灾难性的事情是，我发现有的学生会傲慢地批评如戴维·霍克思这样的西方译者。当然，翻译中的错误在所难免。我会一辈子不断地修改自己的翻译(目前已经是第4版了)，在此要感谢中国和外国同仁和细心读者的帮助。我的许多翻译同仁竟然表示“凡我拟的，一字都不许改”(即使之后错误及其起源得到证实)，这我不同意。译者和作者的作品都不是神圣的，犯错是人之常情，只有纠正它们才能证明伟大。

一般而言，欧洲人比中国人更难理解红楼梦的许多细节、典故和背景。难道这就应该拒绝阅读吗？我选择在文本和脚注中加上注解。尽管这样会影响阅读乐趣，但读者可以自己决定是否中断阅读以获得理解所需的背景信息。为获得最佳的阅读乐趣，不仅推荐双语版，而且还要读一读关于阅读《红楼梦》的文章，或者至少与中国读者一起阅读，如果您不太了解某些内容，您可以随时询问。

德国作家和汉学家（像欧洲其他国家的作家和汉学家一样）往往至少掌握两至三种语言，能欣赏不同语言的文学作品和科学文献。以前有的知识分子和作家也会说几种语言，在全球化的当代，在互联网和旅游自由的时代希望在中国有更多的人学习不同语言。

沈彬彬：您如何看待译者地位？译者是应该隐藏在原著后面，还是另一个真实的存在？

吴漠汀：信达雅的要求是翻译的最佳状态。翻译过程其实是译者自身对文章的一次解读，“消失的译者”的译作很理想，但这是不存在的，只能无限接近。在历史长河里，译者角色和专业形象发生了巨大变化。只要有语言，就需要翻译。我们已经在周公居摄六年找到了早期翻译活动的证据。《册府元龟·外臣部》中写道：“道路悠远，山川岨深，音使不通，故重译而朝。”

两千年前欧洲最早的翻译专家之一——西塞罗有这样一个原则：“尽可能行云流水，尽可能不加修饰。”之后翻译史上慢慢形成翻译传统——从规则改成描述，更多关注文本的作用和翻译的角色。

作者的作品得到最高赞赏，是因为他完成了原创艺术作品。译者的工作量相对较高，他必须重新创作艺术作品，但他的工作往往被忽视。理想状态是读者完全没有注意自己在阅读一部译作，而且感觉自己和母语读者一样在阅读原著。因此，译者的目标是将自己隐藏，重要是原著和作家。

沈彬彬：您刚才提到译者的工作往往被忽视。但如果按您说的，译者的目标是将自己隐藏，那译者的工作不是更容易被忽视？您如何看待阐释学中的“创造性”以及学者提出的“译者主体性”？

吴漠汀：译者总是排在作者和原著的后面，属于第二地位。如果作者和原著不存在，则既没有译者也没有译著。如果译者比作者更重要，就可以不管作者的意图来翻译原著，例如根据自己的理解，或故意伪造文本获得新的含义或功能，那还是翻译吗？一个重要的（虽然不是唯一一个）的标杆是：作者是否接受翻译，或者说至少译者要忠实于作者。如果作者读原著的译本，并且反对译本，在我看来这不是译本，而应该称作一个新的文本——由原著启发而来。当然，诗歌和散文不一样，它的翻译通常偏离原文，因为即使是受约束的语言也会造成损失。但这并不意味着散文文本可以不那么自由地翻译。这方面的一个例子是维克多·雨果的《悲惨世界》。译者可以自由地撰写一本全新的小说，例如生活在贫民窟、难民营等，重要的是，雨果之后在法国19世纪60年代达到的效果，在当代通过新的目标读者群再次达到。虽然雨果能唤起他所在时代的读者对于1832年6月起义的清醒意识，但翻译原则上可以决定他是否愿意忠于历史，或者像用2015年左右叙利亚战争的大规模难民外流来取而代之，翻译家当然也要考虑到怎么改变情节等。

重要的是，新小说再次变成了一个政治—伦理小说，这些随着冒险、浪漫故事而来，细节(如因盗窃面包而获得过长的监禁)以比较或转移的形式带入。基本上，译者具有类似的戏剧自由，他们经常将旧材料运送到当代。译者取得多大成功取决于许多因素，这并不是免费通行证。在我的理解里，译者是没有创造性和自由精神的作家，因为译者至少感谢作者给了其灵感。相反，译者应该知道自己作为原著读者的主观性，承认其理解原著的限制、控制和占有，同时要寻求最大可能的理解和尽可能大的对原文含义的获取。

沈彬彬：谢谢吴教授解析了我们感兴趣的《红楼梦》德文全译本的相关问题，还让我们看到了您翻译《红楼梦》时的一点心路历程，同时让我们更走近了译者，更了解了翻译的内涵和外延，这些都有助于阅读和理解德文版《红楼梦》。

如果不是与您面对面，光是听您的口音，听您一口流利的普通话，还真会误以为您是中国人。能否谈谈您与汉语之间的缘分和故事？

吴漠汀：谢谢您的夸奖。我在中国已生活了七年多，年轻的时候就曾独自一人乘坐火车游历中国，并且在当地学习语言。作为汉学家，我有责任在有生之年一直不断地学习汉语。完美是永远达不到的，但我还是愿意一辈子学习汉语。当然，我自己对于中国文学和文化的学习充满了热情。

沈彬彬：您年轻时曾坐火车游历中国？能说说这段经历的细节吗？

吴漠汀：童年时，父母给了我一台机械打字机，我曾用它制作家庭报和校报，并最终为当地日报撰写文章。通过自由撰稿人工作，每行字可以赚到大约两块钱人民币，为此，我可以申请在当时最好的汉学家马汉茂先生任教的波鸿大学学习。

作为学生，我比较穷。由于教育原因，父母给我很少的资助，我需要自己独立。我只能租住学生宿舍一间地下室。基本上只吃面包、西红柿和奶酪。为了更好地学习语言，我计划每学期休假去一次中国。但是，如何在这种贫困中为必要的中国之行提供资金呢？德国学术交流中心(DAAD)给了我出国奖学金。此外，我前往香港，在当地旅馆的《青年旅社》杂志上发表了一个彩色双页报道，得到了两张往返机票的资助费用，为我的中国旅行提供了资金。

在中国，我总是独自旅行，尽可能经常乘坐火车，大多是硬座，以利于学习语言。当你口渴了，你可以学到“水”的正确发音。我特地去了西德和东德城市的中国友好城市，为了能在市政厅外事办公室进行采访，我还通过高质量录音机录制采访节目。从这开始，我为“德国之声”关于友好城市做了一系列转播，包括一部概述和十二部转播。那时，德国之声每分钟付给学生很多钱，我用这笔钱支付在中国旅行费用。直到今天，我每年至少在中国大约一个月，有时甚至更长，到目前为止，加起来总共七年。

沈彬彬：当您想成为“汉学家”，走上翻译之路后，在您心目中汉学家的任务是什么？汉学家与翻译之间的关系是什么样的呢？

吴漠汀：汉学家事实上是文化使者，也就是说，要将两边的人们聚集在一起。这个工作常常发生在文字上，往往由书本开始。这里，汉学家提供了对其解释的介绍和概括。但同时，也翻译其他语言，为了对外国文化作出真实可信而无注解的洞悉。其伟大之处在于，人们并没有意识到外来文化与自身文化有多大的不同。他们只是在另一个模式、价值体系中长大。人们获得的另一个见解是，在不同的文化中，有些东西是独立于文化而发展的，这些东西是普通的，例如对宗教、意义、知识等的需求。但即使是差异也很有趣，它们有时看起来也很奇特。

在此，汉学家的任务是整理深奥难懂的表层文化和偏见，而后建立真正的接触和理解。这些也是译者应遵循的原则。一本书是通向另一种文化的好门户。而150年前中国风俗和社会历史的集大成者是《红楼梦》。

沈彬彬：的确，汉学家是中德文化交流的使者，我们感谢其对《红楼梦》等中华传统文化经典的译介和传播！谢谢您抽时间接受采访，谢谢您和施瓦茨先生翻译和传播《红楼梦》！愿早日读到《红楼梦》德文版全译本第4版修订版。

吴漠汀：谢谢！今年底推出《红楼梦》德文版全译本第4版，是为了让更多的人读到更好的德文版《红楼梦》。总之，无论说哪一种语言，身在哪一个国家，人们都应当读一读《红楼梦》。

沈彬彬：谢谢！世人皆读《红楼梦》，这是一个美好的愿景！但愿如此！

哲学与美学

传情论美学的形成及理论资源

华中科技大学　邓晓芒

摘要：“传情论”的美学是作者立足于自己长期现实生活中的审美体验和艺术实践经验而萌生出来的一种新型美学观点，它紧贴人的直观感受，但又经受了哲学，特别是德国古典哲学、马克思主义哲学和德国现代哲学的洗礼，使这种感受提升到哲学人类学的层次。其理论资源首先是马克思的实践唯物论及其有关人的本质的对象化和对象的人化的原理，为传情论美学奠定了艺术发生学的哲学原理；其次是康德有关审美是人不借助于概念而通过一个对象表象相互传达情感的定义，为传情论美学提供了审美心理学最基本的哲学原理；再次是胡塞尔现象学对人的审美心理现象所做的“现象学还原”，赋予情感传达以“主体间性”的哲学意味，为传情论美学建立了自己的方法论视域。

关键词：传情论美学(the theory of the transmission of feelings)；马克思；康德；胡塞尔

(一)

一个本来就热爱文学艺术的人，学了哲学以后，就对美学发生了兴趣，这件事一点都不奇怪。我从小喜欢写写画画，小学和初中的时候，一直负责班上的墙报，参加学校的图画小组。后来16岁下乡当知青，在大批知青集中下放的江永县，时不时总有机会读到当时被视为禁书的中外经典小说，那些书经过上千人的手翻阅和传递，早已破烂不堪，有的只剩下大半本，但在我们那如饥似渴的眼中，却是那么光彩照人，富有神奇的魔力。那时随便你走到哪个知青组，总能遇到几个文学爱好者和痴迷者，现在叫作“文青”(文艺青年)，我也属于其中的一员。口才好的文青身边常常聚集着一批热心的“粉丝”，一到晚上就围拢来，听他讲那些读过的小说故事，有时大家还在一起评论其中的人物。当然，这些评论都是很幼稚的，多半只是谈自己的好恶，说不出什么道理。我是从1969年开始接触哲学和理论书籍的，主要是马列主义著作。记得那年夏天随着一大群“扮禾佬”到洞庭湖区扮禾挣钱，随身带了一套《马恩选集》(两卷集)，与我下放在洞庭湖的老兄讨论些哲学问题，还在一起画速写。老兄长我5岁，小时候速写画得特棒，15岁时考上了武汉的中南美专(现在的湖北美术学院)附中，后因家庭“右派”问题受牵连，被劝退了。我读初中时，他和我讲过恩格斯的《自然辩证法》，讲运动的矛盾性，讲得眉飞色舞，算是我的哲学启蒙吧。但真正进入哲学，还是从我那年自己决定系统学习哲学理论的时候开始的。

1974 年我从农村回到长沙，接触的“文青”更广，小说的来源也更多了。由于家住湖南师范学院，我还与师院美术系的工农兵学员混在一起，冒充他们中的一员去画头像素描和油画写生，并结识了一位青海来的学国画的山东汉子老曲，让他把我住的四平米的杂物间当作他画画的基地，临别时，他特意为我画了一幅国画肖像，以作纪念。1977 年以后，省图书馆的很多禁书开放了，我凭市水电安装公司的工作证办理了一个借书证，也正是在那个时候，我开始对美学发生了兴趣。当时我想，看了这么多哲学书，似乎对世界上的任何事情有了自己的一套看法，但唯独对于自己所热爱的文学艺术还没有深思过，对于“什么是美?”这个问题还没有考虑过。我为什么会对那些一厚本一厚本的符号文字趋之若鹜？为什么会受那些线条色彩的吸引，欲罢不能？在寂静山村的夜晚，为什么会对几个知青朋友的二重唱感动得落泪？我能否运用我所学过的哲学，对这些现象作一番合理的解释？一般的人都是通过学习美学著作或美学教科书而对美学问题产生兴趣的，我却是先对美学问题有了好奇心，甚至想出了自己的一些观点，才去找一些美学书来看的。由于美学书在当时还属于“封资修”的“重灾区”，一时还没有来得及开放，我到处都找不到与美学有关的理论书，于是只好自己先来尝试一下，建构一个自己的理论体系。大约在 1977 年，我通过独自冥思苦想，凭借着自己多年来对文学和艺术的体验，居然构想出了一个三万余字的“美学论纲”。这个体系，后来我把它命名为“传情论”。

我的大体的思路是这样的：什么是美？美是一种情感，但不是一般的情感，而是“对情感的情感”；为什么会产生“对情感的情感”呢？那是因为我把自己的情感寄托在一个对象上，再从这个对象上看到了自己的情感，或者是我从他人寄托在一个对象上的情感中看到了自己的情感；而这样一种情感就是情感的“共鸣”，也就是所谓的“美感”；所以美就是美感，一个是从客观对象上说的，一个是从主观上说的，但本质上都是一种主观的情感现象；从客观上看的一方就产生出现实主义或自然主义的审美观，从主观上看的一方就产生出浪漫主义或表现主义的审美观，由此也就生发出文学艺术领域中的各种风格和流派；而这两大主要流派其实是统一的，骨子里是对同一个审美现象的不同表达，相互都包含有对方的因素……如此等等，听起来还是蛮言之成理的，也合乎辩证法的对立统一法则。私下里我把我的提纲给几个“文青”朋友看过，他们都大加赞赏。但有次借给一位从事文艺理论的前辈看，他看了以后大惊，说这都是以前上面批得最厉害的主观唯心主义美学观点，告诫我千万不能泄露出去，免得像他一样被打成“右派”。我听了一笑置之，我不过是一个水电安装公司的搬运工，也没有打算发表，谁能奈我何？

到了 1978 年，图书馆的美学书也开始对外出借了，我迫不及待地借来了国内相关的美学书籍，首先就是 20 世纪五六十年代《新建设》杂志社出版的六大卷《美学问题讨论集》，在那场空前绝后的美学大讨论中，国内著名美学家的观点都在这里头了。我通读了六卷论文集，从头至尾都做了详细的笔记，心中隐含着一种期待，看是不是有美学家的观点和我的观点相同。但等我将六大卷文集全部看完，我彻底失望了，竟然没有一个美学家和我的观点相同。唯独“主观派”的吕荧和高尔泰，在“美是主观的”、“美就是美感”的提法上和我相似，但意思也完全不一样，他们要么就是没有讲出什么道理，要么讲的道理根本就不靠谱。我比较有好感的是朱光潜的“主客统一”的观点，可以看出，他是真有艺术感受的，也尽力想为自己的艺术感受在理论上找到合适的表达，但可惜的是，这种表达也是不完善的。在这之后，我还读到了这些美学家那些年发表的一些文章，以及后来出版的专著，大体上没有超出我当年对他们的评价。我在这一年还给当时已声名鹊起、在中国社会科学院哲学所工作的李泽厚先生寄过一篇两万多字的文章，全面批评他的三万字的《美学三题议》，并附了一封信。李先生给我这个搬运工的回信虽然简短，但非常大度，他鼓励我多看一些美学方面的书。但问题是，当时能够借到的书仍然有限，尤其是国外美学家的书很难看到，我只借到过一本苏联人编的《马克思主义美学原理》，再就是法共理论家列斐伏尔的一本小册子，比国内的还不如，几乎无法卒读。

（二）

到了 1979 年，我考取了武汉大学哲学系西方哲学史的研究生，并正逢国内的“美学热”开始起步，大量国外的美学书籍被翻译引进来了，我才发现，不仅国内美学界没有和我相同的美学观点，就是国外也很少有。和我的观点相合拍的只有三个德国人，一个是康德的美学观点，一个是马克思早期手稿的观点，再就是费尔巴哈了。但费尔巴哈只有感受而缺乏理论，或者说，他还没有将自己的审美感受建立为一个理论体系；康德的美学观点则受到他的体系的限制，需要动大手术才能把他的观点中有价值的东西揭示出来，所以我的硕士论文做的就是康德的《判断力批判》。也许与我原来所进行的马克思主义哲学训练有关，使我受益最大的还是马克思的早期手稿，尤其是其中有关“人的本质力量的对象化”和“对象的人化”的人本主义哲学观点，它们使我的美学思想找到了最为恰当的哲学表达。一本《1844 年经济学-哲学手稿》，我反复阅读了不知道多少遍，做满了密密麻麻的眉批，关键词上都注明了德文，虽然包了书皮，但每一页都被翻烂了。这时我感到，我早年的“美学论纲”其实可以更为哲学化地表达为一个世界观和人生观体系，与人性、人的历史、人的自由、人的社会性本质、人的实践和劳动这些根本问题都有密切的关系，而不限于只是一种审美感受的心理描述。但这种哲学表达无疑也应该而且完全可以与我的直接的审美心理体验相通。

1984 年，在武汉晴川饭店召开全国美学学会第一次学术讨论会，我和中文系的易中天合作了一篇 18 000 字的长文《中西美学思想的嬗变和美学方法论的革命》作为会议论文提交，当时参会的人民出版社编辑方鸣先生从中看到了一个美学体系的轮廓，便建议我们把它扩展成一本专著出版。该书于 1987 年春完成，写得激情洋溢，带有那个时代的文风，这就是《走出美学的迷惘》一书。该书于 1989 年在花山文艺出版社出版。10

年后，人民文学出版社王培元先生向我约一部书稿，我推荐了这一本书。王先生看后欣然答应，纳入了他主编的“猫头鹰文库”，于 1999 年再版，更名《黄与蓝的交响——中西美学比较论》。该书于 2007 年由武汉大学出版社再次出版，现在又有 10 年了，好像仍然没有过时，甚至还先锋得很。

我在书中所提出的美学观点，比起当初那篇“美学论纲”来有了很大的提升。除了按照马克思的实践唯物主义对审美发生学和审美心理学进行了一番彻底的审视和建构外，在美的哲学部分，我提出了人的情感和动物性的情绪的根本区别在于前者是有对象意识的，因而是社会性的；后者则是潜在的，封闭在个体性中的；由此我提出了三个有关美的本质的定义：(1)审美活动是人借助于人化对象而与他人交流情感的活动，它在其现实性上就是美感；(2)艺术是情感的对象化；(3)对象化的情感就是美。这三条定义在理论上构成一个逻辑系统，我命名为《传情论美学》，而在现实的审美实践中，它们是太有用了，在很大程度上合乎艺术家和欣赏者的审美体验。这一系统在观点上的创新性是不言而喻的，中国传统美学虽然特别重视情感体验，但较少有人试图从理论上给审美、艺术和美下过什么定义；西方美学两千多年流派纷呈，但直到现当代，也没有人提出过这样的美学观点，只有黑格尔派的“移情论”风靡过一阵子，但那和“传情论”还不是一回事，他们连情感和情绪都还没有区分开来。

这本书中我所撰写的第五章的副标题原为“实践论美学大纲”，在第三次由武汉大学出版社出版时，我把它改成了“新实践论美学大纲”。之所以要加上一个“新”字，是因为我发现，人们一看到“实践论”三个字，就本能地把它和以前李泽厚他们的实践论美学挂起钩来，书也不看，就判定它是老调重弹。新世纪伊始，美学界在经历了十多年的非理论化之后，终于有一批人，特别是年轻学者，开始想要在美学上另辟蹊径，突破过去美学界占统治地位的“实践论美学”的陈旧框框，吸收现代存在主义、直觉主义和生命哲学这样一些最新思想要素，鼓捣出新一代的中国美学理论来。想法是不错的，只是可惜，他们太性急了，没有耐心认真清理过去中国美学界已有的成果，只想用快刀斩乱麻的方式和以往学者们的思想积累一刀两断，一了百了。2002 年，在杨春时先生和我以及易中天的论战中，我们率先打出了“新实践美学”的旗号，就是为了与以往的“旧实践美学”进行一番命名上的切割。自那以来，我们的观点才逐渐得到了美学界的关注，随后又出现了好几种以“新实践美学”或“新实践论美学”命名的美学体系。

当然，在这么长的时间内，我本人的美学思想也并没有停滞不前。一个很重要的思想方向是，我早就在试图把马克思的实践唯物论和胡塞尔的现象学方法结合起来，以便为美学问题的研究找到更为直观的方法论手段。1986 年，我在《哲学研究》上发表了第一篇将马克思的实践论和现象学方法相融合的论文《关于美和艺术的本质的现象学思考》，后来又发表了数篇涉及马克思、现象学和美学的文章。这些文章和其他一些用现象学维度重读马克思和恩格斯的文章，已于 2007 年收在我的个人文集《实践唯物论新解——开出现象学之维》中，其中的重头戏其实正是“开出现象学美学之维”。一个实质性的推进则是发表于《浙江大学学报》2009 年第 1 期上的《文学的现象学本体论》一文，我试图用现象学的方法从美学的哲学理论层次落实到一个具体艺术门类即文学理论之中，使之成为我的美学理论的一个逻辑上一贯下来的部门。其他还有关于中西艺术精神和美学理论的比较，都涉及广泛的艺术理论和文学理论，从不同文化的文学艺术中寻找美学上的共同原理。又如2015年发表于《中国文学批评》上的《文学冲突的四大主题》，以及次年发表于《湖北大学学报》上的《文学批评的力量》，则是把我的美学观贯彻于文学批评理论之中。而这些都是与现象学方法的自觉运用分不开的。

由此可见，这么多年来，我一直在对我的已成系统的美学观点进行进一步的细致打磨和深化。其中一个最重要的理论成果，是我立足于现象学的还原法，把“传情论”中的“情感”概念作了一个层次上的划分，即分为一般的情感以及伴随于一般情感的情感形式，即“情调”。情调是一种不同于动物情绪的高级情绪，是基于人的情感之上的，因而是动物所不具备的。① 任何情感都带有某种情调，而且不同的情感也可能有共同的情调。② 情调和情感一样，也是可以传达、可以具有对他人的感染力的，但它的层次更高，更直接体现出艺术家和欣赏者的此在(Dasein)，更具有哲学意味。一个人可以处于不同的情感之中，或悲哀或惊喜，或昂扬或低沉，或热恋或失恋，但这些情感的情调却可以是一贯的、独特的，它涉及一个人的世界观或者说世界感。通过情调，美学就和人性的哲学及人的存在挂起钩来了，美学真正成了哲学的一个分支。

(三)

可以看出，传情论美学除了以我个人长期的审美体验和某些初级艺术实践的感悟作为前提之外，它的理论资源可以分为三大部分。首先当然是马克思有关人的本质对象化和对象(自然界)的人化的观点，它将我的朴素的审美经验的意识一下子提升到了一个严格概念规范的哲学层次。但由于马克思在其成熟的理论中把重点放在批判资本主义生产和社会关系对人的本质的异化现象之上，研究者们往往忽视了马克思早期有关人的本质本来应该是如何的人道主义理论基点，甚至把他的早期手稿排除在他的正式著作之外。这就很难解释，所谓“异化”是从什么状态变异而来，“异己”的这个“己”又是什么？传情论美学作为一种建立在实践论基础之上的美学，恰好在这一点上弥补了旧实践论美学的不足，不是从人的已经异化了的本质(所谓“纯物质实践”)出发，而是从人本来应

① 海德格尔对“怕”和“畏”的区别正好相当于两种情绪的区别，前者是动物性的，后者是人才有的。

② 德国音乐美学家汉斯立克认为，同一首乐曲可以配上情感完全相反的歌词，如奥菲欧的咏叹调：“我失去了欧里狄西，我的不幸无与伦比”，完全可以将歌词改为：“我找到了欧里狄西，我的幸福无与伦比。”(参看汉斯立克：《论音乐的美》，上海：人民音乐出版社，1980年，第37页。)但这并不说明音乐的美与情感无关，只与“乐音的运动形式”有关。他没有看到，上述乐曲中使我们感动的正是奥菲欧在失去爱人和找到爱人时所共同具有的那种气质和情感方式，虽然情感的内涵可以不同，但其表现方式却相同。

该具有的全面丰富的本质力量和感性活动出发来建立自己的体系，把实践活动看作精神活动和物质活动的统一体，看作从生产劳动(精神统一于物质)中升华出艺术活动(物质统一于精神)的一个历史性的结构颠倒过程。这就有了深入分析审美活动中的情感、情绪的关系的空间，也有了吸收康德和胡塞尔现象学的思想养料的余地。对实践唯物论的这一新解把马克思的实践论从以往那种僵死的旧唯物论教条中解放出来，使之具有了内在的生命活力，成了传情论美学的坚实的理论基础。

其次是康德美学的内在精神，它本身实际上已经是传情论的，但这种传情论被康德哲学的庞大严格的所谓“建筑术”挤压到了一个不起眼的位置。如在《判断力批判》中，前面著名的“四个契机”(无利害的愉快、无概念的普遍愉快、无目的的合目的性形式、共通感)其实都是在打擦边球，直到第 40 节才给鉴赏或审美下了这样一个本质性的“定义”：审美鉴赏是“对于那样一种东西的评判能力，它使我们对一个给予的表象的情感不借助于概念而能够普遍传达”，它是“对(不借助于概念而)与给予表象结合在一起的那些情感的可传达性作先天评判的能力”①。这才是康德美学的真正的美学精神，但康德的后继者们都没有抓住这一点，而努力在一些外围的问题上做文章，如无利害、无概念、形式主义等；至于审美快感则仅仅被理解为康德所谓“诸认识能力的自由协调活动”所引起的愉快。② 这就大大偏离了日常审美经验和直接审美感受的实际情况。传情论美学则紧扣情感传达这一主题，将它发挥为美学原理的核心。这就摆脱了康德那种顽固的唯理论和认识论的局限，不再把审美看作一种“准认识”，也不再仅仅用作一种“德性的象征”，而是拥有了自己坚实的哲学根基。如果说，对马克思的实践唯物论的阐发为传情论美学奠定了美的来源或发生论的基础，那么在这一基础上运用人的本质力量的对象化原理来对康德美学加以改造，则建立起了美的本质的哲学原理体系。

第三是胡塞尔和海德格尔等人所开拓的现象学方法，这在分析人的情感和感性直观的问题上特别管用。马克思的实践唯物主义也好，对康德美学的改造也好，如果不从现象学的层面上建立起一个探讨人类精神生活的视野，很可能会要么像旧实践论一样，停留于人类物质生产的经济活动，要么像唯心论一样，局限于对审美现象的心理主义考察，而无法为美学本身建立起自己的哲学理论体系。由胡塞尔开创的现象学方法则在这方面为传情论美学打开了自己的问题域和理论视野，这首先表现在把人的情感活动提升为一种具有哲学人类学意义的超越活动上。胡塞尔的“意向性”已经可以用来把人的情感意识和动物性的情绪区分开来，只是他不屑于做这种属于“人类学”的工作。海德格尔则把人的情感和作为情感形式的情绪作了区别，或者说，把日常的情感“还原”到了底下的此在情绪，并在动物性的情绪之外、之上发现了更高级的情绪。在《存在与时间》第 29 节“在此——作为现身情态”中他说道：“我们在存在论上用现身这个名称所指的东西，在存在者状态上乃是最熟知和最日常的东西：情绪；有情绪……应当把这种现

① 康德：《判断力批判》，邓晓芒译，杨祖陶校，北京：人民出版社，2003 年，第 137-138 页。

② 应当说，这种审美愉快只有在所谓“科学美”的意义上才有现实的体现，毕竟过于狭隘了。

象视为基本的生存状态，并应当勾画出它们的结构。”①“情绪一向已经把在世界之中作为整体展开了……从存在论上来看，现身状态中有一种开展着指向世界的状态，发生牵连的东西是从这种指派状态方面来照面的。”②这里的“现身状态”(Befindlichkeit)就是人的“此在”的基本状态，而“情绪”(Stimmung)作为“现身状态”则与一般的情绪和情感有了本质的区别。例如一般的“怕”(Furcht)的后面总要追溯到一个本然的“畏”(Angst)，或者说，各种各样的怕可以经由“自由想象的变更”而“本质还原”为一个“畏”，这就是人的“向死而生”的生存或此在的情绪。这大概可以说是在西方美学史上第一次把情感和情绪划分开来，③ 只不过海德格尔并没有把这当作一个美学问题来对待，也没有把这种情绪和审美上的“情调”联系起来，他在其“艺术作品的本源”一文中谈的完全是另外的事情，落入了黑格尔认识论美学有关“美是理念(真理)的(感性)显现”的套套。但这并不妨碍我把这种此在分析转用于传情论的美学中。

至于黑格尔的移情论，这并不是黑格尔美学中的主导精神，而只是他的基本上属于认识论的美学体系中的一个次要环节，也就是近代美学的环节。黑格尔认为，艺术是绝对精神的初级阶段，它必定要扬弃自身而过渡到宗教和哲学，因为它只是绝对理念的“感性显现”。艺术发展史上最理想、最合乎美的理念的时代就是古希腊的“古典型艺术”，古典型艺术的美的特点就是感性形象和理性理念的完全相适合，所谓“高贵的单纯，静穆的伟大”，这种艺术激发不起丝毫内心的激情和动荡，而是让人沉浸于神人合一的永恒的宁静中。只有到了近代的“浪漫型艺术”，人们对美的理解才变成了情感在审美主体和对象之间的来回激荡，这种情感的激荡，他称之为“情致”(Pathos)。“情致打动的是一根在每个人心里都回响着的弦子”，“情致能感动人，因为它自在自为地是人类生存中的强大的力量”。④ 这种情致，黑格尔说它是“取它的较高尚的普遍的意义”，是一种“情绪方面的力量”，“使人的心情在最深处受到感动的普遍力量”。⑤ 由于人使他的环境“人化”了，也就是情致化了，因此这种对象化的情致就能够造成一种“情感上的共鸣”。⑥ 黑格尔的这种移情论所关注的是人和对象(自然)的关系，只是附带地涉及人和人的关系，因而还不是传情论，这是其缺陷之一。另一个缺陷是，移情论只是处于黑格尔绝对精神的历程中一个走向艺术衰落的阶段，虽然他有时也承认情致是“艺术的真正中心和适当领域”，⑦ 但实际上并没有以此为中心展开其艺术哲学的全部体系。

---

① 海德格尔：《存在与时间》，陈嘉映、王庆节译，北京：生活·读书·新知三联书店，1987年，第164页。

② 同上，第168-169页。

③ 在康德的《判断力批判》中，情感(Gefühl)和情调(Stimmung)是混用的，完全没有区分，例如§24谈“崇高”的愉快时，他时而用“情感”，时而用“情调”。

④ 黑格尔：《美学》第一卷，朱光潜译，北京：商务印书馆，1979年，第296页。

⑤ 同上，第295页。

⑥ 同上，第296页。

⑦ 黑格尔：《美学》第一卷，朱光潜译，北京：商务印书馆，1979年，第296页。

正如康德的审美传情说只是在其审美判断力的大框架之下的一个游离于体系之外的说法，只是用来解释鉴赏的普遍性之所以可能的，属于鉴赏判断之“演绎”中的一个要素；同样，黑格尔的情致说也只是在其感性—理性的和谐、平衡的古典审美理想之外提出的一种艺术观点，用来解释近代艺术在衰亡中所死守的最后堡垒。他们两人的传情说和移情说都只是在整个哲学认识论大框架之下（在康德是归于判断力或诸认识能力的协调活动，在黑格尔是归于绝对精神自我认识的第一阶段）的一个不太重要的环节；或者说，虽然实际上很重要，也很重视，但理论体系上毕竟没有给予相称的安排。但如果说，康德的传情论并没有得到后人的发扬光大，人们继承的主要是他的审美无利害的愉快和形式主义方面，那么黑格尔的移情说却在后世有过自己的辉煌的扩展历程，甚至成为20世纪50年代一度占主导的世界美学潮流。① 但正由于这种移情说没有自身扎实的哲学根基，只被当作一种审美心理学的原理，而作为心理学又仅限于内省而缺乏可操作性，因此不久就被其他更具哲学层次或者更具可操作性和可检测性的美学流派（如接受美学、现象学美学、存在主义美学、形式主义美学、分析美学、新自然主义美学等）所取代了。

由此可见，只有当胡塞尔现象学为人类审美意识提供了一种崭新的方法论平台，黑格尔的移情论才能够获得自身独立的哲学根基，才可能从一种主客体关系提升为一种主体间性的关系并变身为传情说；康德的传情论的萌芽才得以按照自身的法则而生长和扩展为独立的鉴赏原理，而不再只是为其他原理作铺垫。这就是我的传情论美学所走的道路，它在前人的诸多美学理论中呼之欲出，但我的体系赋予了它严格理论化的形式，使之得以按照自己的原理推导出来，并被广泛运用于各种艺术（绘画、雕塑、音乐、建筑、戏剧和文学）作品的解读中，体现出它的简洁、明了、贴切和深入的优势。

参考文献

[1] 海德格尔. 存在与时间[M]. 陈嘉映、王庆节译. 北京：生活·读书·新知三联书店，1987.

[2] 康德. 判断力批判[M]. 邓晓芒译，杨祖陶校. 北京：人民出版社，2003.

[3] 黑格尔. 美学[M]（第一卷）. 朱光潜译. 北京：商务印书馆，1979.

[4] 汉斯立克. 论音乐的美[M]. 上海：人民音乐出版社，1980：37.

① 移情论从19世纪末洛采和费肖尔父子继承和发展黑格尔美学开始，到20世纪上半叶的李普斯、伏尔盖特、谷鲁斯、浮龙·李、巴希等一大批美学家，以及像贡布里希这样一些艺术史家，他们所创建和依据的美学原理一时间似乎是攻无不克，可以用来解释一切审美现象，也的确为当时的艺术家和艺术评论家所青睐，直到20世纪下半叶为止。

康德实践哲学辨析

四川大学　高小强

摘要：本文从康德的实践哲学思想出发，对来自于进化论的历史必然进步观提出了质疑，对康德所认为的最好的政治制度进行了反思，提出要重视华夏共同的伦理基础，复兴礼教的传统，才可能是中华民族未来的希望所在。

关键词：康德；实践哲学；伦理

本文着重探讨康德关于实践哲学的思想，首先就是对来自于进化论的历史必然进步观提出质疑与反思。历史能否进步，根本上取决于人为与天为（康德那里叫神为）的一致，但是，这在康德那里由于神人之际与神人相分而又怎么可能一致，又怎么可能合一？其次，在人为上，康德最主张共和宪政制度，不过，政治（执行的法权学说）与道德（理论的法权学说）如何可能始终统一而不相悖？康德所谓“道德的政治家”如何可能造就？假如这些只是偶然的可能，而建立宪政体制，推进永久和平还只能以一种非道德的明智的途径，并且说是“天意”如此。由此而有人类正义如何可能实现的问题，西方文化与文明的强势，因而包括康德在内的西人皆很难平等地看待与同情地了解非西方的文化与文明，在实际的国际关系中，西人尤其西方政客又往往“以利为利”而仅仅以义为名甚至以利为义，如此，正义又怎么可能实现呢？尤其在当今全球愈益一体化之时，我们又如何可能避免西人之弊，而始终正视与尊重人类多元的文化传统，坚持“以义为利”、以善致善的道德政治理想，逐渐推进人类正义的实现，乃至为万世开太平呢？

一

康德谈历史尤其谈普遍历史的理念，无疑也是以目的论的方式来谈的，也就是说，宏大的历史虽不能在人及其活动中预设任何理性的自有意图，却能在人类事务的这种荒诞进程之中揭示一个自然意图，这或许就是神意或天意。从这个自然意图出发，没有自己计划地行事的造物却仍然可能有一个遵从自然的某个计划的历史。人作为有限性的个体不能，但作为类却可以完整发展其理性的自然禀赋，以使自己超越其动物性，不用本能，而仅仅通过理性为自己带来幸福或完满。人在社会中，其自身社会化与个别化的倾向相互对抗，促使人发展他的一切才能，迈出从野蛮到文化的真正的第一步，建立起确定的实践原则，从而使形成一个社会的、本能上被迫的一致性，最终转变成一个道德的整体。这之中的关键在于，如何恰到好处地协调人自身以及人与人乃至国与国之间的对抗？这是人类的最大也是最后才能解决的难题，对此，康德给出的方案是：实现一种内部完满的、并且为此目的也是外部完满的国家宪政①。

具体言之，人类的历史，它的开端也就是“人”，而不涉及人之前的所谓进化或者别的什么。老实讲物种之间的进化是否可能，或许还是一个问题。科学家想尽一切办法寻找证据也未必完全如愿，况且有无这种可能，譬如在寻找过程中，反例以及一切不利于物种进化的例证都被有意无意地忽略甚至隐瞒了，这我们姑且不论。人类的历史从人开始，应当说没有问题。所谓人，无论古人、远古的人甚至“最初的”人(若有的话)，还是今人，根本上没有本质的差别。生活场景会有不同甚至极大的不同，这主要取决于人类文明的进程。但是人所面临的根本困惑与难题，却没有什么不同！人类之所以创造文化就源于这些根本的困惑与难题。所以文明尽管会有高低发达与不发达的区别，但是凡能称得上文化的却没有！所有的文化都是人类的伟大创造，都具有无与伦比的永恒价值。从这个意义上讲，人与文化是互相成就的，人必创造文化，而文化反之又必成就人。谈人就必谈文化，谈文化就更离不开人。

因而康德亦是从这里开始谈人类历史的，即“以人的实存为开端；确切地说，以他业已成人为开端”，他已经有了固定而单一的伴侣或配偶，他“能够站立和行走，能够说话，甚至能够谈论，也就是说，能够按照连贯的概念来说话，因而能够思维”。很显然，康德的臆测或揣测是同他们的《旧约·创世纪》相吻合的。在此基础之上，康德想要考察的仅仅是人的行为举止中的道德成分的发展，或者说，“自由从其在人的本性中的原初禀赋出发的最初发展的历史”②。

在康德看来，人类始祖脱离《旧约》中的“伊甸园”，实际上也就意味着人类从单纯动物的粗野状态过渡到人道状态，从本能的摇篮过渡到理性的指导，一句话，从大自然的监护过渡到自由状态。人类首先实现以理性来控制自己的饮食本能，从而发现自己具有选择生活方式的能力；其次，以理性来指导自己的性本能，从而从纯然动物性的欲望逐渐过渡到爱，并借助爱从纯然适意的情感过渡到对人身的美以及自然的美的鉴赏。乃至养成端庄的良好风度而受人尊重，此乃一切真正社会性的固有基础，成就人作为德性生物的最初昭示；再次，人的理性能够深思熟虑地期待未来，人成为有向往有目标有理想、同时也有深切的忧虑的生灵；最后，人慢慢地意识到，他才是自然中的最杰出者，

---

① 参阅 *Kants Gesammelte Schriften*, Band Ⅷ, *Abhandlungen nach* 1781, S. 15-31, herausgegeben von der Königlich Preußischen Akademie der Wissenschaften, Berlin und Leipzig, 1923；Kant, *Political Writings*, pp. 41-53, edited by H. Rriss, translated by H. B. Nisbet, Cambridge University Press, 1970, 1991；何兆武译《历史理性批判文集》，北京：商务印书馆，1991 年，第 1-21 页；李秋零译《1781 年之后的论文》，载李秋零主编《康德著作全集》第 8 卷，北京：中国人民大学出版社，2010 年，第 23-38 页。(以下简注为：康德《1781 年之后的论文》，德文本页码；英译本页码；何译本及页码；李译本及页码)

② 参阅康德《1781 年之后的论文》，S. 109-111；第 222-223 页；何译本，第 59-61 页；李译本，第 112-113 页。

才真正是大自然的目的。于是人自身就是目的，而非仅仅达成其他目的的手段。从此人再也不许返回粗野与淳朴的状态中了。倘若把这视为人的本性的话，则人类在上述过程中所建立起来的文化就必然同人的这种本性相冲突，这种冲突甚至会永无止息。于是我们方才能够理解康德所谓这对于人类固然是“向着完善性的进步”，而对于个人来说就不一定了的断言。由此康德推论：“自然的历史从善开始，因为它是神的作品；自由的历史从恶开始，因为它是人的作品。”①

看来康德仍然是以神人相分为其预设的前提，而且，人的自然本性乃神为，而人的自由本性才属人为。不过所谓人的自然本性也就主要指人的动物性方面，在我看来，它要称得上是“人的”，就必须得隶属与服从于人的自由本性。否则，它就不是“人的”，而仅仅同其他“畜的”动物性无异了。也就是说，当我们说“人之动物性”时，重心落在何处？至少我会始终落在“人”上，亦即“人之动物性”，这之中非但不存在“对人的贬损”，而反倒会是对人之强调，对人之异于禽兽或动物之“几希”的强调，因为这是在说“人之动物性”，而非“畜之动物性”！因而在我这里它不可能如通常所说“只是一种无价值评判的描述”而已。或许在当今许多人那里说这句话时，重心会落在“动物性”上，即“人之动物性”，是人与畜“相同”的方面。他们还丝毫也不认为这是对人的贬损，而只是一种无价值评判的描述，即时髦所谓“价值中立”是也！姑不论价值中立之荒谬，就单论人，当我们无论何时何地何种原因何种情形等等说到或提及“人”的时候，人之无条件的、无与伦比的价值，人之超越一切价格、没有等价物可代替的尊严不会随之必然地被带出?！还是我们只带出了个动物性的人？而有尊严的人，我们仅仅是在讨论伦理道德的时候才随之带出来的？但道德又是什么呢，仅仅是让我们挂在嘴边上或在理论上说说而已的东西？因此我要说，说到人就决没有所谓价值中立！我相信康德不可能不明白这个道理，不过，是否由于康德过度强分“神为”与“人为”，而不能也不敢肯定神为与人为之可能的一致性乃至完全的一致性，以至于如此清晰的道理也被弄得模糊不清了呢？甚至还令他说出向着完善性进步，于人类固然好，于个人则难说之类的话了呢？

其实，之所以说康德强分神为与人为，是因为康德所说的神为固然出于神，而康德所说的人为亦是根源于神的，用我们的话讲，也就是人道源于天道。“天命之谓性”，天赋予人与万物以禀性，然而，禀性的呈现却有正通偏塞之别。正通即可能整全地体认与体现天所赋予的禀性与天道，这也就是“人也得其秀而最灵”，“人能弘道”；偏塞则顶多仅能呈现天道之一隅，即物与畜类是。这就是人与物、与畜的根本区别！这之中存在有“命”，偏塞即是物与畜之命，是无可更改的定命；而实际地阻止人整全地体认与体现天道的东西，同物与畜类似，所以也叫做命，但此命不是定命，而是可以改变的命。因而人之间在体认与体现天道上就不是正通偏塞之别，而是明暗纯杂之别。明乃至通明，纯乃至至纯，即为贤人以至于圣人；而暗乃至于晦暗，杂乃至于芜杂，则为庶人

---

① 参阅康德《1781 年之后的论文》，S. 111-118；第 223-228 页；何译本，第 61-74 页；李译本，第 114-120 页。

以至于沦落为畜甚至连畜生都不如的东西。所以说人畜的根本区别不仅在于人能够整全地体认与体现天道，而且还在于即使就动物性亦即就命的方面而言，人畜也是根本不同的。人岂能混同于畜！由此而想到《易·贲·彖》的一句话，即："观乎天文，以察时变；观乎人文，以化成天下。"①前者说自然，后者说人文。人畜关系既有自然的一面，又有人文的一面。人畜都具有感性生活，具有本能、情感等等，也都因此而受到环境的不同程度的影响与制约。这是人畜共有的自然的一面；不过，"人之有情必宣，有志欲见，而风气各殊，止于其所，习而不迁，此古今之异趣，五方之别俗，智愚之殊致，各有其美，犁然别白，而各止其所安，均为人文而相杂以成章者也"，也就是说，人畜之别人文的这面，如孟子所说的"几希"，却是根本性的。人能够"由仁义行"，有自由，可以不屈从于感性本能的迫使，不屈从于环境的左右，而不计成败利钝地"由仁义行"。相反畜类没有这种可能，不过人若守不住这几希，就可能沦落为畜类，甚至还可能沦落为禽兽不如的东西，因为唯有人可以充分地利用自己的狡狯与奸诈而处心积虑地干坏事。人如果始终都能够守护住这几希之别，保有并不断地扩充与提升自己的德性，使自己成为君子以至贤圣，同时又与动物乃至整个自然和谐共存，这便叫做人文化成②。因为"圣人体天之不二以为德之纯，极变蕃之用而皆贞夫一，而盛德之光辉自足以经纬乎万物"。也就是说，"刚柔杂糅，交错以致饰，既为天道人情之所固有，圣人观而知其必然，而所以用之者，则不因天之变而易其纯一之道，不随人之变而伤其道一风同之至治。故天人虽《贲》，而圣人之治教自纯"③。

与此同时，人类先后(或时而并存地)经历了游猎时代、游牧时代以及农牧时代④。当这三种尤其后两种不同的生活方式并存时，人们之间便会发生冲突、战争以及相互分离，同时又由于彼此生活的需要而发生物品交换，亦即被后世称作商业的行为，由此还产生了文明、艺术，产生了人们聚居的乡村及城市和维护社会与人群安全的政治制度。通过"和亲"等举措，逐渐实现部族以至于民族间的融合，从而消除战争的危险。然而

---

① (清)李道平撰《周易集解纂疏》卷四，北京：中华书局，1994年，第246页。

② 参阅《孟子·离娄》下，第十八章，(宋)朱子撰《四书章句集注》，北京：中华书局，2016年，第298-299页。

③ 以上引文参阅(明)王夫之著《周易内传》卷二下，载《船山全书》，第一册，长沙：岳麓书社，1996年，第213-215页。论述亦可参阅陆沉《人?!——纪念康德逝世200周年》，载《思与问》，成都：巴蜀书社，2007年，第263-300页。

④ 这在中土传说为：燧人(游猎)——伏羲(游牧)——神农(农牧)。据《古史考》，太古之初，人吮露精，食草木实，穴居野处。山居则食鸟兽，衣其羽皮，饮血茹毛，近水则食鱼鳖螺蛤。未有火化，腥臊多害肠胃。于是有圣人以火德王，造作钻燧出火，教民熟食，铸金作刃，民人大说，号曰燧人。此并足征燧人为游猎之世首出庶物之主。伏羲之号，盖为其能驯服羲牲。亦曰庖羲，则为其取牺牲以充庖厨也。伏羲盖游牧之世首出庶物之主也。燧人、伏羲、神农并称三皇，俨然代表生计进化之三时代焉。神农事迹明见《易·系辞传》曰："庖羲氏没，神农氏作，斲木为耜，揉木为耒，耒耨之利，以教天下。"此确为教民稼穑之君。我国数千年来以农立国之基，肇于此矣。(吕思勉《中国制度史》，上海：上海世纪出版集团，2005年，第1-2页)

康德会认为，伴随一切战争危险的结束，而必然会建立强大的君主独裁，因而也就是一切自由的结束。康德居然为此举了中国的例子以反证：人们尽管抱怨战争为最大的灾祸，但“战争是使文化继续进展的一种不可或缺的手段”。我们似乎又听到了古老的“战争是万物之父”的现代回响。文明的人还抱怨生命之短促，然而生命长久了又能怎么样呢？不外乎无穷无尽的忧愁、艰辛乃至恶习，除了被大洪水灭绝，还配享有更好的命运吗？于是人们又转过头去向往原初的所谓“黄金时代”，其实人类终究不可能重返那个淳朴无辜的时代，世世代代的人们唯有承受各自当下的艰辛，并把它视为自己的选择，满足于神意或天意，满足于人类事务整体上的进程，它虽不是从善开始而走向恶，而是由较坏逐渐地发展到比较好，每一个人都当尽力为此进程做出自己的一份贡献①。

人类历史有开端，是不是也有终结呢？“在人类的进步中，才能、技巧和鉴赏(连同其后果逸乐)的培育，自然而然地要抢在道德发展的前面”，这是否就是人类堕落腐败的根源呢？人世间常常被轻蔑地比喻为“客栈”、“监狱”、“疯人院”以及“阴沟”，基督教之令人震撼、恐怖的末日审判是否就正针对于此呢？不过康德似乎并未放弃在神治之下，有朝一日我们的道德禀赋终将超越才能等的培育，从而导致按照属神智慧的道德目的的秩序以产生“万物的自然的终结”，对此，我们必定能够(在实践的意图上)加以理解。而对于譬如按作用原因而产生“万物的神秘的(超自然的)终结”，我们却毫不理解，倘若强解则必定自相矛盾。康德借此尤其批判了东方神秘主义、泛神论以及斯宾诺莎主义。再有，倘若基督教不再是自由的而是专横的宗教，就必然引发人们的嫌恶与反抗，从而发生在道德方面，万物的反自然的(颠倒的)终结②。或许正是因此，康德才遭遇了普鲁士国王下达的宗教禁令，康德有些不幸而言中。

“人类是否在不断地朝着改善进步”？这个问题涉及的是各个民族国家乃至人类整体未来的道德史。对此人们既不能凭空的预言，又不能直接由经验来加以解决。尽管人作为自由的存在者，可以规定其应当做什么，但却不能预言其实际地将做什么。我们亦不能依据过去人类的进步(假如有的话)而担保其未来的进步。那么，我们终究又能凭什么来对此做出预言呢？或许这恰好是每一代人都要对自己提出并自己来解决的问题。于是便引出了每一代人实际的状况，譬如某个影响深远的重大事件及其身处其中的人群之人心向背。康德举了法国革命事件为例证，虽然包括康德在内的许多人主张的都是渐次的进步或改良而非暴烈的革命，然而他们却普遍地甚或接近于狂热地同情这场革命，为什么呢？就因为革命的目标是建立一民族国家内的保障法权的公民宪政，同时是能够在国际上制止战争的共和政体宪政，因而它至少强烈表明的是想朝着改善进步的。而对之普遍的人心向背亦表达出了人类的一种期望朝着改善进步的道德品格。

不过，作为理念或理想的法权与宪政，其实施应当受制于其手段与道德性一致的条

---

① 参阅康德《1781 年之后的论文》，S. 118-123；第 229-234 页；何译本，第 71-78 页；李译本，第 121-126 页。

② 参阅康德《1781 年之后的论文》，S. 325-339；何译本，第 79-96 页；李译本，第 329-343 页。

件，人民不可以逾越这一条件而通过革命来达成。所以，归根结底，这不是一场革命的现象，而是一种自然法权的宪政之进步的现象。正是基于此，康德预言人类将达到这个目的，由此同时预言人类将朝着改善前进而不再会完全倒退。因为它揭示了人的本性中趋向改善的禀赋和能力，而且唯有它才在人类中按照内在的法权原则把自然和自由统一起来，但就其实现的时间上来说，它却只能是不确定的，只能应许为出自偶然的事件。为了实现这个目标，就得由自由的法权教师亦即哲学家而非官方的法权教师启蒙大众，以公开性的途径促使国家把人民的法权需求铭记在心，真正实行限制的君主制。结果会是，大众“贫而无谄”而“富而无骄”且皆能守法，不过能否“贫而乐道”而“富而好礼”，以至于“有耻且格”①，则或许非康德所敢“奢望”的了。至于具体如何实施，康德主张的是通过事物自上而下的进程与期待一种自上而下的智慧以至于神意或天意，强调国家的改进与责任，不断地朝着改善进步。至于严重阻碍道德的战争，既然由于人性的弱点而不可避免，那就首先使之逐渐变得更加符合人性，然后变得更加稀少，最后令侵略战争完全消失，以便选择一种依照其本性毫不减弱地建立在法权原则之上，能够坚持不懈地朝着改善进步的宪政②。这是否与我们《大学》所说的格物致知、诚意正心、修身齐家、治国平天下的历程很不吻合呢③？或者说，康德所谓自上而下的神意或天意当然是属神的，人除了做好自己的事，也就只有期待神的赐予了，人为与神为自始至终仍然都只属两界而不可合一。

这的确与华夏尤其与儒家的主张大相径庭。《大学》开篇讲“明明德”，《中庸》开篇亦讲“天命之谓性”④，都表明天地之助成力量，已毫无保留地全然贯注于人。人若完全依此而行，则人为即天为，因而天人一致，天人合一。而所谓依天而行，也就是每个人地成德成己，进而成人成物，亦即孟子所言：“尽其心者，知其性也。知其性，则知天

---

① 《论语·学而》第一之第十五章，子贡曰：“贫而无谄，富而无骄，何如?”子曰：“可也。未若贫而乐，富而好礼者也。”朱子讲：“常人溺于贫富之中，而不知所以自守，故必有二者之病。无谄无骄，则知自守矣，而未能超乎贫富之外也。凡曰可者，仅可而有所未尽之辞也。乐则心广体胖而忘其贫，好礼则安处善，乐循理，亦不自知其富矣。”《为政》第二之第三章，子曰：“道之以德，齐之以礼，有耻且格。”朱子讲：“躬行以率之，则民固有所观感而兴起矣，而其浅深厚薄之不一者，又有礼以一之，则民耻于不善，而又有以至于善也。”(《四书章句集注》，第 52、54 页)

② 参阅 *Kants Gesammelte Schriften*, Band Ⅶ, *Der Streit der Fakultät*, *Anthropologie in pragmatischer Hinsicht*, S. 79-94; pp. 41-53；何译本，第 145-163 页；李秋零译《学科之争》，载李秋零主编《康德著作全集》第 7 卷，北京：中国人民大学出版社，2008 年，第 76-91 页。是否革命？也就是传统所说的能否行“权”的问题，子曰：“可与共学，未可与适道；可与适道，未可与立；可与立，未可与权。”洪氏曰：“《易》九卦，终于《巽》以行权。权者，圣人之大用。未能立而言权，犹人未能立而欲行，鲜不仆矣。”(《论语·子罕》第九之第廿九章，《四书章句集注》，第 116 页）行“权”，小至嫂溺援之以手，大到汤武革命，要达到合于义之中道，仅唯圣人能之。西人未有圣人，亦不承认有圣人，于是康德言“革命任何时候皆不义”，不亦宜乎！

③ 《大学》经一章，《四书章句集注》，第 3-4 页。

④ 《中庸》第一章，《四书章句集注》，第 17 页。

矣。存其心，养其性，所以事天也。夭寿不贰，修身以俟之，所以立命也。”程子讲：“心也、性也、天也，一理也。自理而言谓之天，自禀受而言谓之性，自存诸人而言谓之心。”而所谓立命，也就是全其天之所付，不以人为害之①。而矢志不渝地推动个人、人群、民族乃至人类的进步，这在儒家看来，不仅是可能的，而且它就是我们每一个人的使命与天职。所以，人类的进步，实际上并非必然就可能的，而是必定要取决于我们每一个人，若硬要说神的赐予，那么神或天在我们每一个人出生时就已经全然地赋予了我们，关键在于我们是否依之而行，所以归根结底，历史的进步取决于我们每一个人，尤其是取决于我们这些“无恒产而有恒心”的士人②。

二

依康德最好的政治制度非国家宪政体制莫属。西方最初的宪政体制实现于古希腊的城邦，据说是伴随着希腊殖民者驾船到小亚细亚建立殖民城邦开始的，而后希腊各母邦亦跟进建立起了初步的宪政体制。它似乎与商业贸易和殖民扩张分不开，无独有偶，西方现代的宪政体制的建立亦是在资本主义全球商业贸易和殖民扩张中实现的。这之间的联系仅仅是一种巧合，还是必然？巧合也罢，必然也罢，宪政制度反过来又促进了资本主义经济的飞速发展，成就了诸如英国、美国等西方国家的空前强盛，此是不争的事实！

何以会有这种可能呢？以至于康德会认为“自然迫使人去解决的人类最大难题，就是达成一个普遍管理法权的公民社会”，在其中，人们的自由能够普遍地协调共存，既相互限制，又相互促成③。康德将此“社会每个作为人的成员的自由”视为宪政体制的先天原则之一，它保障了一个祖国的或爱国的政府，而非专制主义的父亲的或父权制的政府。宪政体制的第二个先天原则是“社会每个作为臣民的成员与其他每个成员的平等”。康德在此使用“臣民”概念主要是相对于共同体唯一的元首而言的，他是“国家行政元首”、“颁立公共法律的主权者”、“人格化的法律本身”、“仁慈的主人”、“唯一不受强制性法权制约的人”、“拥有至上的公共司法权的人”。康德想表明除国家元首外的所有成员皆是平等的，同时康德还想借此强调，人民对于国家元首绝无强制性法权（在言辞和行动上的反抗），同时，人民亦不可以以暴力来反抗立法者的意志的禁令，否则必然违背本源契约，破坏宪政体制，此乃最大的不义。再说臣民的平等或者就直言“公民的平等”，由此而取消了仅仅由于出生而有的世袭特权，任何人都有权通过自己的努力获

① 《孟子·尽心》上，第一章，《四书章句集注》，第356页。

② 孟子曰：“无恒产而有恒心者，唯士为能。若民，则无恒产，因无恒心。苟无恒心，放辟邪侈，无不为已。及陷于罪，然后从而刑之，是罔民也。焉有仁人在位，罔民而可为也？”（《孟子·梁惠王》上，第七章，《四书章句集注》，第211-212页）

③ 参阅康德《1781年之后的论文》，S. 22；pp. 45-46；何译本，第8-9页；李译本，第29页。

得相应的社会地位或等级。宪政体制的第三个先天原则是“共同体每个作为公民的成员的独立”。一切在法权上的允许或不允许，仅仅取决于全体人民的而非任何别的意志，也就是所有人对所有人做决定，因而每一个人对自己做决定。这被称作本源的契约。为此则首先要求其成员在经济上自食其力，以能够自主地表达个人的主张，自主地参与共同体立法的投票表决等活动。而且，所谓本源契约绝对不可以被预设为意项已成的事实，它反倒是一个理性的、具有无可置疑的实践的实在性的纯然的理念，也就是说，它能以整个民族的联合起来的意志约束每个立法者①。

为此，宪政体制国家都包含着三种权力，亦即在三重人格(政治三一体)中普遍地联合起来的意志：立法者人格中的统治权(主权)、治理者人格中(遵照法律)的执法权和审判者人格中(依照法律判定每个人的“他的”)的司法权。它们三者既相互并列、相互补充；又相互隶属，彼此职能不可相互替代；从而赋予每个臣民以法权。总之，立法者在涉及外在的“我的”和“你的”事情上的意志是不容非议的，最高执政者的执行能力是不可违背的，最高法官的判决是不可变更的。立法权只能归于人民的联合意志，但人民的统治者(立法者)不可能同时是摄政者(执法者)，尽管后者服从法律而对前者负有义务。而反之前者可以剥夺、罢免乃至改造后者，唯不能惩罚它。摄政者亦即一个政府不能同时是立法的，否则，它就是专制政府。最后，无论国家统治者还是执政者都不能进行审判，而是只能任命法官为官员。人民通过其同国人的那些经由自由选举、作为人民的代表、确切地说为每一种行为而特别任命的人来自己审判自己。而国家正是通过这三种不同的权力而拥有自决，亦即按照自由法则自己塑造自己和维护自己。国家的福祉就在于它们的联合，亦即宪政与法权原则最大一致的状态，理性通过一个绝对律令使我们有责任朝着这个状态努力②。此是康德版的关于三权分立及其相互制衡原则的论述。进一步康德会认为唯一合法的宪政是一个纯粹的共和国的宪政，而任何真正的共和国都是并且只能是人民的一个代议制系统，为的是以人民的名义，通过国家所有公民联合起来，借助其议员(代表)来照管国家公民的法权。这是本源契约的精神所包含的制宪权的责任，亦即使政府的性质不是通过一下子的革命，而是通过逐渐的和不断的改良而适合一个纯粹共和国宪政的理念。在其中，自由成为原则，甚至成为一切强制的条件；而

---

① 参阅康德《1781年之后的论文》，S. 289-306；pp. 73-87；何译本，第180-201页；李译本，第292-311页；和 Immanuel Kant, *Die Metaphysik der Sitten*, *Die Religion innerhalb der Grezen der bloßenVernunft*, Werkausgabe Band Ⅷ, S. 432-434, herausgegeben von Wilhelm Weischedel, Suhrkamp Taschenbuch Wissenschaft 1977; *The Metaphysics of Morals*, translated and edited by M. Gregopp, pp. 139-140, Cambridge University Press 1996；张荣、李秋零译《道德形而上学》，载李秋零主编《康德著作全集》，第6卷，北京：中国人民大学出版社，2007年，第324-325页；沈叔平译《法的形而上学原理——权利的科学》，北京：商务印书馆，1991年，第140-142页。以下简注为：康德《道德形而上学》，德文原本页码；英译本页码，李译本及页码；沈译本及页码。

② 参阅康德《道德形而上学》，S. 431-437；pp. 138-143；李译本，第323-329页；沈译本，第139-146页。

法律是专断的，再不依附任何特殊的人格①。

在《永久和平论》中，康德亦明确指出："每个国家中的公民宪政应当是共和制的。"而共和制恰恰是把政府的行政权与立法权分离开来的国家原则，是代议制的政府形式。康德据此区别了民主制的宪政，因为一个国家从统治的形式来讲只有三种可能，即专制政体、贵族政体和民主政体；而从政府的形式上看，就要么是共和制的，要么是独裁制的。而民主政体的形式在这个词的真正意义上必然是一种独裁制，因为它在行政权上会容忍多数人对少数人甚至一个人的专断。至于共和制政体会对应什么样的统治形式，那大概会是君主、贵族和民主混合的形式，亦即代议制体系吧！因为唯有在代议制度中，一种共和制的治理方式，亦即符合法权概念的治理方式才是可能的。康德还将此列为"永久和平之第一项正式条款"，因为在这种体制之下，是否开战需要国家公民的赞同，他们往往由于必须承担巨额的战争费用以及战争灾难的结果等，而不会轻易同意开战②。

我们知道法国思想家孟德斯鸠(Montesquieu)及其《论法的精神》是西方"权力分立"理论的集大成者。对照孟德斯鸠的论述，每一个国家有三种权力：立法权力、行政权力、司法权力。司法权不同立法权和行政权分立，自由便不复存在。因为人们将要害怕这个国王(在现代为国家元首或总统)或议会制定暴虐的法律，并暴虐地执行这些法律。同样，如果立法权和行政权集中在同一个人或同一个机关之手，自由就也不复存在。如果司法权同立法权合而为一，则将对公民的生命和自由施行专断的权力，因为法官就是立法者。如果司法权同行政权合而为一，法官便将握有压迫者的力量。而如果同一个人或是由重要人物、贵族或平民组成的同一个机关行使这三种权力，即判定法律权、执行公共决议和裁判私人犯罪或争讼权，一切便完了。因此必须对政治权力实施分立，达成分立后的权力之间的制约平衡。简洁地讲就是，立法机关应根据行政机关的要求召开会议；行政首脑保留对立法的否决权；立法机关应能行使特别审判权(或称弹劾权)。同时立法权本身应由贵族团体的贵族院(在现代称之为上院或参议院)和代表平民团体的下院或众议院所分享，它们之间亦构成相互制约与平衡的关系，等等③。权力分立思想尽管古已有之，但是孟德斯鸠的突出贡献在于：把权力分立的思想变为政治结构各组成部分在法律上相互制约与平衡的体制，并把这一学说最终确定为自由宪政的信条④。

而英国思想家密尔(J. S. Mill)及其代表作《代议制政府》是西方公认的有关议会民主制的一部经典著作。他认为：理想上最好的政府形式就是主权或作为最后手段的最高

---

① 参阅康德《道德形而上学》，S. 463-464；pp. 162-163；李译本，第352-353页；沈译本，第176-177页。

② 参阅康德《1781年之后的论文》，S. 349-353；何译本，第105-110页；李译本，第354-359页。

③ 参阅[法]孟德斯鸠著，张雁深译《论法的精神》，上册，北京：商务印书馆，1982年，第153-187页。

④ [美]萨拜因著，索尔森修订，刘山等译《政治学说史》，下卷，北京：商务印书馆，1990年，第626-627页。

支配权力属于社会整个集体的那种政府；每个公民不仅对该最终的主权的行使有发言权，而且，至少是有时被要求实际地参加政府，亲自担任某种地方的或一般的公共职务。这样便可以充分地保障每一个人的自由和权益，不断地提升他各方面的素质和能力，最终促成社会的普遍繁荣。但因为一个国家所有的人亲自参加所有的公共事务是不可能的，那么，一个完善政府的理想类型一定是代议制政府①。

看来康德同他们二人在取向上是一致的，而在表达上孟氏与密尔说得还要更直白一些。不过在内在精神上他们是否也完全一致呢？至少孟氏或密尔等都会认为宪政体制是人的理性的结果，人天生好利恶害，实际促成人们联合乃至以宪政体制联合起来的，首要的就是尽可能增大其获益和减少其受害。为此，人们不惜放弃自然状态下的自由，人们已经厌倦了在自然状态下的相互争斗而常常得不偿失，于是人们逐渐地组成宪政体制的国家，以便大家都从中得大于失，甚至还重新获得之前放弃了的自由。这颇令人想起先秦大儒荀子关于礼之起源的论述："礼起于何也？曰：人生而有欲，欲而不得，则不能无求，求而无度量分界，则不能不争，争则乱，乱则穷。先王恶其乱也，故制礼义以分之，以养人之欲，给人之求，是欲必不穷乎物，物必不屈于欲，两者相持而长，是礼之所起也。"②荀子因此而特重礼法之作用却有些轻忽了人之本心仁性。而康德呢？他本身就对人之本心仁性心存疑虑，他能出离"以恶促善"的藩篱吗？宪政体制的确立果真是出自人的理性的算计与机巧吗？而几乎同时发生的殖民、商贸以及对其他民族的征服与奴役会与此没有关联吗？那么，这样的结果会定然是善的吗？能始终维护善，维护公正、正义吗？种种这些问题，当康德在进一步论述国际法权的时候，就显得更为突出了。

三

康德所提出的永久和平方案，其保障却首先是自然之合目的性的天意。它通过人们自私喜好的弱点，各民族语言和宗教的不同因而相互分离、冲突乃至战争，以及战争之后在和平当中的相互谅解。还有就是为了增加财富、金钱而发展出来的一种商贸精神，令其国家间赋有理智的人们不得不促进一种高尚的和平，以及为此不得不考虑与建立国家公民法权乃至世界公民法权等，以便进一步逐渐促成人类的永久和平。或许天意，也正如康德所猜测的，不指望以道德性来产生好的国家宪政，反倒是要指望好的国家宪政来产生一个民族的良好的道德教养。姑且不论康德在此是否本末倒置，以自私喜好、利益算计来发展足以替代战争的商贸，一旦可能战争之获利远远高于一时的商贸，人们会不会毅然决然地放弃和平而选择战争呢？照理说政治（执行的法权学说）与道德（理论的

① 参阅［英］密尔著，汪瑄译《代议制政府》，北京：商务印书馆，1982年，第37-55页。

② （清）王先谦著《荀子集解》卷十三，《礼论篇》第十九，《诸子集成》第二册，北京：中华书局，1993年，第231页。

法权学说)不应当有冲突，它们两者是应当统一的，因为道德是无条件地颁布命令，而政治必须服从而不得违背。为此，康德必须依赖于道德的政治家，一群将治国术的原则看得能够与道德共存的政治家，一群为了维护自然法权而不惜牺牲自己利益的政治家。问题在于我们在现实中看到的却多半是一群"斗筲之人，何足算也"的政客，一群所谓政治的道德家，他们奉行唯利益算计的权谋政治，"做了再说"，"做过就否认"，"分而治之"等才是他们行事的原则，于是想要使政治与道德一致的意图遭到破灭，并进而产生出足以阻碍永久和平的一切的恶。显而易见，道德的法权原则，即要这样行动，使你能够想要你的准则应当成为一条普遍的法则，而无论它想要的目的是什么。在道理上是毋庸置疑的，但现实往往事与愿违，人们更多的却是反其道而行之。永久和平至上的道德理想却要依赖一种非道德的明智途径来达成，这是可能的吗？道德上的恶在自己的意图中必与自己相抵触，并且毁灭自己，尽管如此，这是否就意味着必然会为善的(道德)原则腾出地盘呢？再有，康德为了保障公共法权，维护正义以便逐渐推进到永久和平而提出的政治运作之公开性的形式，亦即一切与其他人的法权相关的行动，其准则与公开性不相容者，皆是不正当的。因而，所有需要公开性(以免错失其目的)的准则，均与法权和政治协调一致，固然可以说是宪政体制或者甚至一切政治运作的不二法门，以至于我们由此还能够一下子辨别开谁是道德的政治家，谁是政治的道德家。不过，问题仍然在于：如何才可能造就与出现道德的政治家而非政治的道德家呢①？

这又令我想到了荀子的尴尬，他主张"人之性恶，其善者伪也"，而且，这对所有人都是一样的。然而荀子似乎没有意识到，若圣人与庶众同为性恶的话，那么，圣人怎么可能出现？即使偶然侥幸地出现，他又凭什么制定礼义而化性起伪呢？众人又凭什么能够改恶迁善呢？或许荀子不觉得这是问题，因为在他那里所有人同圣人一样"皆有可以知仁义法正之质，皆有可以能仁义法正之具"。只不过在这方面圣人较常人要高明得多而已！然而荀子仍然把这仅仅看作认知心，他大概想来，既能知仁义法正，当然也就能辨别是非善恶，从而也就能使其从善去恶②。我们知道在孟子，人之所以能辨别是非善恶是因为其天然具备的智之端，是人性本有的仁义礼智四端之一，荀子大概只会从认知心的角度承认四端之一的智之端，因而他不可能像孟子那样视仁义礼智四端为人所本有的良知良能③。那么康德呢？他肯定人具有纯粹实践理性，却也并不认为人之本性的必然向善，于是他所谓道德的政治家——虽远比不得圣人，但说为贤人君子，想来不至于太离谱的出现，却也只有偶然侥幸的可能！加之还主张以一种非道德的明智的途径建

① 参阅康德《1781年之后的论文》，S. 360-386；pp. 108-130；何译本，第118-144页；李译本，第366-392页。

② 《荀子集解》卷十七，《性恶篇》第二十三，《诸子集成》第二册，第289、295页。

③ 《孟子·公孙丑》上，第六章，《尽心》上，第十五章。所谓"恻隐之心，仁之端也；羞恶之心，义之端也；辞让之心，礼之端也；是非之心，智之端也"。程子讲："良知良能，皆无所由；乃出于天，不系于人。"(《四书章句集注》，第238-239、360页)

立宪政体制，推进永久和平，还说这是"天意"如此，那么，人类未来的希望该是何其渺茫啊！

想我儒家之政治理想："大道之行，天下为公，选贤与能，讲信修睦，故人不独亲其亲，不独子其子，使老有所终，壮有所用，幼有所长，矜寡孤独废疾者，皆有所养，男有分，女有归，货恶其弃于地，不必藏于己，力恶其不出于身也，不必为己，是故谋闭而不兴，盗劫乱贼而不作，故外户而不闭，是谓大同。"①儒家之大同是以亲亲之仁为根基，"亲其亲"，人人皆能为，乃至"不独亲其亲"而"泛爱众"，"尊贤"等。"故为政在人，取人以身，修身以道，修道以仁。仁者人也，亲亲为大；义者宜也，尊贤为大；亲亲之杀，尊贤之等，礼所生也。故君子不可以不修身；思修身，不可以不事亲；思事亲，不可以不知人；思知人，不可以不知天。"②以王道仁政君临天下，"行一不义、杀一不辜而得天下，皆不为也。"③"道之以德，齐之以礼，有耻且格。"而最终达成自己内心、自己与他人、人与人、人与社会乃至人与天地自然的和谐中和，这就是大同！大同社会的实现是要靠圣人、贤者、君子以及无数志士仁人的共同努力，他们尤其圣人是先知先觉者，是人格完满、道德高尚者。他们的出现却绝非偶然侥幸，而是自觉如《大学》所说的"明明德，新民，止于至善"，经过严格的格物致知、诚意正心、修身齐家乃至治国平天下的结果。

在此，我们谨以宋儒为例。在中国历史上，两宋立国于五代，史家通论五代为我中华最黑暗的时期，不仅毫无治道可言，民生其间，一直是中国有史以来未有之惨境。而且，其间连一个杰出的人物都未出现，真是毫无希望与未来。同时五代的四分五裂局面又是唐代藩镇割据的延续，致使中原丧失掉北方之天然的屏障。后来两宋先后都必须始终直面北方强大的辽国及金国，内政亦是积弱不堪，譬诸人身，那是连每根肤发都是病态。可就在这极度内忧外患之际，却激发出来了两宋一代又一代的以天下为己任的伟大士人，他们承继儒家内圣外王之道统，建立理学，得君行道，创造出了前所未有的业绩。北宋初年大儒范仲淹尝自诵其志曰："先天下之忧而忧，后天下之乐而乐。"④其感论国事，时至泣下。一时士大夫矫厉尚风节，自先生倡之⑤。鼓舞宋代士人的是内心深处涌现出的一种以天下为己任的"自觉精神"，这已是一种时代的精神，而为范仲淹率先呼唤出来，此即范仲淹之伟大之处。他们热心政治、参与朝政不是为了自己升官发财，而是为了实现一代代儒者的政治抱负，儒家的政治理想。尤其，横渠之"为天地立

① 《礼记·礼运》第九，《礼记正义》卷第二十九，中册，上海古籍出版社，2008年，第874-875页。

② 《中庸》第二十章，《四书章句集注》，第28-29页。

③ 《孟子·公孙丑》上，第二章，《四书章句集注》，第235页。

④ （宋）范仲淹《岳阳楼记》，载《范仲淹全集》上，南京：凤凰出版社，2004年，第169页。

⑤ （明）黄宗羲《宋元学案·高平学案》，载沈善洪主编《黄宗羲全集》，第三册，杭州：浙江古籍出版社，2005年，第183页。

心，为生民立命，为往圣继绝学，为万世开太平”①，不仅充分表达出了宋儒的远大理想，而且也正是宋代理学重建思想秩序复兴华夏道统的全面表述。

“为天地立心”，象征着被宋代理学重新阐释的宇宙，将重新奠基在终极依据上，天地时空虽当然为一切合理性的终极本原，却又必须得到自明的“理”的内在证明，而此正是张子主张的“以人道合天道”之当下呈现。“为生民立命”，则表示理学家对自己的社会责任的充分自信，他们相信，重建以道德与伦理为本原的思想秩序，可以使人们重新确立生命的价值与意义，并与蒙昧与野蛮划清畛域，获得有价值的生活世界。“为往圣继绝学”，表明了他们对“道统”重建的愿望。在他们看来，圣人之学自从孔子以来，屡屡断绝，已经是惨淡经营，而只有在他们这里，才由于重新确立了“理”的真理权威性，确立了社会生活秩序的基础，确立了生活的意义与价值，所以往圣继绝学终于可以发扬光大。最后，“为万世开太平”，是儒家期待的理想境界，通常的政治经济策略，只能暂时富国强兵，用古人话语来讲就是实现“霸道”，顶多也只是在一个有限时间内维持盛世景象，在一个有限空间内建立强大的国家，然而，当“理”被作为普遍文明的基础得到认同时，就将广被天下，确立永恒太平的基石②。由此我想起了今儒唐君毅先生的一段十分精辟的概括话语，即“中国学术，历南北朝至隋唐之佛学之大盛，中国政治，历晚唐五代之乱、北方夷狄之患，而有宋代之儒学之复兴，以树华夏文教之统之一大运动。由宋至明，历六百年之久，而宋终止于元，明终亡于清。此整个言之，似仍为一大悲剧。然自其中之学者所表现之明道、守道、辩道、殉道之精神，及其由此精神而有之对中国学术之发明言，则又精光四溢，通于千百世之上，亦通于千百世之下，而无所谓悲剧者也。”③

时至今日，我们已经历了一个多世纪的西学、西力东渐，皆受到西方强势文明的影响。加之由西方所主导的世界之全球化的大势所趋，我们已经无法径直地撇开西方来讨论我们的尤其现实的问题了。于是，重温乃至复兴华夏文化传统，直面与化解西方文明的缠夹，明确地辨别义与非义，权衡利弊轻重，而汲取其精华，弃去其糟粕，以便吾辈能够立定脚跟，审时度势，更好地应对全球化的问题及危机，逐渐地由小康而大同，乃至“为万世开太平”！

孔子教诲我们说：“道之以政，齐之以刑，民免而无耻；道之以德，齐之以礼，有耻且格。”乍一看，似乎孔子主张德化礼治，拒绝政法刑制。其实不然！一如朱子所言：“政者，为治之具。刑者，辅治之法。德礼则所以出治之本，而德又礼之本也。此其相为终始，虽不可以偏废，然政刑能使民远罪而已，德礼之效，则有以使民日迁善而不自

① 参见《宋元学案·横渠学案》，载《黄宗羲全集》，第三册，第920页。

② 参阅葛兆光《中国思想史》，第二卷，《七世纪至十九世纪中国的知识、思想与信仰》，上海：复旦大学出版社，2000年，第309页。

③ 唐君毅《中国哲学原论·原教篇》，北京：中国社会科学出版社，2006年，第7页。

知。故治民者不可徒恃其末，又当深探其本也。”①而且，孔子别处的话语亦可视为对这里的补充，即“圣人治化，必刑政相参焉。太上以德教民，而以礼齐之。其次以政导民，而以刑禁之。化之弗变，导之弗从，伤义以败俗，于是乎用刑矣。”此“谓先礼以教之，然后继以刑折之也。夫无礼则民无耻，而正之以刑，故苟免”②。吾友丁君亦言：“单由政治效用论，政刑之效用直接而明显，儒者并不否认，朱子亦谓‘政刑能使民远罪而已’，故，亦不至于废政刑，然其所以用政刑者，如后之所谓‘听讼，吾犹人也’之类，非其根本用心所在，其根本用心，则‘必也，使无讼乎’，德礼则所以使无讼者也。”因而儒家主张的是一种“全面主义”，或又可被称为“普遍道德主义”之政治观。亦即真实之生活即政治，广阔之政治即生活。唯此政治能造就伟大之人民，亦必造政治于伟大政治之境地也③。这样的政治应当是“大道之行，天下为公”的政治。但是，我们如何可能做到“天下为公”呢？为孔孟所推崇的“尧舜禅让”的传统，其中所透显出来的“天听自我民听，天视自我民视”的旨意则正在于坚持天下为公而反对一切天下为私的做法。

无论如何，我们首要应当谨守民族之大义，复兴华夏共同的伦理政治基础。因为近世以来，人们普遍以为进入了现代社会，就必得以所谓民主法治替代儒家的礼乐教化。实则仅仅是食洋不化、似是而非的主张！这一类人始终没能看清楚的是，仅靠民主法治是不可能维系社会的长治久安的，古希腊就是例证。而近世以来的西方所谓宗教与世俗的分离却主要体现在世俗社会及其政治权力的运作对于宗教权威的相对独立上，而社会上的广大民众并未脱离也从未背离宗教权威对自己生活的规范与指导，他们中绝大多数人的生活，在今日尤其紧跟“现代”的国人看来，简直还太保守，太不入流！所以，我们所能看到的近世以来光怪陆离的西方社会，无论是革命、民主、自由以及各种各样的思潮，还是对外的殖民、侵略、掠夺、战争、贸易、金融、信息等，都不外是其表象而已，在这些表象下面却是始终都坚如磐石而从不曾消失的神学与信仰，正是后者而不是前者才真正地奠定了西方社会稳固的基石，这是西方社会历经数千年之久的不仅宗教，而且尤其总结内部的迫害与战争的鲜血才磨洗与进而达成的内部整合。至于面对非西方社会，宗教之极度不宽容的态势便立即暴露无遗了，除非你甘愿被他们所同化整合而且决不能比他们过得好，你恐怕才可能被容忍。这样的宗教是不可能被中华民族所甘愿接受的，我们充分地尊重他人既有的文明传统，不会把自己的文明强加于人，因而也不可能忍受他人的强加，于是西方能输入给我们的也就是其表象的东西，我们不能将之奉为至宝。礼教乃是华夏自古以来的共同的伦理基础，华夏若不传承并光大这共同的伦理基础，则“攻乎异端，斯害也已”、“非其鬼而

① 《论语·为政》第二之第三章，《四书章句集注》，第 54 页。

② 《家语·刑政篇》《孔丛子·刑论篇》，参见程树德《论语集释》第一册，68 页，北京：中华书局，1990 年。

③ 参阅丁纪《论语读诠》，成都：巴蜀书社，2005 年，第 31-33 页。

祭之，谄也”①之风便不息，社会便不宁，庶民便不安，国家亦难有兴盛之可能！

西方社会所推行的“民主和自由”，并未改变马克思当年深刻揭示的资本主义的贪婪本性，以及列宁阐明的“帝国主义”的霸权实质。这两者相辅相成，贪婪则需要霸权，霸权又反过来维持与加倍地纵容其贪婪。故针对于此而同情弱小、反对霸权是我们的原则，我们坚持公平、正义、自由、平等的社会主义②，创建和谐社会。我们必须重视中华民族共同的伦理基础，传承中华礼教传统。

参考文献

[1]程树德.《家语·刑政篇》《孔丛子·刑论篇》. 载《论语集释》第一册，北京：中华书局，1990年。

[2]陈少明. 经典世界中的人、事、物[M]. 上海：上海三联书店，2008.

[3]丁纪. 论语读诠[M]. 成都：巴蜀书社，2005.

[4]康德. 1781年之后的论文[M]. 李秋零译. 康德著作全集，李秋零主编. 北京：中国人民大学出版社，2010.

[5]康德. 道德形而上学[M]. 张荣、李秋零译. 康德著作全集，李秋零主编. 北京：中国人民大学出版社，2007.

[6]康德. 法的形而上学原理——权利的科学[M]. 沈叔平译. 北京：商务印书馆，1991.

[7]康德. 历史理性批判文集[M]. 何兆武译. 北京：商务印书馆，1991.

[8]陆沉. 人?!——纪念康德逝世200周年[M]. 载《思与问》，成都：巴蜀书社，2007.

[9](清)李道平. 周易集解纂疏(卷四). 北京：中华书局，1994.

[10]《礼记·礼运》第九. 载《礼记正义》卷第二十九，中册. 上海：上海古籍出版社，2008.

[11][法]孟德斯鸠. 论法的精神(上册)[M]. 张雁深译. 北京：商务印书馆，1982.

[12][美]萨拜因. 政治学说史(下卷). 索尔森修订. 刘山等译. 北京：商务印书馆，1990.

---

① 《论语·为政》第二之第十六、廿四章，《四书章句集注》，第57、60页。今日之西学西俗是否于华夏为害甚矣？而不祭祀华夏始祖、圣人，而纪念西人的先祖，又是否谄也？

② 孟子曰：“人皆有不忍人之心。先王有不忍人之心，斯有不忍人之政矣。以不忍人之心，行不忍人之政，治天下可运之掌上。”(《孟子·公孙丑》上，第六章)学者陈少明先生以为孟子由不忍人之心推出的不忍人之政，亦即儒家的政治理想——仁政(孔子叫德治)，建立在对人性的信任与维护的基础之上，其焦点是对弱者的同情。这是极其伟大的政治信条，现代社会主义理想如果有可取之处，也就是它基于对孤苦无告者命运的担心。(参阅陈少明《经典世界中的人、事、物》，上海三联书店，2008年，第190-191页)

[13](明)王夫之.《周易内传》卷二下. 载《船山全书》，第一册，长沙：岳麓书社，1996.
[14](宋)范仲淹.《岳阳楼记》. 载《范仲淹全集》上，南京：凤凰出版社，2004.
[15]高小强.《民族大义与天下兴亡——辛亥百年反思》. 载《切磋二集——四川大学哲学系儒家哲学合集》，成都：四川人民出版社，2012.
[16]葛兆光.《中国思想史》，第二卷. 载《七世纪至十九世纪中国的知识、思想与信仰》，上海：复旦大学出版社，2000.
[17](明)黄宗羲.《宋元学案·高平学案》. 载《黄宗羲全集》，第三册，沈善洪主编，杭州：浙江古籍出版社，2005.
[18][英]密尔. 代议制政府[M]. 汪瑄译. 北京：商务印书馆，1982.
[19]唐君毅. 中国哲学原论·原教篇[M]. 北京：中国社会科学出版社，2006.
[20](清)王先谦.《荀子集解》卷十三，《礼论篇》第十九. 载《诸子集成》第二册，北京：中华书局，1993.
[21](宋)朱子. 四书章句集注[M]. 北京：中华书局，2016.
[22]Kant, Immanuel: Abhandlungen nach 1781, Kants Gesammelte Schriften, Band Ⅷ. Berlin und Leipzig: die Königlich Preußischen Akademie der Wissenschaften, 1923.
[23]Kant, Immanuel: Political Writings, Cambridge University Press, 1970, 1991.
[24]Kant, Immanuel: Die Metaphysik der Sitten, Die Religion innerhalb der Grezen der bloßen Vernunft, Werkausgabe Band Ⅷ, Suhrkamp Taschenbuch Wissenschaft, 1977.
[25]Immanuel Kant: The Metaphysics of Morals, Cambridge University Press, 1996.

海德格尔与形而上学[①]

[德]瓦尔特·比梅尔[②] 著，湖南大学 王宏健 译

摘要：与胡塞尔不同，海德格尔注重传统，植根于传统，亦即形而上学之历史，同时又对其展开批判。海德格尔试图将形而上学史理解为一个统一的整体，这尤其体现在他对从笛卡儿到尼采的现代形而上学的解构之中，在那里，现代形而上学被刻画为强力意志的形而上学。其次，海德格尔通过回归形而上学的基地，亦即形而上学的开端处，从而重新发现了存在，并且将形而上学刻画为存在之遗忘。要想在技术时代克服形而上学，就需要以思想取代哲学，关注存在本身。

关键词：形而上学；存在；真理；存在之遗忘；技术

1. 引言

当我们谈及一个思想家时，总会有这样的危险，那就是将其思想的多样性加以简单化，而仅仅通过评论一些看起来容易掌握的议题来代替他思想中振奋人心的努力和其道路的不确定性。远而观之，流动变成僵硬，点燃想象力和使人富有激情的议题则变得乏味和无聊。当我们谈论这些议题时，他的思想所引发的变化——事实上是革命——看起来是要停息了，而且逐渐地变得枯燥和无关紧要。

然而，有待于指出的还有，在谈论一个思想家时最大的危险，乃是我们将他的语言翻译成我们熟悉的语言，以便让我们能够理解。但实际上，我们所做的却是斩断了思想家自身所认为的适当的东西，因为他通过他自己的语言出场、发用和延续。他的语言就是他的思想：如果我们放弃了他的语言，我们也就放弃了他的思想。不过，我们会认为，我们可以将他所言说的东西表达得更好、更清楚、更容易理解，所以我们暗暗揣摩，他是为了突出自己，以便给人留下深刻的印象，才有意以一种如此艰难的方式来表达他自己。这种责难与思想本身一样古老。它是针对赫拉克利特——被称为“晦涩”

① Heidegger and Metaphysics, trans. by Thomas Sheehan, in: *Heidegger. The Man and the Thinker*, edited by Thomas Sheehan, Chicago: Precedent Publishing, 1981: 163-172.

基金项目：国家建设高水平大学公派研究生项目资助，编号为201306260128。

② 瓦尔特·比梅尔(Walter Biemel, 1918—2015)，德国哲学家、现象学家，著名海德格尔研究者。著有《海德格尔》，《当代艺术的哲学分析》等。

(Obscure)哲人——而提出的，而今天它所针对的是海德格尔。但是，以此种方式进行讨论，是无法获知某人要说什么的。放弃或者避开他的语言来尝试理解海德格尔，这就像尝试在没有水的地方游泳一样。谈论一个思想家这一任务并不意味着，尝试置换他的语言——这是荒谬的——毋宁说，我们所要做的乃是，引导自身朝向他的语言。并非谈论(speaking about)，而是对话(speaking to)。

如果我们谨记所有在尝试谈论一个思想家时的困难，那么，我们究竟还能够做什么？在此，我将选取一个问题，并以此来表明，为何海德格尔是这样一个思想家，在这个世纪的前半叶，发起了一场其结果延续至今的思想革命。

正如19世纪以黑格尔为标志(当然这也并不意味着其他重要哲学家毫无影响)，我们也可以说，20世纪是以海德格尔的著作为标志的，当然这并不意味着我们不看重现象学和胡塞尔以及像维特根斯坦这样级别的哲学家所拥有的意义。没有人可以避而不谈海德格尔，无论是正面的还是反面的，无论强调的是《存在与时间》(1927)还是与“转向”相关的后期著作。(“转向”这个词意味着，海德格尔自己更为彻底和专注地致力于他的基本问题亦即存在问题，而这对于那些受过传统哲学和思想训练的人而言就显得十分奇怪和难以接受。)他的影响扩及所有从事哲学的欧洲国家，尤其是法国，在那里，《存在与时间》引发了所谓的存在主义运动(在此仅提及萨特和梅洛·庞蒂)。海德格尔的影响很早就已波及日本，而近年来其著作的翻译在南斯拉夫和捷克也已告罄。在美国，海德格尔以一种尤其显眼的方式处于哲学讨论的核心；此外，很长时间以来，拉美的哲学兴趣也与他相关。在这里我们无须重申海德格尔的思想对各种学科的影响，从精神病学、医药学、心理学到语言学、艺术、历史和神学。然而，让我们看到其思想的独特性的却是这样的问题：海德格尔对形而上学的立场是什么？而与这个问题相关的还有另一个问题：海德格尔曾说，未来的思想不再是哲学，这是何意？

2. 存在问题的提出与对形而上学历史的关注

海德格尔的划时代巨著《存在与时间》于1927年发表在胡塞尔的《哲学与现象学研究年鉴》上，并且题献给胡塞尔。看起来似乎是这样：在胡塞尔发起的新兴现象学运动的保护和支持下，另外一部重要著作产生了。胡塞尔自己带着这样的希望开始阅读这本书，希望在其中找到他的学说在他自身曾经忽视的历史领域的一个拓展。然而，保存在鲁汶胡塞尔档案馆内的胡塞尔的手抄本中所作的边注，证明了这本书给他带来了惊慌。他并未发现他所想寻找的东西。究竟发生了什么？一种新的发问、寻求和研究方式产生了。现象学还原不再被提及，先验自我这一现象学研究的最终基地也无迹可寻，甚至对“现象学”这个词的解释也更接近于亚里士多德，而非胡塞尔。以此方式，其最核心的问题对胡塞尔是陌生的，亦即存在之意义问题。

早在高中，当海德格尔读到布伦塔诺的著作《论亚里士多德哲学中存在的多重含义》[①]时，他已经提出了这个问题。但那时没有人，包括送他这本书的那个人(后来成了弗莱堡的大主教)，会预料到这一问题会如何引发20世纪哲学的剧变。在此所发生的，不仅仅是某本特殊的书对某个哲学家的影响，毋宁说，这是哲学家与一个彻底不同的问题的相遇。这并不意味着，海德格尔完全抛弃了所有以前的哲学，而将他的哲学活动作为一个绝对的开端，从而从根基上重做哲学。那是胡塞尔的做法，那也是胡塞尔从根本上止于对哲学史的狭隘知识的原因。胡塞尔想要重建哲学，所以笛卡儿的怀疑对于他是一个榜样，尽管这个榜样还进行得不够彻底。

对于海德格尔，情况则完全不同(我们现在应该回到他对笛卡儿的立场)。他没有像对待多余的包袱那样抛弃传统，而是自身根植于传统，并且确信传统是必须被掌握的东西。尚未读过海德格尔的人难以想象海德格尔的形而上学史知识是如此周详；只有在未发表的讲稿出版的时候(我想特别是他关于亚里士多德和谢林的讲稿)[②]，我们才有可能大致明白，海德格尔在多大程度上处于与传统的持续对话中。而已出版的关于柏拉图、亚里士多德、莱布尼兹、康德、黑格尔和尼采的著作以及他对早期希腊思想家的解释也表明，他的思想源自西方思想的开端并直至形而上学的完成。我并非想说，海德格尔仅仅是积累了大量知识，就像我们对哲学史家所期待的那样。并非如此。事实上，海德格尔并不关心哲学史，他企图做的事情是独一无二的：对形而上学整体的全新理解。

3. 海德格尔对形而上学历史的全新理解

迄今为止，形而上学的历史被看作一系列不同的理论和体系，在其中每一种新的体系或学说旨在让先前的学说变得冗余，在长期的历史发展中，起决定性作用的要素看起来是偶然或任意的。然而，海德格尔以全新的线索勾勒了一个新计划，这是一个全新的视野，它立马揭示出形而上学历史的内在含义，将其从相互矛盾的混乱意见和观点转换为一种前后一致的自我展露。海德格尔这样理解从柏拉图到尼采的整个形而上学史——这是一种新的解释——它伴随着存在问题一道向他敞开。《存在与时间》开头所援引的柏拉图《智者》中的段落表明了这本书的内容：“当你们在使用‘存在’(存在着的)这样的表述时，显然你们早就熟悉你们究竟意指什么。但尽管我们曾经认为我们理解了它，我们现在发现自己陷入困惑之中。”(《智者》，244a)这一困惑不只体现在柏拉图那里。当今时代，它正令人苦恼，即使我们可能不愿承认这一点。海德格尔将其作为所有形

---

① 《论亚里士多德哲学中的“存在”的多种含义》，弗莱堡：赫尔德出版社，1862年。英译，R. 乔治，伯克利：加利福尼亚大学出版社，1975年。

② 海德格尔在1936年夏做的讲座已由Hidegard Freick编辑为《谢林论人类自由的本质(1809)》，图宾根：迈耶尔，1971年。他于1925和1926年讨论亚里士多德的讲座，并出版为《逻各斯：真理之追问》，比梅尔编，美茵法兰克福：克洛斯特曼，1976年，全集，第21卷。

而上学思想家的基本困惑而认真对待它，那就是，在每一种哲学的伟大计划中，他都看到了对这一问题的回答，亦即“存在”(存在着的)意味着什么。如此一来，形而上学便成了一个舞台，在其中，直到我们自己的时代，我们为回答这一问题表演出诸种可能。

按此方式，形而上学的统一视野厘清了。但海德格尔的计划不止于此。下一个任务是，表明这一系列的答案是杂乱的抑或构成了一个有意义的整体。我们可以如此推测他的解答：“存在”意义之问题的诸种答案组建了由相应时代所组成的可能历史的视野。这一历史并非关于诸模糊理论，而更是关乎规定历史时代之结构的某种持续的根本性洞见。为了避开模糊的一般性之危险(这样的断言可能消解在一般性之中)，让我们来讨论现代这个阶段，将其作为所有这些意指之物的一个具体例子。

3.1 存在与真理在现代的转变

发生于现代的情况是这样形成的：较之中世纪对存在者作为被造物的理解，存在者的意义产生了变化。对这一变化的直接表述是关于真理之本质的全新概念。在胡塞尔和海德格尔对笛卡儿的解释中，我们可以清楚地看到现象学的解释和根据存在之历史的解释之间的不同。对于胡塞尔，笛卡儿是榜样、先驱、解放者，因为他敢于质疑一切，将他的怀疑方法置于哲学活动的核心。与其相反，在海德格尔的解释中我们发现，依照笛卡儿，人开始有了在存在者整体中弄清和确定人之存在的要求。神圣者不再属于超越，而是“在人对他的一切创造能力的自由的自我展露中。”①“方法”如此重要的原因在于，它被把握为“只能通过人的能力来奠基的对真理之本质规定的道路”。② 现在，基本问题乃是：“人通过何种方式自发和自为地达到某种第一性和不可动摇的真理，并且，这种真理是什么？”③

同时，关于存在者的问题和关于真理的问题是等同的。人自身变成了真实的主体，即“基底”，因为他自己能够达成一种保证的真理，也就是说，他自己可以提供对真理的保证。自从真理之意义的这一转变，真理不再与希腊的 aletheia 亦即无蔽有所关联，也不再是被揭示的真理，而仅仅是真理—生成—证实——这一改变转而成为精确科学对被给予之物的研究的前设。只有在这个时候，才可能出现精确的自然科学，因为通过真理的这一新概念以及作为基底的主体，所有非主体的存在者成了“我思”所规定着的客体，它们必须能够以一种不模糊的方式被确定和定义。只有通过存在者的这一架构，才能给精确的自然科学创造领地，这一点在希腊和中世纪不可能存在，因为真理的这两种概念不可能为这种科学的兴趣留下空间。

---

① 海德格尔，《尼采》第 2 卷，第 133 页。

② 同上。

③ 同上，第 134 页。

3.2 从笛卡儿到尼采：现代形而上学之为强力意志的形而上学

真理变成证实，这一转换对我们是如此熟悉，以至于我们试图阐明真理的另一种可能性是如此困难(尽管这正是海德格尔所做的)。而随着真理的这一转换，发生了另一种基本变化，它的最清晰的表述可以在这一事实中找到，即现代历史是一种关于强力的历史。让我们再次引用海德格尔，“[现代人的]这一自由往往包含了人对他自己的正确的人类本质规定性的主宰，在一种本质的和明确的意义上，这一主宰需要强力。所以只是在现代历史中，强力才第一次拥有本质的权威，而能够成为基础的现实性。这事实上是现代历史之所是”。① 其结果是，只是在那样的历史时代才有作为强力意志的强力，在那里，人作为主体而成为诸存在者的核心，让所有其他存在者指向他自身，依据与他自身的关系来衡量所有存在者。

这种时刻和情境为技术的出现创造了条件，这在海德格尔看来是强力意志最明显的标志之一。他的技术概念如此宽泛，它包括，“客体化的自然，文化事务，人为的政治，以及理念笼罩任何事物的光泽”。② 为了更清楚地理解这一情境，让我们再次让海德格尔自己发言：

> 确保人类一切能力的至高的和无条件的自我发展的需要，即人类一切能力朝着对整个大地的无条件的统治，乃是促使现代人达成新的巨变的隐藏动力，这也促使他去承担那种义务，这种义务保障了他的进路的可靠和目标的安全。这些在科学上建立的义务以众多形态和伪装表现出来。它可以是人类理性和它的法则(启蒙运动)，或者是由这样的理性来安排和组织的现实性和事实性(实证主义)。它可以是其诸结构和谐统一而被塑造成美的形态的人性(古典人文主义思潮)。它可以是自力更生的国家强力的展开，或者是“全世界无产者”，或者是个别的民族和种族。它可以是人类在普遍理性之进步的意义上的发展……③

笛卡儿的形而上学是为现代形而上学奠基的决定性开端。他构想一个存在者作为主体，而所有其他存在者作为客体，也就是作为可以被规定的或者可以被放在规定着的“我思”面前的，因此，客体乃是可以被设定的，更进一步是可以被摆置的。因而，在笛卡儿那里，根据意志来解释存在者这一图景的种子已经埋下了。随后这一解释被莱布尼兹所接续，通过他的被斗争规定而呈现为强力核心的单子概念。继而是康德，他通过先验的转向或者说哥白尼革命，构想出这样的主体，它与使得经验成为可能的东西一样地完全开放，因此，如果我们想要做出其有效性，我们必须知道经验的可能性条件。只

---

① 海德格尔，《尼采》第2卷，第144页。

② 海德格尔，《演讲与论文集》，第三版，“形而上学之克服”，第80页，英译，见《哲学的终结》，J. 斯坦博译(纽约：Harper & Row，1973)，第93页。

③ 海德格尔，《尼采》第2卷，第145页。

有通过研究主体及其认识能力(强力)，我们才能获得这些条件。笛卡儿在探究指导心灵的原则的第一原则时，宣称知识必须始于一种关于主体的强力的知识，此时，他已经在这个方向上做出了表率。①

康德仍然认为主体是有限的，对于他来说，有限性是基本前设。然而，在德意志观念论中，它被遗弃了。至此，一种关于绝对的形而上学被创造出来，首先是费希特，然后是谢林，最后是黑格尔。费希特从绝对自我开始，谢林把自然作为无意识的精神，而黑格尔认为绝对是绝对观念，回归自身的绝对精神。意志这一环节始终保持着作用。最终，在尼采那里，即现代形而上学的最后一个阶段，意志本身变成了基础。"通过尼采的形而上学"，海德格尔写道，"哲学达到了它的完成，那就是，它完成了对它预设的所有可能性的巡视"。② 尼采把自己当作柏拉图的颠覆者。当柏拉图将真存在置于观念和理性中，尼采想要将它带回到生命中，将其构想为强力意志。

上述回溯应该已经表明或暗示，海德格尔是如何构想和展开形而上学之发展的。迄今为止他是第一个也是唯一一个实施此种计划的人。但至此，我们只是解释了关于海德格尔与形而上学的问题的一个面向，也就是，他如何将其理解为一种前后一致的发展来解释形而上学的历史。但海德格尔对此并不满足，正如以下这一引语所表明："形而上学在其所有的形态和历史性阶段中，都是西方的一种唯一的——但也许是必然的——命运，而且是它的全球性统治的前提。"③为了理解这一宣称，我们需要向前回溯。为了能够解释形而上学的整个过程，海德格尔必须找到一个地方，在那里没有形而上学，他必须同时进入和走出形而上学。但我们不应误解这个"走出"。这不意味着形而上学的消除，因为那么做只是缺乏对形而上学的任何理解。在有些地方，特别是盎格鲁-美国的哲学界，形而上学被当成无意义而被拒之门外。在那里，人们不可能欣赏形而上学造就历史的能力，相反，它作为一个错误和死亡的终点被消除了。

3.3 重返形而上学的基地：形而上学之为存在之遗忘

然而海德格尔——这对于他的进路是决定性的——寻求形而上学的基地。在《返回形而上学基地之道路》中他回溯到一封信中，在其中，笛卡儿将哲学比作一棵树，树根是形而上学，树干是物理学，而从树干引出的树枝是其他诸科学。海德格尔评论道，"根据这一图像，我们问：哲学之树的根生长在什么样的土壤中？树根——乃至整棵树——从什么样的基地获得它们的营养和力量？隐藏在基地中的什么要素，渗透并活跃在树根，从而支托并滋养这棵树？"④为了达到这一基地，他回到形而上学的开端，直至

---

① 勒内·笛卡儿，《指导心灵的原则》，第3-5页。

② 海德格尔，《演讲与论文集》，第83页；英译，第95页，这里稍作修改。

③ 同上，第77页；英译，第90页。

④ 《〈形而上学是什么〉导言》，载《路标》，美茵法兰克福：克洛斯特曼，1967年，第195页。第二版，第365页。英译，《返回形而上学基地之道路》，载《存在主义：从陀思妥耶夫斯基到萨特》，卡夫曼编译，纽约：世界出版社，子午文丛，1956年，第207页。

柏拉图乃至回到我们通常称之为“前苏格拉底”的思想家。但这一称号已经是一种评价，它通常表明这些早期思想家并没有行至像苏格拉底、柏拉图和亚里士多德那么深远。海德格尔逆转了这一评价。在这些最初的和源始的思想家，如阿纳克西曼德、巴门尼德、赫拉克利特那里，存在问题首次破土而出。这一事件是决定性的，严格地说，借此，人的历史性才得以开端。正如他在《论真理的本质》中所说的：“只有当存在者自身清楚地停留并保存在它们的无蔽中，而且只有当这种保存是在对存在者作为存在者的追问的基础上被构想的，历史才得以开端。”①希腊词 aletheia 通常被译为“真理”，但赢获 aletheia 之本质的翻译则是“无蔽”或“无遮蔽”。海德格尔已经表明，用同一术语来翻译希腊人的 aletheia、罗马人的 veritas、现代人的 truth 或 vérité 或 Wahrheit（译注：分别是英文、法文、德文，意为真理），这样的做法是不合理的。“真理源始地意味着某种从无蔽状态中生长出来的东西。”②这是希腊人关于真理的经验，认为这些概念在历史的诸时期中始终保持相同的意义，似乎它们是跨越不同时代的普世真理的不同表述，这是一种幻觉。那是一种反历史的、不恰当的真理概念，它忽略了人类的历史性。

但在柏拉图那里——通过这位哲学家形而上学得以开端——究竟发生了什么？在海德格尔对柏拉图的解释中他表明，真理作为无遮蔽这一意义是如何被转换的。柏拉图将真存在定义为理念，他认为理念授予事物以显现（appearance）和形式，因此严格地说，理念已经与可能的——事实上是正确的——知觉相关。柏拉图仍然保留了真理作为无蔽的特征，然而同时他也将真理转换和引向正确性。在亚里士多德那里也有相似的模棱两可，他一方面认为真理是无遮蔽，而另一方面说，“真和假并不在事物中，而在理解中”。③

这些引文想要表明，在希腊人那里真理的源始概念——作为揭示、作为从遮蔽中夺取某物——被改变了。对于海德格尔，这一改变意味着某种根本性的东西，它可以简要勾勒如下。在源始思想家那里，性命攸关的是第一次追问存在意义的经验。这一经验在后续的形而上学中丢失了，因为形而上学不再追问关于存在的问题，而仅仅是关于存在者整体的问题。对于海德格尔，返回形而上学的基地就如同返回存在。他在自己的思想中走得越远，这一点就越加清晰，那就是形而上学不能思考存在自身。形而上学给存在者多种解释：作为理念，作为实现（energeia），作为被造物，作为主体或强力或精神或强力意志，但是它无法返回自身的基地而思考，从而追问这些解释从哪里得到它们的权威，以及它们奠基于何处。所以我们触及了海德格尔思想中最大的难点之一，也就是，将形而上学整体的历史对应于存在的遗忘。形而上学不断地谈论存在者，而没有反过来追问支持这些解释和发生在其中的东西。因此海德格尔才说道，“形而上学在其所有的

---

① 《论真理的本质》，载《路标》，第一版，第 85 页。第二版，第 190 页。

② 《柏拉图的真理学说》，载《路标》，第一版，第 129 页；第二版，第 223 页。在第二版中海德格尔用“真的意义”来注解“真理”，用“遮蔽”来注解“遮蔽状态”。

③ 《形而上学》，第六卷，第四节。

形态和历史性阶段中都是西方的一种唯一的——但也许是必须的——命运，而且是它的全球性统治的前提”。①

4. 技术时代与克服形而上学的思想努力

通过他对形而上学的解释，海德格尔想要将我们引回到源始的思想家和他们关于存在的经验那里，他将其视为对形而上学的克服。形而上学并不是要置身于某种后形而上学之上，或者被其超越；毋宁说，通过以形而上学来思考，我们应该被引向这样的状况，即思考存在。黑格尔要求哲学放弃它的“爱智慧”的名称，成为现实的智慧与知识。海德格尔并未要求这一转变，而要求哲学自身应该被转换而成为“思想”。这不仅仅意味着筹备与存在自身的一种新的关系，这种关系不再允许存在者整体成为客体，也不再将规定着的主体理解成全能的和可以掌控一切的，毋宁说，它意味着将人看作存在的开放场所。存在本身被思想和建设为人伫留、守护和照管的林中空地。当海德格尔这么说，以及当他从一致的观点考察形而上学的发展史时，他同时也构想了一个无人可以预言的时代。我们看到海德格尔不只是要面对已经存在的东西，他也要考虑将要和可以存在的东西。如此考察未来看起来是大胆的，但我们这个世纪没有一个哲学家像海德格尔那样，对主体性的不断增长的强力这一标志如此地明察、理解和大胆断言。他喜欢引用赫拉克利特的名言，骄傲比大火更需要毁灭。②

处于形而上学正自我完成的时代的我们，在遭遇海德格尔的视角时，肯定会感到陌生。即使不算上我们还未得到的无限久远的东西，不久以前尚且不可想象的一幕已经现实地发生了：人登陆月球，照片从火星上发回。但所有这些毫无疑问蔚为壮观的技术成就只是表明，通过技术性的知识和控制——现代形而上学的结果之一——一切良好。它们不能上升到关于人自身如何运转的反思，这一反思被认为承受着存在的开放性。这就是何以海德格尔的思想有那么多的反对者，这是自然的，尽管同时必须指出，这样的反对没能触及海德格尔思想所极力开启的东西。直到现在仍然没有关于海德格尔思想的真正的对话或讨论，因为这种对话的参与者极其缺乏。可以这么评价海德格尔，就像康德有一次针对他自己的哲学所说的：我早来了 150 年。

然而，在海德格尔的思想中，过去和未来相遇了。正如我们所看到的，他返回到前形而上学的初始思想家的同时，也指明了形而上学的路径，并且表明了在形而上学中已经发配到西方人身上的命运。对此，形而上学不只是任何成就；在此之中，存在表明自身，尽管是以被遗忘的方式。

与黑格尔——他想要揭示绝对精神的运动——相反，海德格尔并非先知。他没有将自己看成发展的顶峰，它的完成或终结，相反，他将自己理解为一个可能的开端，一种

---

① 参见勒内·笛卡儿，《指导心灵的原则》。

② 迪尔斯，《残篇》，第 43 章。

在方向上的可能转换。他对荷尔德林诗歌的仰慕和关注出于他们两人经验的相似性。荷尔德林将它的时代带入诗歌，这是诸神飞行的时代，需要的时代，就如等待上帝来临的时代一样。诗与思彼此之间处于一种本质的相邻性中，其所包含的事实乃是，在最后的分解中，两者都相关于存在自身，且显明存在自身。为了表明它相关于存在，就让人们去关注它吧——这正是在其一切所言和所行中触动海德格尔的动机。

参考文献

[1]迪尔斯. 残篇[M]. 桂林：广西师范大学出版社，2007.
[2]海德格尔. 论真理的本质[J]. 载《路标》，1967.
[3] 海德格尔. 逻各斯：真理之追问[M]. 比梅尔编. 美茵法兰克福：克洛斯特曼，1976.
[4]海德格尔. 尼采[M]. 孙周兴译. 北京：商务印书馆，2002.
[5]海德格尔.《形而上学是什么》导言[J]. 载《路标》，美茵法兰克福：克洛斯特曼，1967.
[6]海德格尔. 谢林论人类自由的本质(1809)[M]. 图宾根：迈耶尔，1971.
[7]海德格尔. 演讲与论文集[M](第三版). 英译，见《哲学的终结》，J. 斯坦博译. 纽约：Harper & Row，1973.
[8]卡夫曼编译. 返回形而上学基地之道路[M]. 载《存在主义：从陀思妥耶夫斯基到萨特》，纽约：世界出版社，子午文丛，1956.
[9]勒内·笛卡儿. 指导心灵的原则[M]. 北京：商务印书馆，1986.
[10]R. 乔治，论亚里士多德哲学中的“存在”的多种含义[M]. 伯克利：加利福尼亚大学出版社，1975.

文学与翻译

《魔山》：一个阶级的没落

四川大学　杨武能

摘要：20世纪初，德国现实主义作家托马斯·曼以其长篇小说《魔山》(1924)在德语文学界写下了浓墨重彩的一笔。《魔山》借一位年轻人在一座“山庄”疗养院的见闻与思索，深刻而直率地指出了时代的根本问题，生动而多彩地描绘了人生、社会和世态，展现了一个精神空虚、道德沦丧、危机四伏的资本主义欧洲，揭示了自由资产阶级没落的内在历史和精神根源。

关键词：《魔山》；象征；精神分析批判；现实主义

20世纪伊始，德语文学诞生了一部划时代的杰作：托马斯·曼的长篇小说《布登勃洛克一家》(*Buddenbrooks* 1901)。这部仅用四年时间写成的“伟大小说”，不仅奠定了年方26岁的作者在德国乃至整个欧洲的文坛地位，还开启了德语文学的一个新时代，一批世界级的大师随之崛起，原本薄弱的长篇小说创作园地里更可谓人才辈出，特别是长篇小说的创作可谓硕果累累。于是在20世纪上半叶，德语文学出现了一个堪与歌德、席勒时代媲美的高峰，而托马斯·曼本人，则被誉为这一兴旺发达时期的“火车头”，并且于1929年当之无愧地获得了诺贝尔文学奖。

托马斯·曼之所以得以戴上这顶桂冠，一如诺贝尔文学奖评奖委员会的颁奖词所宣示的，主要由于他那被称颂为“第一部也是迄今最卓越的德国现实主义小说”①《布登勃洛克一家》。但是，在获奖之前不久出版的又一部长篇小说《魔山》(*Der Zauberberg* 1924)，对作者获此殊荣至少起了同样重要的作用，因为是它使托马斯·曼真正举世闻名。为证明此言不虚，可以举出两个事实，一是1927年，《魔山》经Helen Tracy Lowe-Poters翻译成英文*The Magic Mountain*，很快便畅销美国，受欢迎的程度明显超过了《布登勃洛克一家》②；二是近年来在德国和世界范围内评选20世纪最佳德语长篇小说，托马斯·曼入选的作品多为《魔山》，而且总是名列前茅。

托马斯·曼创作的长篇小说在10部左右，几乎都是鸿篇巨制，如单单取材于《圣经》故事的《约塞夫和他的兄弟们》(*Joseph und seine Brüder* 1933—1942)就是四部曲，与

---

① 见《魔山》中译本第913页的诺贝尔文学奖授奖词，漓江出版社，1998年。

② 德国著名的托马斯·曼研究家Volker Hansen即如此认为。参见*Interpretationen*：*Romane des 20 Jahrhunderts*，Philipp Reclam jun. Stuttgart，Band 1，S. 55。

其他的大长篇加在一起，便构成了20世纪德语文学尤其是长篇小说一个可观的组成部分。其代表作，公认为上述的《布登勃洛克一家》、《魔山》，再加上《浮士德博士》(*Doktor Faustus*)。这些作品尽管题材不同，风格、手法也有变化，但是都一样从精神、文化和哲学的高度，深刻而直率地提出了时代的根本问题，生动而多彩地描绘人生、社会和世态，恰如巴尔扎克所做的那样。也就难怪德国著名的评论家汉斯·马耶尔要将托马斯·曼的小说与《人间喜剧》相比。①

对《布登勃洛克一家》外国文学界的同行已经谈得比较多了。《魔山》可以视为《布登勃洛克一家》的后续之作，且托马斯·曼的小说创作的许多方面都有明显的突破。因此，无论研究托马斯·曼个人或是研究20世纪的德语长篇小说，《魔山》都是一个很好的范例和着力点。

托马斯·曼于1875年出生在德国吕贝克城一位富商家中。父亲曾做过这座享有自治权的北方海港城市的市议员。托马斯·曼中学未毕业父亲便去世了，家业随之衰败，全家迁到了南方的慕尼黑。托马斯·曼十九岁即在当地一家保险公司做见习生，同年发表小说《沦落》(*Gefallen*)获得好评，决心走文学道路，开始在慕尼黑大学旁听历史、文学和经济学课程，并参与编辑《二十世纪》和《辛卜里其斯木斯》这两本文学杂志。1895年至1898年随兄长亨利·曼旅居意大利，1897年着手创作《布登勃洛克一家》。这部小说于1901年问世后立刻在德语文坛引起轰动。

在随后的半个世纪里，作家经历了资本主义世界严重的社会经济危机，目睹了德国发动的残酷野蛮的两次世界大战并身受其害，被法西斯政权褫夺了国籍，不得不长期流亡国外。第二次世界大战结束后，他虽已成为美国公民，却感到这个盛行麦卡锡主义的国家窒息了自己的创作灵感，但是又不愿回到分裂成东、西德的祖国的任何一边去，只好在1952年移居瑞士，直至1955年客死苏黎世。

托马斯·曼可谓一生坎坷，经历丰富，思想发展的过程更充满了曲折、矛盾和痛苦。所有这些，都反映在他的作品特别是长篇小说里。《魔山》这部书则是作者对自己第一次世界大战前后的经历和思想的总结。具体讲，为了探望患病的妻子卡佳，托马斯·曼确曾于1912年去瑞士达沃斯地区的一家肺病疗养院住过一些时候。这段特殊的经历和见闻，加上妻子的书信，为他提供了于1913年开始创作《魔山》的契机和素材。起初他只打算以生战胜死为主题，用幽默的笔调写一个中篇小说(*Novelle*)，使之与《威尼斯之死》(*Der Tod in Venedig*)和《特利斯坦》(*Tristan*)形成对照：因为在这两篇旧作里，表现的都是艺术家在精神上对死亡的美化和渴望。

1914年爆发的第一次世界大战打断了他的写作，到了1919年战争结束后作家才重新提起笔来。大战中的痛苦经历和战后的深刻反思，不但使原本计划的中篇发展成了一部上下两卷的大长篇，思想内容更是大大地得到了深化和扩展。

堪称德语文学现代经典的《魔山》故事情节并不复杂：

---

① 见 Hans Mayer：“*Thomas Mann*”, SuhrkampVerlag，S. 113-131。

出身富有资产者家庭的青年汉斯·卡斯托普，在大学毕业后离开故乡汉堡，前往瑞士阿尔卑斯山中一所名叫“山庄”的肺结核疗养院，探望在那里养病的表兄约阿希姆·齐姆逊。他原本打算三周之后便返回汉堡，接手一家造船厂的工程师职位，却不料在山上一住住了七年。原来他闯进了一座“魔山”！

在“魔山”中住着来自欧洲乃至世界各国的病人。他们代表着不同的民族、种族、文化传统、宗教信仰和政治态度，但却有一个共同点，即都属于不必为生计担忧的有产有闲阶级。在与世隔绝的环境中，“山庄”的居民们自有一套独特的生活方式和人生哲学，都饱食终日，无所用心；都沉溺声色，饕餮成性；都精神空虚，却在尽情地享受疾病，同时又暗暗地等待着死神的来临。须知，拿一位“山庄”中人的话来说，这所谓的疗养院“不会使患病的人恢复健康，却能让健康的人染上疾病”。因此，不断有年纪轻轻的疗养客不治身亡；因此，整个“山庄”及其所在的达沃斯地区，就跟中了魔一样，始终笼罩着病态和死亡的气氛。

除了上面那些行尸走肉的活人，“魔山”中还游荡着一些幽灵，过去时代的幽灵以及叔本华、尼采等的幽灵。这些幽灵附着在奥地利耶稣会士纳夫塔和意大利作家塞特姆布里尼等人身上，他们是那些活死人中的思想者。至于“魔山”的统领，则是“山庄”疗养院的院长“宫廷顾问”贝伦斯大夫。他和他的助理克洛可夫斯基博士，一个绰号叫“拉达曼提斯”，一个绰号叫“弥诺斯”，意思都是地狱中的鬼王。然而“魔山”的真正主宰，却并非鬼王贝伦斯大夫，而是死神本身。这不仅因为这位大夫自命为“伺奉死亡的老手”，而且本人的身体和精神也染上了重病，即将成为死神的俘虏。

就这样，在死神的统领指挥下，经由贝伦斯这些鬼王的精心安排和组织，风景如画的阿尔卑斯山就变成了妖魔聚会的布洛肯山，“山庄”的疗养客便像瓦普吉斯之夜的男女妖精似的纵情狂欢，夜以继日地跳着死之舞。①

主人公汉斯·卡斯托普是个性格和体质都很柔弱的资产阶级少爷，是塞特姆布里尼操心的“问题儿童”。他涉世不深，刚入“魔山”还有点儿不习惯，但马上被“鬼王”逮住，很快就习惯了不习惯，参加了死的舞蹈。这是因为，“山庄”的独特生活方式自有其魅力。这魅力的表现之一就是使人忘记时间，忘记过去和将来，同时也忘记人生的职责和使命，活着仅仅意味着眼前的及时行乐。因而“魔山”成了一个介乎于生死之间的无时间境界，难怪年轻的卡斯托普在山上不知不觉一住便是七年，难怪他也很快学会了像其他疗养客一样怀着冷漠、娴静的心情，俯瞰和傲视平原上碌碌终日的芸芸众生。

不过，在“魔山”中的七年，汉斯·卡斯托普也并未虚度。他年轻、好奇，性格内向，有一个区别于一般疗养客的特点和优点，就是对周围的人和事乐于观察、倾听，勤于思索。他在跨出校门后来到一个新的环境，日日目睹疾病和死亡，倾听塞特姆布里尼与纳夫塔的激烈争论，自己对爱情的苦乐和生离死别有了切身的体验，思想活动更是异

① 布罗肯山是德国中部名山哈尔茨山中的一座险峰，相传每年圣女瓦普几斯纪念日即五月一日的前夜，妖魔鬼怪都要在此聚会，纵情狂欢。

常活跃。而“山庄”无所事事的特殊生活方式，又提供了沉思默想的充裕时间，他便对疾病与健康、欢乐与痛苦、生存与死亡、时间与空间以及音乐与时间的关系等问题，进行了反复的思考，直至七年后“魔山”的梦魇终于为第一次世界大战的“晴天霹雳”所震醒。

然而，这位唯一在“山庄”康复了的小说主人公，这位有头脑的资产阶级的苗裔，却仍然没能逃脱死神的控制。因为这时整个的欧洲和资本主义世界都着了魔，都跳起了疯狂可怖的死之舞，汉斯·卡斯托普自然也在劫难逃。小说结尾，年轻的主人公便在一颗大炮弹落到眼前爆炸后飞溅的尘土里，在战场的“混乱喧嚣中，在刷刷冷雨中，在朦胧晦暗中，从我们的视线里消失了”。

从上面的故事梗概可以看出，《魔山》既无曲折跌宕的情节，也无惊心动魄的场面，但却自始至终充满着离奇、紧张和神秘的气氛，又不乏思想、精神范畴的激烈碰撞、交锋乃至你死我活的斗争，而不同的思想、精神及其相互斗争，又是通过一个个活生生的人物体现出来，这就赋予了小说引人入胜、摄人心魄的艺术魅力。也就是说，《魔山》并不重在描绘自由资产阶级没落的外在表现和过程——虽然这方面也有不少精彩之笔——而更多地着力于揭示其内在的历史和精神根源。而这，正是托马斯·曼这部杰作的最大的特点和优点。这样的特点和优点，使《魔山》成了所谓“智性小说”(intellektueller Roman)或曰“形而上的哲理小说”(metaphysischer Roman)的典型。①

《魔山》除去这一涉及小说本质特征即故事情节的大看点，还有以下几个值得认真研究和极具欣赏价值的方面：

首先是小说不同凡响的风格和手法，也就是它讲述、展现其故事情节的方式和艺术手腕。

《魔山》这部杰作之所以能跻身西方文学的现代经典之列，一个重要原因就在于它的艺术风格和手法既很好地继承了传统，又成功地进行了创新。

继承方面，《魔山》很容易令人想起德语文学中历史悠久的“教育小说”或“修养小说”(Bildungsroman)。这类以现实主义为基调的小说，其最著名的样板当推歌德的《威廉·迈斯特》和凯勒的《绿衣亨利》。它们的内容几乎是年轻主人公到社会上受教育、积累经验，以及在此过程中思想、性格得到发展和成熟，借以表达作家自身的教育主张、人生哲学和社会理想。托马斯·曼的《魔山》无异于一部现代的“教育小说”：对于年轻的卡斯托普来说，那与世隔绝的“山庄”国际疗养院及其所在的达沃斯地区，不啻一个对他进行强化训练的“教育特区”②。

这个反面意义的“教育特区”，不但集中了当时整个欧洲乃至世界的精神和思想，

---

① *Kindlers Neues Literaturlexikon*, Kindler Verlag, München.

② 此语出自歌德的著名教育小说《威廉·迈斯特的漫游时代》，原文 pädagogische Provinz 也可译作“教育省”，指的是一个乌托邦似的极重视教养和文明、礼仪的地方。这里只是从反面的意义上借用这个称呼。

让卡斯托普接触到它们形形色色的代表人物，而且使时间浓缩起来，让他早早面对死亡，不得不对生与死、健康与疾病、肉体与精神、空间与精神、空间与时间等一系列问题，进行认真地思索。同样，在“魔山”中也有一些“教育者”，那就是塞特姆布里尼和纳夫塔。两人都自觉而公开地以年轻主人公的导师自居，并且无休止地进行着辩论和争斗，虽然他们本身都已病入膏肓。除了他俩，“鬼王”贝伦斯大夫以及他形形色色的病人，其中又特别是那位以长者和领袖自居的佩佩尔科恩，何尝又不曾以各自的方式充当着年轻主人公的教员——反面或正面的教员。这样，生活在“魔山”中的汉斯·卡斯托普，思想和性格就加速地发展和成熟起来。

不错，这儿的确存在一些悖论，例如竟然称“魔山”为“教育特区”，既说“魔山”是个“无时间境界”又说他浓缩了时间。然而，不正由于这许多悖论和矛盾的存在，才使《魔山》更加耐人寻味和富于哲理吗？

至此已接触到《魔山》继承德语文学传统的另一个更深刻的方面，即它的富于哲理性和思辩性。如此讲很容易使人产生枯燥、沉闷的联想。其实，《魔山》提出的哲学问题既丰富多彩又紧贴现实，所用来进行思辩的手段也生动有趣，富于变化，因而读起来一点不枯燥乏味。

除去生与死这个核心问题之外，小说对于时间这个构成生命的重要因素，特别作了既精到、深入，又全面、精彩的分析和论说。例如，仅仅为揭示时间因人因地而异的相对性，小说就自然而纯熟地使用了三种手段：一是主人公卡斯托普自己头脑里对这个问题的思考、探索(集中在第6章的《变迁》一节)；二是作者的直接插话、评说以及思辩(例如第7章的《海滨漫步》一节)；三是用故事情节本身进展的快慢直观地显现。且看第三种手段的明显例证：主人公住进“山庄”疗养院的第一天，觉得一切都异常新鲜，感受和经历颇丰富，时间也就相对增值，对这一天的描写便占了一百多页的篇幅；相反，到了后来，日子过得千篇一律，枯燥乏味，几个月甚至几年便一笔带过。

此外《魔山》还有一种用得特别多因而也特别引人注目的思辩手段，就是让书中的人物相互辩驳和争论。塞特姆布里尼和纳夫塔势不两立却相反相成，在无情的论争中几乎探讨了人类社会的所有重大问题，尽管两人如前文所述都不足取，都是言行不一的空谈家，其言论本身也经常自相矛盾，令他们的教育对象卡斯托普无所适从。

总之，《魔山》尽管思辩色彩浓郁，却因为手段多样而艺术精湛，便使读者尤其是爱好哲学的读者并不难以接受，相反倒会读得饶有兴味。

《魔山》也成功地继承了德国和欧洲的批判现实主义传统。世情的描写，人物的刻画，环境的点染，都做到了既细腻精致，又生动深刻，且富于典型意义，有关的例子不胜枚举。一句话，《魔山》同样证明，托马斯·曼也当得起20世纪西方文学批判现实主义大师的称号。

然而，对于《魔山》这部巨著来说，更值得称道的不是它对传统的继承，而是它有所创新，有所突破，以及越出现实主义的常轨。

《魔山》使用得最多也最有趣的现代主义手法是象征。可以认为，小说的题名《魔山》本身便是一个象征，它所描写的“山庄”疗养院以及生活在里面的形形色色的人物，也都富有对于特定的时代和社会的象征意义。

先看一个十分具体的例子，就是《魔山》中充满的“数字象征”(Zahlsymbol)。一个“七”字贯穿着整个故事，反反复复地出现：全书一共七章，主人公迷失在“魔山”中长达七年，“山庄”的餐厅里不多不少摆着七张桌子，主人公的朋友圈子最终凑足了七个人，疗养院规定量体温的时间恰好七分钟……为什么正好是七呢？是因为上帝“创造世界”也用了七天，因此“七”就意味着全部、整个。处处凑足了“七”的“山庄”，这座在“侍奉死亡的老手”贝伦斯大夫经营下的肺病疗养院，似乎就不只是资本主义社会以营利为目的的医疗机构的典型，而成了作者心目中整个世界的象征。

小说里众多的典型人物也都有很强烈的象征意义。尤其值得注意的是塞特姆布里尼和纳夫塔这一对儿。塞特姆布里尼固守着前一两个世纪盛行的资产阶级人道、进步和理性的传统，梦想有朝一日会出现一个资产阶级的世界共和国，还身体力行地参加了共济会的活动，实际上却是一个过时人物，其形象、思想和行径，在作家笔下就像个摇风琴的行乞者一般地寒酸、迂腐、可笑，活脱脱的一个早已过时了的资产阶级理想和价值观的化身。反之，纳夫塔则自视为“超人”，信奉精神至上主义和非理性主义，妄想世界有朝一日会恢复到教会享有绝对权力的上帝之国的原始状态，并为此而鼓吹暴力、奴役和恐怖。这个外貌丑陋矮小、言词尖酸刻薄、行事虚伪怪诞的耶稣会教士，不但继承了欧洲封建反动思想的衣钵，而且是德国军国主义乃至国家社会主义也就是法西斯独裁专制——他所谓“无产阶级专政”的狂热信徒，则无疑是进入了帝国主义阶段晚期的资本主义的精神象征。

又如，与主人公卡斯托普这个“软弱的平民”形成强烈对比的，是他的表兄约阿希姆·齐姆逊。这位“好样的士兵”身上集中了“德国军人的所有美德”，是整座“魔山”中唯一一个有事业心和责任感的人，然而却病魔缠身，怎么也实现不了去军旗下效忠君主的夙愿。他那描写得非常细腻的夭亡，不正象征着德国军国主义引以为自豪的普鲁士精神业已过时和不再有生命力了吗？

再如荷兰绅士皮特·佩佩尔科恩，这位在殖民地爪哇发了大财的种植园主，他像个王者似的颐指气使却语无伦次，生活放纵却缺少活下去的信心和乐趣，以至于服毒自杀，是不是也象征着殖民时代的自由资本主义气数已尽呢？

就连仅仅出现在卡斯托普回忆中的祖父和舅公，也都被刻画得活灵活现，既有鲜明的个性，也带着时代与阶级的共性和象征意义。类似这样一些次要人物的存在同样不容忽视，因为他们加强了小说内涵的历史纵深度，为一个阶级的没落作了必要的背景交代。

顺便说一下，小说的主要人物几乎个个都有生活中的原型，特别是主人公卡斯托普身上，便清楚地投下了作者自己的影子。他与作家本人出身、经历的相似之处就不细说了，更值得注意的是他们对一些重大问题的观点和思考。难怪当代著名作家马丁·瓦尔泽会说：“故事越往下讲，小说的主人公便越来越不再是卡斯托普，而变成了托马斯·

曼本身。"[1]事实上，通过卡斯托普的观察、思考，通过塞特姆布里尼和纳夫塔相互争论、辩驳，托马斯·曼对自己早年的思想尤其是叔本华和尼采的思想影响，做了深刻而又全面的清算；同时，书中还明显反映出与德国文化历史哲学家奥斯瓦尔德·施本格勒在思想上的共鸣[2]。因此，《魔山》一书对作家思想和创作的发展，具有划时代的意义。

至于作家的爱妻卡佳·曼，便为他塑造小说女主人公克拉芙迪娅·舒舍夫人这个形象，提供了许多素材和灵感。那位有着口吃的毛病却行事落拓不羁的"大人物"佩佩尔科恩，其形象与性格则与同时代的德国剧作家格哈尔特·豪普特曼有太多的相似，以致小说问世后这位原本对作者多有提携的文学前辈怒不可遏，托马斯·曼不得不一再致函解释和道歉，才平息了这一震撼了文坛的轩然大波。[3] 不过，更加令人想不到的是，出身犹太教拉比家庭的奥地利耶稣会士纳夫塔这个思想偏激、言语刁钻、行事残忍的怪物，竟是以著名的匈牙利马克思主义哲学家和文艺理论家卢卡奇（Georg Lukács，1885—1971）为原型的。[4]

除去大量具有象征意义的人和事，《魔山》还显著地运用了精神分析这一现代主义手法。小说成书的十多年，正值弗洛伊德的精神分析学说在欧洲广泛传播。托马斯·曼是弗洛伊德的景仰者，创作自然难免反映出这一学说的影响。倒不是指贝伦斯院长的助手克洛可夫斯基博士这位形容萎靡、身穿黑大褂的"殡仪馆抬尸者"似的大夫，也在对病人施行所谓心理分析；也不是因为他在"山庄"长年开着一个大谈情欲与疾病与死亡的微妙关系的讲座，害得男女疗养客们体温升高了老是降不下来——这些，都只能看作对迎合时尚的骗子大夫的讥讽。作者自身使用精神分析手法的主要表现，是他深入人物的潜意识中去挖掘和揭示他们思想行为的内在因果。一个明显而突出的例子：年轻的主人公一开始很讨厌克拉芙迪娅·舒舍夫人，因为这个俄国女子不拘小节，缺少上流社会的教养，每次进出餐厅都把玻璃门摔得哐啷啷响。可是，随着时间的推移和对讨厌响声的渐渐习惯，他竟不知不觉地、狂热地爱上了这位并不漂亮的女病友。为什么？因为她也长着一双细眯眯的鞑靼人眼睛，而这双眼睛令他忆起了自己少年时代曾经恋慕过、然而早已忘记了的男同学希培——此人也在托马斯·曼的生活中有相应的原型。也就是说，隐藏在潜意识中未得到满足的恋慕之情，又固执地表现出来了，以致俄国妇人和男同学的形象在卡斯托普心中老是叠印在一起，使他对异性的爱恋中加进少年时代的亲切回忆，使他对女病友克拉芙迪娅·舒舍更加地着迷和神往。

---

① 参见 Kindlers Neues Literaturlexikon, Kindler Verlag, München 所载有关《魔山》的词条。

② 施本格勒（Oswald Spengler, 1880—1936）认为文明如同有机体，都会经历繁衍、兴盛、成熟和衰亡的过程，而西方文明在他看来已走向衰落，他的代表作《西方的没落》（*Der Untergang des Abendlandes*, 1918—1922）对当时的思想界影响巨大。

③ 参见宁瑛著《托马斯·曼》，华夏出版社，2002 年，第 80 页。

④ 托马斯·曼在早年与卢卡奇有过交往。紧接在《魔山》之后出版的《托马斯·曼传》，即披露了卢卡奇是纳夫塔的原型这个秘密；卢卡奇本人在四十多年后的 1971 年一次接受采访时，也坦然证实："毫无疑问，《魔山》中的纳夫塔是以我为原型的。"

另一个反映出弗洛伊德影响的著名片断，是小说第 6 章的一节《雪》。在这一节里，写了主人公在与风雪和死亡搏斗过程中的一个个梦境，也即是卡斯托普潜意识中的理想和恐惧的折射和显露。这些一开始绚烂美丽、如诗如画，最后却变得阴森可怖的梦境，实际上表明了主人公(也包括作者)在生与死之间，在人道与非人道之间，在意大利作家塞特姆布里尼与奥地利耶稣会士纳夫塔之间，如何艰难地进行着选择。年轻的卡斯托普最终选择了前者，虽然他对前者最终能否战胜后者还缺少信心。这缺少信心的表现，既合乎欧洲历史的真实，也合乎作家本人思想的实际。

附带说一句，题名《雪》的这个片断描写得十分优美、精致，对严冬时节阿尔卑斯山中的冰雪世界的描写可谓出神入化，美不胜收，加之主人公的梦境又可称为整个小说思想内涵的结晶和浓缩，于全书起着升华和画龙点睛的作用，值得反复的咀嚼、品味。例如，主人公终于在冰天雪地中战胜了几乎置他于死地的睡魔，在即将苏醒时说出的“出于善和爱的缘故，人不应让死主宰和支配自己的思想”这句话，就点出了全书的意义精髓。

象征和精神分析，只是托马斯·曼使用现代主义手法的两个显著方面。与此同时，上述种种反映着作家个人思想和经历的内容，决定了《魔山》这部富有现代主义特色的杰作的现实主义基调。因此，从总体上看，《魔山》同时也富有现实主义和时代批判精神，堪称德语文学乃至西方文学率先将现实主义和现代主义结合起来的典范之一。

最后，《魔山》还有一个同样值得注意的重要看点，那就是小说灵活多变的语言。以“语言魔术师”著称的托马斯·曼，尤其善于运用幽默、揶揄、嘲讽等语言手段，使自己与他描写的人物、事件之间保持必要的距离——“讽刺的距离”或曰“批判的距离”。这种距离一开始便出现在叙述故事的语气里，接着又渗透进描绘环境、人物和事态的措辞和笔调中，到最后更融进故事的情节里。能说明这最后一点的典型例子，首推第 7 章的《冷漠》与《狂躁》所描写的种种违背常理的行为，其中尤其是纳夫塔与塞特姆布里尼之间出人意表、荒唐透顶的决斗。由于作者对语言把握得十分准确、精细，“距离”的远近分寸便表现得十分明显，从而也就自然而然地流露出了作家的态度和爱憎。不，这儿谈不上爱，因为在书中没有一个真正可爱的正面人物。就连对主人公卡斯托普和他那位落拓不羁的意中人克拉芙迪娅·舒舍，作者充其量也只是理解和同情，对他们的思想、行为也始终予以不乏批评意味的幽默、讥讽和调侃。

《魔山》的看点和精彩之处当然不只上述，限于篇幅就不再饶舌；还有许许多多的宝藏，等待着不畏艰险的登山者去自行发现。在这个意义上，《魔山》不啻是一座宝山，只有不畏艰险的登山者，才会收获更多，才有可能寻幽、搜奇、览胜：寻西方精神思想之幽，搜欧洲人生世相之奇，览德语现代小说之胜。

综全文所述，《魔山》问世于 1924 年，故事则发生在第一次世界大战的前夕。书中所描写的死神统治的“山庄”国际疗养院，实际上是 19 世纪末与 20 世纪初精神空虚、道德沦丧、危机四伏的资本主义欧洲的缩影。整个“山庄”都未能逃脱死亡的厄运，这意味着“山庄”所象征的世界已经衰败、没落，欧洲战前代表自由资本主义的资产阶级整个在精神上已经衰败、没落。奠定托马斯·曼文坛地位的《布登勃洛克一家》有一个副标题，叫“一个家族的没落”；作为其后续之作的《魔山》，方方面面都前进了一大步，所反映的时代和社会生活更广、更深，所以也不妨给它加上一个副标题，名之为“一个阶级的没落”或“一个时代的没落”。

2018年盛夏时节改定于重庆武隆凉爽宜人的仙女山

参考文献

[1]歌德. 威廉·迈斯特的漫游时代[M]. 张荣昌译. 北京：华夏出版社，2008.
[2]宁瑛. 托马斯·曼[M]. 北京：华夏出版社，2002.
[3]施本格勒. 西方的没落(Der Untergang des Abendlandes)[M]. 张兰平译. 西安：陕西师范大学出版社，2008.
[4]托马斯·曼. 魔山[M]. 杨武能等译. 桂林：漓江出版社，1998.
[5]Hans Mayer. “Thomas Mann”, Frankfurt am Main：Suhrkamp Verlag.
[6]Kindlers Neues Literaturlexikon, München, Kindler Verlag.
[7]Volker Hansen，Interpretationen：Romane des 20 Jahrhunderts，Philipp Reclamjun. Stuttgart，Band 1.

布莱希特的“中国镜像”与“流亡文学”概念的创生

——纪念布莱希特诞辰120周年①

华中科技大学　谭　渊

摘要：在1933年遭受法西斯迫害、被迫走上流亡之路后，布莱希特不仅借助但丁、奥维德、白居易等文学家的光辉范例勾勒出一个“被放逐的诗人”群体，而且借助老子与《道德经》的故事将“流亡”与对革命斗争道路思考创造性地结合起来，为流亡知识分子解决身份定位问题提供了思路。1938年，侨居异国的布莱希特终于借助“历史镜像”廓清了德国“流亡文学”的目标和意义，并赋予了流亡道路一种新的内涵：流亡之路并不意味着逃亡和沉沦，它相反也可以成为一条具有传奇色彩的反法西斯斗争道路。

在1933年纳粹攫取德国政权之后，布莱希特（Bertolt Brecht）、亨利希·曼（Heinrich Mann）、托马斯·曼（Thomas Mann）等一大批具有正义感的德语作家走上了流亡异国的道路。他们在身处异国的岁月中或“持枪作战”，直接控诉纳粹、歌颂反法西斯斗争，或巧借“历史镜像”从历史、艺术、哲理层面对德国社会进行深刻省思，② 在颠沛流离中催生出一朵苦难的文学之花。但文学家们对“流亡文学”的认识并非一蹴而就，事实上，在最初阶段，许多流亡者仅仅将流亡视为一种暂时性的地理位置上的改变，称自己的文学创作为“移民文学”（Emigrantenliteratur），直至1937年才有布莱希特率先对“移民”概念的内涵提出了质疑，他敏锐地认识到自己的文学转型并非一种“一般性的物质位移过程”，而是在政治压迫下的流亡过程中产生的“精神质变结果”，③ 从而提出自己所遭受的是“放逐”、“流放”（Exil）。这一观点在1938年引发了流亡者的激烈讨论，并最终催生出“流亡文学”（Exilliteratur）概念。④ 在这一新概念的创生过程中，布莱希特扮演了关键性的角色，他不仅在颠沛流离中率先提出了“流亡”的概念，而且借助“历史镜像”从世界文学长廊中提炼出一条“流亡文学史”的传统纽带，确立了德国“流亡文学”的意义和内涵。在布莱希特大量使用“中国镜像”的过程中，我们不仅可以看到

---

① 基金项目：华中科技大学学术前沿青年团队支持计划项目“变异学研究”（2017QYTD15）。

② 叶隽：《时代的精神忧患》，北京：北京大学出版社，2010年，第90-91页。

③ 叶隽：《变创与渐常：侨易学的观念》，北京：北京大学出版社，2014年，第199页。

④ Konrad Feilchenfeldt: *Deutsche Exilliteratur* 1933-1945. *Kommentar zu einer Epoche*. München: Winkler, 1986, S. 15ff.

东西文化中两个“互动核心”之间超越时代的交流，而且可以领略到“因侨致易”和“中德二元”互动所激发的文化创造性对德国文学大师人生轨迹的影响。

1.《诗人的逃亡》中的“历史镜像”

布莱希特是德国流亡文学的代表人物。就时间而言，他是最早因为纳粹统治而走上流亡道路的德语作家。早在1923年希特勒发动“啤酒馆暴动”时，布莱希特就已经因为他讽刺军国主义的诗歌《一个阵亡士兵的传奇》(*Legende vom toten Soldaten*)而登上纳粹的黑名单。1933年1月30日希特勒就任德国总理后，布莱希特明白危险已经迫在眉睫，同年2月28日，即纳粹制造国会纵火案的第二天，他就匆匆踏上逃亡之路，其著作随即在德国遭到禁止并遭到纳粹的公开焚毁。布莱希特曾用一首诗记录下了自己当时的处境：“当我被驱赶上逃亡之路时/ 在粉饰之徒(希特勒)的报纸上写着/ 那是因为我嘲讽了世界大战中的士兵……现在/ 当他们要准备一场新的世界大战/ 决定要让暴行超过前次时/ 他们要干掉我这样的人/ 或者将其作为/ 泄露他们计划的人/ 驱逐。”[①]同时，迫害也并未因国境线而止步，1935年6月8日，纳粹政府进一步宣布剥夺布莱希特的德国国籍。在短短几年间，布莱希特不仅失去了祖国和柏林的住所，也失去了与朋友、家人、读者的联系，不仅是生活来源，甚至连个人如何定位、以何种身份生存下去都成了问题。[②] 那么被迫侨居异国的作家应该如何为自己的身份定位，如何在几乎失去一切之后为自己找到新的生活坐标呢?

在流亡之初，许多进步人士认为希特勒的统治只会持续短短几年，回家的日子指日可待，因此他们与布莱希特一样选择居住在与德国相邻的捷克、瑞士、法国、丹麦等国。布莱希特曾在诗中这样回顾自己当年的乐观倾向：“我们烦躁地坐在那里，/尽可能地接近边境，/等待着回家日子的到来……何必为四天去忧虑?/你明天就会回去。”[③]在身处异乡的最初时间里，布莱希特相信自己只是暂时背井离乡，因此他将自己的身份定为“暂居国外”或“逃亡”的诗人，并于1934年写下诗歌《诗人的逃亡》(*Die Auswanderung der Dichter*)：

荷马没有家园，
但丁不得不背井离乡。

---

① GBA 14, S. 185f. (GBA = Bertolt Brecht: *Werke. Große kommentierte Berliner und Frankfurter Ausgabe*, hg. von Werner Hecht u. a., Berlin / Weimar / Frankfurt a. M.: Suhrkamp, 1988-1997. 文中凡引自此文集之处均只注明卷数和页码，不再一一说明。)

② 李工真：《文化的流亡——纳粹时代欧洲知识难民研究》，北京：人民出版社，2010年，第209-221页。

③ GBA 12, S. 81f.

在那吞噬三千万人的内战中
李白、杜甫颠沛流离。
欧里庇得斯被法庭恫吓，
莎士比亚临死还被捂住嘴巴，
追寻弗朗索瓦·维庸的不光是缪斯，
还有警察。
绰号“情人”的鲁克雷茨
走上逃亡之路。
还有海涅、还有那布莱希特
也是如此逃到了丹麦的草堂下。①

布莱希特在这首诗中勾勒出从古希腊的荷马、欧里庇得斯，古罗马的鲁克雷茨，到中国的李白、杜甫，文艺复兴时期的但丁、莎士比亚，再到法国抒情诗人维庸，直到德国19世纪诗人海涅的“世界逃亡文学史”画卷，最后，他戏称自己如这些著名前辈一样背井离乡，“逃到了丹麦的草堂下”，并用“也是如此”点明自己与历史上文学名人的相似境遇，将自己的遭遇与文学前辈们置于同一坐标系下，在流亡的历史与现实间建立起一种令人信服的联系——他的背井离乡、或者说一整批因纳粹统治而流亡异国的德语文学家们的遭遇并不是孤立的，相反，他们是一部历史——一部伟大的“逃亡文学史”的延续。以这种历史的眼光来看待流亡，就不难得出一个合情合理的结论——世界文学长廊中的伟大作家常常要为自己的文学创作付出代价。既然荷马、但丁、李白、杜甫、海涅都曾如此，那么立志要成为伟大诗人的布莱希特付出同样的代价又有什么可怕的呢？布莱希特就这样从一部尚处朦胧之中的“世界逃亡文学史”中重新找到了自己的定位，保证了自己对信念的执著和坚守，也找到了排遣忧虑的精神支柱。

从布莱希特这首最早涉及流亡话题的诗作中还可以看出，在1934年的布莱希特心中，“Exil”这一概念还并未形成，诗人对希特勒统治将要持续十二年之久也尚无充分的估计，他轻松地将自己背井离乡的经历称为Auswanderung（移居国外）。这也是德国流亡文学家们在这一时期的普遍心态。此时，踏上流亡道路的德国作家基本上已经在与德国毗邻的瑞士、法国、丹麦等欧洲国家定居下来，一种普遍的认同感开始在他们当中萌生出来，他们暂时将在艺术主张上的分歧放在一旁，开始用Emigrantenliteratur（移民文学）一词来概括自己的文学创作。

2.《关于“移民”的称谓》与“流亡”概念的创生

随着时光的推移，布莱希特发现随着希特勒统治的日益巩固，要马上回到德国几乎

① GBA 14, S. 256.

没有可能，而他们的文学创作也已经发生了质的变化。1937 年，布莱希特终于率先对“移民文学”这一概念提出了质疑，① 此时，他写下了《对流亡持续时间的思考》(*Gedanken über die Dauer des Exils*，1937)，在诗中反问自己道：“何时，你认为，才会是你归家之日？”②同时，他在《关于“移民”的称谓》(*Über die Bezeichnung Emigranten*，1937)一诗中正式提出异议，并建议用更为准确的“流亡”(Exil)一词来描述他们的境遇：

> 我总认为赋予我们的这个称谓是错误的：移民(Emigranten)，
> 这无异于“侨民”(Auswanderer)。但我们
> 不是出于自由的选择，移民海外，
> 去往选定的异国，而是逃亡。
> 我们是被驱逐者(Vertriebene)、流放者(Verbannte)。
> 收容我们的地方不是家园，而是流放地(Exil)。③

Exil 一词源于拉丁语中的“exilium”，意为流放、放逐、流放地。在古罗马政治家、历史学家塔希陀(Tacitus)的著作中，exilia 一词被用来指“被流放者”。④ 借用这一古老的概念，布莱希特在此明确提出了“正名”的要求：必须区分开“移民”(Emigration)和带有政治迫害性质的“放逐、流放”(Exil)两个概念。在为躲避纳粹迫害而移居海外的德语文学家们中间，这一真知灼见引发了关于是“流亡”还是“移民”身份的一场争论。最终，在 1938 年巴黎流亡者大会上，大家同意了布莱希特的看法，认同“流亡”才是他们当前处境的真实写照，⑤ “流亡文学”(Exilliteratur)的概念也开始流行起来。

从侨易学意义上讲，从“移民文学”到“流亡文学”不仅是一次称谓上的变革，更是标志着布莱希特人生和创作中的重大转折，是从物质位移到精神质变的一次“移变”，即因移居他乡而导致的“知识选择和接受”的变化。⑥ 在这一过程中，布莱希特在异国他乡与异域文化的交流(“移交”⑦)又扮演着重要角色。从 1937 年起，布莱希特取材于世界文学，创作了大量反思流亡的作品，在作品中塑造出“被流放的诗人”群像。例如在

---

① Konrad Feilchenfeldt：*Deutsche Exilliteratur* 1933-1945. *Kommentar zu einer Epoche*. München：Winkler，1986，S. 15ff.

② GBA 12，S. 82.

③ GBA 12，S. 81.

④ Rita Hau (Hg.)：*Wörterbuch für Schule und Studium Latein-Deutsch*. Stuttgart：Pons，2003，S. 321.

⑤ 魏育青：浮海的勇士，围炉的哀者——1933—1945 年的德语流亡文学，张玉书等编：《德语文学与文学批评 · 第四卷》，北京：人民出版社，2010 年，第 2 页。

⑥ 叶隽：“侨易二元”的整体结构，载叶隽主编：《侨易(第二辑)》，北京：社会科学文献出版社，2015 年，第 193 页。

⑦ 同上，第 194 页。

诗作《访问被流放的诗人》(*Besuch bei den verbannten Dichtern*)中他就将自己描写为一位即将进入“被流放诗人”长廊的“新来者”：

当他在梦中踏入被流放诗人的小屋，
……奥维德在门口迎向他
抬高了嗓门对他说：
“最好，你还是先不要坐下。
你还有没有死去。
谁知道，你会不会返回故土，
会不会除了你本身，什么都没有发生改变。”①

布莱希特在此模仿了但丁的《神曲》，只不过在《神曲》中担任引路人的维吉尔在这里被换成了在“被流放诗人的小屋”门口迎接“新来者”的奥维德。而但丁与奥维德都是曾遭到流放的著名诗人：但丁曾被佛罗伦萨政府流放并在流亡途中写下《神曲》，奥维德也曾于公元8年被奥古斯都大帝流放并且死于流放地。奥维德在此首先对新来者的身份提出了质疑：你会不会最终放弃立场，重返故国，向你当年反对过的当权者妥协？恐怕只有在诗人死后人们才可以盖棺定论，承认流亡者曾矢志不渝地忠实于他的信念。而随后出场的“被流放诗人”白居易则“微笑着”接纳了新来者：

然而，眼中饱含着抚慰，
白居易来到近前，微笑着说：“这种严厉
是每个揭露过不公的人所应得的。”
他的朋友杜甫平静地说道：“你明白，
流放并不是让人将尊严遗忘的地方。”②

布莱希特在这首诗中更加清晰地展示出对流亡作家重新进行人生定位的思考：既然他已经被剥夺国籍、不再是法律意义上的德国诗人，那么他就将自己定位于世界文学长廊中的一隅——“被流放诗人的小屋”，去续写“世界流亡文学”的辉煌。而要真正成为“流亡诗人”中的一员，就要像奥维德要求的那样矢志不渝，像白居易要求的那样将与黑暗势力的斗争坚持到底，并如杜甫要求的那样绝不放弃尊严。寥寥数行之间，布莱希特高度准确地勾勒出了进入“世界流亡文学史”长廊的标准并且勾画出自己作为“流亡诗人”的定位。从侨易学“移易四变”的角度来看，这正是知识分子在物质位移引发情感和精神质变(“移变”)时，为坚守自己的信念、捍卫自己的情感而进行的一种自我调节，

① GBA 12, S. 35.

② 同上。

即在失去原有的家园、国籍、市场、读者等支柱、走上流亡异国的道路后，通过发掘异国文化的资源(“移交”)来寻找一套更为恒久的价值体系和人生定位，从而保证自己在漫长的流亡岁月中始终保持自我、充满斗争的信心(“移常”)。①

3. 中国镜像

布莱希特将白居易作为“被流放诗人的小屋”中可敬的前辈并非信手拈来，他对白居易的兴趣源于他在流亡期间接触到的英国汉学家亚瑟·韦利(Arthur Waley)的译作《中国诗170首》(170 *Chinese Poems*)，书中有60首诗出自白居易之手。1938年，布莱希特以这一译本为蓝本将六首中国诗歌和一篇关于白居易的介绍译成德语，随后以《六首中国诗》之名发表在莫斯科流亡者杂志《言论》(*Das Wort*)第八期上。在布莱希特笔下，白居易被塑造成了一个坚贞不屈的流亡作家形象：

> 他两次遭到流放。在两篇长长的题为《论停止战争》的警示录中，他批评了一场针对一个小小鞑靼部落的长期战争。在一部诗集中，他讽刺了官员们的强盗行径，并将人们注意力引向人民难以忍受的苦难。当宰相被革命者们所杀害时，他批评他对减轻民怨无所作为，因此遭到了流放。他的第二次流放要归咎于他对皇帝施政不善、引发弊端的批评。②

不过，在韦利笔下，白居易的讽喻诗与“两次遭到流放”其实并无多大联系，英语蓝本中原本是这样评价讽喻诗的：

> 他视其教谕诗的价值远过于其他作品，但显而易见的是，他最好的诗中许多都根本不带任何道德内容……教谕诗或者说讽喻诗属于他第一次被流放前的时期的作品……他的讽喻诗无疑是真正的诗歌，但却缺乏真正的智慧，我们应简单地将其看作诗体的道德故事……简而言之，他重视内容要甚于形式，这是他理论的一部分，却并非他行动的一部分。③

韦利明确指出白居易的讽喻诗属于“道德故事”，而且也并没有在实际行动中坚决贯彻他的理论。布莱希特则故意将白居易的讽喻诗与他的流亡经历联系在一起，使人们认为白居易遭到流放完全是因为他在诗歌中讽刺批评了当权者。此外，在亚瑟·韦利笔

---

① 叶隽：“侨易二元”的整体结构，第193-194页。

② Bertold Brecht：*Sechs chinesische Gedichte*. In：*Das Wort*. Heft 8. Moskau 1938，S. 87-89 und 157，hier S. 157.

③ Arthur Waley：170 *Chinese Poems*. London：Constable，1947，S. 110-112.

下，白居易对官员掠夺的抨击也不是针对整个统治阶级，而是被严格限定于“小官吏”(rapacity of minor officials)①。至于批评宰相一事，布莱希特所述与韦利的介绍也有出入。韦利笔下的白居易的确要求“减轻民怨”，但他被外流放却是因为政敌对他的攻击，而且所去之处也是“人间天堂”杭州，与欧洲语境中的“流放”有天差地别。通过以上对比可以看出，布莱希特有意识地在“历史镜像”中放大了白居易在诗歌中对统治者的批评，不遗余力地将读者注意力引向了对统治者的批评与诗人遭到流放之间的关系。

同时，布莱希特还营造出一种印象，仿佛白居易的诗歌恰恰是在下层人民当中深受喜爱，他在译文中这样表述道：

> 他(白居易)这样描述自己：“要是暴君和佞臣听到我的诗歌，他们就会面面相觑、颜色更变。”他的诗歌“传唱在农民和马夫口中”，被写在“村塾、寺院、船舱的墙壁上”。②

而韦利原文中却分明写的是：白居易的诗歌“传唱在君王、王子、妃嫔、贵妇、农夫和马夫口中”。③ 其诗歌受到的热爱显然与阶级成分没有关系。那么布莱希特为何偏偏要隐瞒“君王、王子、妃嫔、贵妇”呢？原因很简单，因为他如果原封不动地直译过来，所谓“对统治者的批评”就会与“君王、王子、妃嫔、贵妇”的喜爱成为难以解释的矛盾。而在布莱希特所故意忽略掉的部分中，韦利其实已经解释了两者并不矛盾的原因：“这(讽喻诗)是他理论的一部分，却并非他行动的一部分”。换言之，白居易并没有将他的社会批判文学主张贯彻到底。综合这些偏差可以看出，布莱希特是在小心翼翼地营造着始终站在被压迫人民一边、不断批评统治阶级的伟大诗人形象，为此甚至不惜对白居易传记的内容进行加工。但正是经过这些巧妙加工，白居易的社会批判立场终于与其流亡经历建立起了令人信服的因果关系：流亡正是诗人为其社会批判性诗歌所付出的代价。

同时，布莱希特还将流亡视为文学的批判性获得认可的光辉标志。1938 年，他在短文《最后的话》(*Das letzte Wort*)中借助中国诗人的“历史镜像”阐述了流亡与文学之间的关系：

> 在各国诗歌中，现存最为古老的当属中国诗，它受到过来自某些诸侯方面的特别关照：中国诗人中的佼佼者有时会被逼离开其诗歌备受欢迎的省份。李太白至少流亡过一次，杜甫至少两次，白居易至少三次。大家可以看到：居有定所并非这种

---

① Ebd., S. 107.

② Brecht, *Sechs chinesische Gedichte*. S. 157.

③ Waley, 170 *Chinese Poems*. S. 112.

文学形式的首要目的，这种艺术更不仅仅是一种用于取悦于人的艺术。①

读者很容易从中国“流亡诗人”榜样联想到布莱希特自己的经历——他正是因为抨击德国军国主义而遭到纳粹仇视，并不得不在1933年走上流亡之路。从这层意义上讲，布莱希特在此并不仅仅是在勾勒中国诗人的形象，他也是在通过“中国镜像”勾勒着自己的流亡文学道路：毫不畏惧迎接流亡道路上的重重困难，并且坚定不移地去履行一个诗人的社会批评职责。

4. 流亡之路与书写真理之路

布莱希特1938年流亡丹麦时创作的《老子出关路上著〈道德经〉的传奇》(*Legende von der Entstehung des Buches Taoteking auf dem Weg des Laotse in die Emigration*)一直享有盛誉，它被称为“二十世纪最为优美的德语诗歌之一”，② 同时也是布莱希特作品中与中国哲学关系最为密切的一部。

布莱希特与道家思想结缘可以追溯到1920年。这年9月，一位朋友向他介绍了《老子》(即《道德经》)一书。布莱希特在日记中写道：“他给我看《老子》，老子与我(的思想)是如此高度地一致，以致他惊讶不已。”③布莱希特所看到的极有可能是著名文化使者卫礼贤(Richard Wilhelm)的译本《老子——道德经，老者的真谛与生命之书》(*Laotse. Tao te king. Das Buch des Alten vom Sinn und Leben*, 1911)。该译本有一篇十分精彩的前言，其中引述了《史记·老子韩非列传》中有关《道德经》成书的记载：

老子脩道德，其学以自隐无名为务。居周久之，见周之衰，乃遂去。至关，关令尹喜曰：“子将隐矣，强为我著书。”于是老子乃著书上下篇，言道德之意五千余言而去，莫知其所终。

这段介绍曾激发布莱希特的创作灵感，促使他在1925年写下短文《礼貌的中国人》，将自己对“礼仪之邦”的印象和“老子出关”的故事结合了起来。然而十三年后，当流亡中的布莱希特再次面对他所熟悉的“老子出关”故事时，诗人所关心的已不再是中国人的礼貌和他们对老子的尊重，而是与自身息息相关的“流亡”话题。这首叙事诗是这样开始的：

---

① GBA 22, S. 455.

② Jan Knopf (Hg.): *Brecht-Handbuch*, *Gedichte*. Stuttgart: Metzler, 2001, S. 299.

③ Bertolt Brecht: *Tagebücher* 1920-1922. *Autobiographische Aufzeichnungen* 1920-1954. Hg. von Herta Ramthun. Frankfurt a. M.: Suhrkamp, 1975, S. 66.

当他年逾古稀，身体羸弱，
期盼宁静之心，却涌胸怀，
但因国中善良，再度衰弱，
邦内邪恶，再度逞凶。
大师系紧鞋带，踏上旅途。①

诗中的“邦内邪恶，再度逞凶”无疑影射了布莱希特自己流亡国外的原因——纳粹的逞凶。而更为耐人寻味的是诗歌中的一处修改：在最初的打印稿（BBA 346/95-98）上，每一节诗歌的前四行使用的都是“五五七五”的抑扬格韵律，但在进行修订时布莱希特却不惜破坏格律的统一性，亲手在这节的第四行加入了“再度”（wieder einmal）两个字。这凸现出一种天道往复、循环不息的思想，同时也是在暗示读者：历史是以一种螺旋式的方式前进，邪恶势力猖獗一时是历史上多次出现的现象，它不久就会成为过眼云烟。从 1926 年起开始系统研究辩证唯物主义的布莱希特认为这种历史观对革命宣传十分重要，他在论文《书写真理的五重困难》（*Fünf Schwierigkeiten beim Schreiben der Wahrheit*，1935）中写道，因为统治阶级希望一切维持不变，所以革命作家“特别强调事物流逝性，这种观察方式是鼓励受压迫者的良好手段”。②他在这首以“流亡”为主题的诗中不惜牺牲格律来强调这一点，无疑就是为了鼓励流亡者不要丧失希望，而要看到黑暗终将过去，黎明终将到来。

在随后的几小节中，布莱希特凭借《史记》中的简短记载和自己出色的想象力为老子与关令尹喜的历史性会面设计了一段精彩的情节：当老子来到一处“巨岩夹道”的关隘时，一位关令拦住了去路，例行公事地进行盘问，那位陪伴老子左右的小书童这时在一旁道出了老子学说的精华：“柔弱之水，日复一日，/ 奔流不息，战胜强石，/ 刚强居下，你定懂得。”这段诗句所直接依据的正是《道德经》第 78 章：“天下莫柔弱于水。而攻坚强者，莫之能胜……弱之胜强，柔之胜刚。天下莫不知莫能行。”但是，布莱希特的转述与《道德经》之间却存在着细微的差别。诗人在此为弱水的胜利加入了两个条件：一是“日复一日”（mit der Zeit），二是“奔流不息”（in Bewegung），同时斗争的对象也不再是普通的岩石，而是“强大的石头”（den mächtigen Stein）。时间、运动、实力等元素的加入不仅体现出布莱希特对道家思想的创造性接受，而且将“柔弱胜刚强”的思想从朴素的哲学思维改造成了一种革命斗争思维，它提醒着读者：只有不断斗争并且假以时日，表面柔弱的流水才能最终战胜强大的岩石。同样，对法西斯势力的斗争也难以一蹴而就，而将是一场持久战，

转过来看那位关令。他骤然听到这充满智慧的话语，似乎一时还没有反应过来。直到老子、书童和牛儿将要消失在松林后时，他才回过神来，急忙要老子停下。并且上前

① GBA 12，S. 32-34. 下文中对原诗的引用均出自此处，不再一一注明。

② GBA 2，S. 87.

追问道：

“敢问老人，柔水奥妙！”
“你感兴趣？”老者驻足。
那人言道：“谁战胜谁，
我虽关令，亦想明白，
你若知晓，便请道来！”

“谁战胜谁”是点明关令身份的关键所在。这个问题在我们今天看来平淡无奇，然而当年它却与一场惊天动地的斗争紧紧联系在一起，对共产党人和左翼文化人士而言更是一个生死攸关的重大课题，背后隐藏着极其丰富的话语。提出这个问题正是革命导师列宁，1921年10月17日，针对新生苏维埃政权所面对的国内外反动派的疯狂反扑，列宁对无产阶级革命斗争中的政治教育工作发表了下面的演讲：“全部问题就在于谁跑在谁的前面？资本家如果先组织起来，他们就会把共产党人赶走，那就什么也不用谈了。必须清醒地看待这些事情：谁战胜谁？……必须清楚地了解斗争的这个实质，并且使广大工农群众清楚地了解斗争的这个实质：‘谁战胜谁？谁将取得胜利？’”①革命导师反复强调的“谁战胜谁”由此成为以后几十年无产阶级革命斗争中的一个核心问题。布莱希特笔下的关令显然时时刻刻都在思索着革命导师所提出的问题，渴求得到答案。如此一来，《道德经》成书的原因就发生了根本性的变化。在《史记》中，久仰老子大名的关令尹喜礼貌地向老子提出请求，请他在归隐之前将学说留给世人。但在这首诗歌中，关令却是出于对真理的渴望向掌握知识的哲学家提出了学习的请求。而作为知识分子代表的老子则决定在离开故国之前将自己的智慧传授给需要它的人们，用《道德经》这本智慧之书来回答“谁战胜谁”的问题。这样，“柔弱胜刚强”的思想就创造性地与列宁主义对无产阶级革命的思考结合在了一起，使有千年历史的道家哲学成为照耀革命斗争之路的明灯。它不仅给予了受压迫者必胜的信心，同时也指出走向胜利必须经过坚忍不拔的持久斗争，而猖狂一时的法西斯最终必将被无产阶级革命的洪流所战胜。

“谁战胜谁”与“柔弱胜刚强”的结合所反映出的其实正是诗人布莱希特自己对道家思想的创造性接受。我们看到，随着布莱希特自己如诗中的老子一样带着简单的行装离开故土并在流亡中一步步成熟起来，他越来越深入地体会到中国诗人和哲学家的流亡并不是一种逃亡，而是另一种形式的斗争，体会到“柔弱胜刚强”思想对革命斗争的巨大意义。老子哲学思想与无产阶级革命及反法西斯斗争的结合使布莱希特心中的“流亡文学”发生了质的变化。流亡之路不再仅仅是一条寻求逃避的归隐之路，而是变成了一条走出书屋、传播真理的传奇道路，“流亡文学”也不再意味着只是在逃亡

① 列宁：新经济政策和政治教育委员会的任务，《列宁全集》(第2版)第42卷，中共中央马恩列斯著作编译局主编，北京：人民出版社，1987年，第180-201页。

的窘迫中诞生的文学作品，而是成了革命作家在逆境中不屈不挠传播真理的独特文学流派。

在为《老子出关路上著〈道德经〉的传奇》这首诗歌命名时，布莱希特将“老子出关”的故事称为“传奇”（Legende）。“传奇”与通常所说的“传说”（Sage）有着很大的区别，它在欧洲文学史上主要被用来歌颂古代英雄，特别是宗教故事中的圣徒。这一命名不仅折射出布莱希特对老子的尊崇，而且暗示着流亡者的经历有朝一日同样也将成为后世所尊崇的传奇故事。正是凭着这种信念，凭着老子、白居易、杜甫等前辈榜样的鼓励，凭着对“柔弱之水，日复一日，/ 奔流不息，战胜强石”的信心，布莱希特非但没有在流亡路上沉沦下去，相反却达到了自己创作的高峰，用自己的文学作品续写了具有传奇色彩的“流亡文学史”。①

5. 结语

从“移民文学”到“流亡文学”并非一个简单的称谓上的改变，它实质上是一次以作家群体的物质位移为导火索而引发的一场观念变革。首先，布莱希特的流亡历程就是一个“移易”的过程，他首创“流亡文学”并非偶然，正是由于他多年以来“通过精神漫游不断获得异文化的补给”，② 从而使得他在被迫走上流亡之路后对世界文学范围内的“流亡文学家”早早产生出了一种感情上的共鸣，此后再经过他在流亡岁月中对历史经验和异国镜像不断进行深入反思，这最终诱发他在思想上对“移民文学”产生根本性的质疑，进而在“历史镜像”中找到了自己的精神归属，从而率先借助中国文学等资源勾勒出一幅“世界流亡文学史”的画卷。其次，在这一“因侨致易”的过程中，布莱希特对中国文学的理解也发生着微妙转变，中国作家从他在文学创作上的榜样逐步变为指引他在人生道路上前进的前辈和坐标，给予了他更多的人生指南和战斗勇气。再者，为了鼓舞更多的流亡者，布莱希特甚至还不惜在公开发表的作品中故意去“曲解”中国古代文学家、哲学家的人生道路，从而使“中国榜样”能更好地按照他的意图为流亡国外的德语文学家树立起重新定位人生的新坐标，使他们看到流亡并不是一场人生的悲剧，相反，流亡之路同样可以成为传播真理、书写传奇的道路，从而更加坚定他们将流亡之路走下去的信心。在 1942 年写给友人的信中，布莱希特干脆直白地以“中国榜样”来激励同处流亡中的朋友：“就凭你对真理的热爱和对不公的愤怒，要是你没有流亡我才会感到惊奇呢。我们的文学史上没有中国那么多流亡作家。据我所知，中国诗人和哲学家习惯于走上流亡之路，就像我们的人进入科学院一样。那是如此普遍，很多人都流亡过多次，但那却似乎是一种荣耀”。布莱希特在此再次清楚阐明了“流亡文学”对文学家而言更是一次锤

① 参见谭渊：从流亡到“寻求真理之路”——布莱希特笔下的“老子出关”，《解放军外国语学院学报》2012 年第 6 期，第 120-124 页。

② 叶隽：《变创与渐常：侨易学的观念》，第 20 页。

炼自己、获得不朽声誉的宝贵契机。在信的末尾，布莱希特以一种大无畏的气概写道：“我们所处的时代对斗士而言是何等优越。理性在哪个时代中曾有如此的机会？再没有任何时代更为值得去斗争了。”①

叶隽曾指出，像布莱希特这样的知识精英“所体现的物质位移和精神质变的关系‘交点’值得特别关注”。② 我们从以上分析可以清楚地看到，布莱希特正是在流亡(物质位移)过程中逐步“通过异质性文化的启迪”③看到了流亡文学的真谛所在，这使得他更加斗志昂扬地将“流亡”视为自己创下不朽声誉的契机，努力进行文学创作，最终在“侨易”之旅中达到一种深刻的“精神质变”，成为德国流亡文学的杰出代表。深入分析布莱希特的“侨易”过程，不仅可以使我们“获得个体发展观念重大变化的原因解释”，更可以让我们“由个案上升到普遍，抽象出更有规律性的东西”，④ 从而对流亡文学家这一“侨易共同体”⑤的产生获得更深层次的理解。

参考文献

[1] 李工真. 文化的流亡——纳粹时代欧洲知识难民研究［M］. 北京：人民出版社，2010.

[2] 魏育青. 浮海的勇士，围炉的哀者——1933—1945 年的德语流亡文学［C］. 张玉书等编：德语文学与文学批评·第四卷，北京：人民出版社，2010.

[3] 列宁. 新经济政策和政治教育委员会的任务［C］. 列宁全集(第 2 版)第 42 卷，中共中央马恩列斯著作编译局主编，北京：人民出版社，1987.

[4] 谭渊. 从流亡到“寻求真理之路”——布莱希特笔下的“老子出关”［J］. 解放军外国语学院学报，2012(6).

[5] 叶隽. “侨易二元”的整体结构［C］，载叶隽主编：侨易(第二辑)，北京：社会科学文献出版社，2015.

[6] 叶隽. 时代的精神忧患［M］. 北京：北京大学出版社，2010.

[7] Arthur Waley. 170 Chinese Poems［M］. London：Constable，1947.

[8] Bertold Brecht. Sechs chinesische Gedichte［J］. In：Das Wort. Heft 8. Moskau，1938.

[9] Bertolt Brecht. Tagebücher 1920-1922. Autobiographische Aufzeichnungen 1920-1954［M］. Hg. von Herta Ramthun. Frankfurt a. M.：Suhrkamp，1975.

[10] Bertolt Brecht. Werke. Große kommentierte Berliner und Frankfurter Ausgabe［M］. Hg.

① GBA 23，S. 9.
② 叶隽：《变创与渐常：侨易学的观念》，第 177 页。
③ 同上，第 18 页。
④ 同上，第 177 页。
⑤ 同上，第 109 页。

von Werner Hecht u. a., Berlin / Weimar / Frankfurt a. M.: Suhrkamp, 1988-1997.
[11] Jan Knopf (Hg.). Brecht-Handbuch, Gedichte [C]. Stuttgart: Metzler, 2001.
[12] Konrad Feilchenfeldt. Deutsche Exilliteratur 1933-1945. Kommentar zu einer Epoche [M]. München: Winkler, 1986.

„Was lag dir daran, ob eine Frau bleibt oder fortgeht und ob einen der Schwindel ergreift und einen der Wahnsinn und ob Tote lebendig sind und Lebendige scheintot: was lag dir daran? Dies alles war so natürlich für dich...“

Aus: Raine Maria Rilke.
Die Aufzeichnungen des Malte Laurids Brigge

Die unsichtbare Präsenz

——Zur Poetik des Todes in Rilkes *Aufzeichnungen des Malte Laurids Brigge*

Zhu Kejia

摘要:里尔克的长篇小说《马尔特·劳里茨·布里格手记》是一部具有鲜明现代性的小说,令人费解的是,小说中有着大量与时代格格不入的母题:鬼怪故事、通灵术、灵异现象被详细地讲述,从中既读不出任何反讽意味,又无法将其纳入整体性的叙事框架。这类片段构成了该部小说最大的谜团。本文以19世纪末20世纪初在德语文学圈风行一时的唯灵论为背景出发,论证该思潮及其代表人物对里尔克产生过的影响,在该语境下梳理小说相关片段所蕴涵的死亡观和世界观。本文的落脚点在于唯灵论元素所蕴涵的诗学维度:向不可见域及无法理解的存在者敞开自身,跨越理智设定的生死界限,肯定死亡在生命中的在场性,是主人公马尔特成为真正诗人的前提条件。

关键词:唯灵论;死亡观;不可见者;诗学

1. Carl du Prel und seine Rezeption beim jungen Rilke

Seit einigen Jahren hat ein gesellschaftliches Phänomen, nämlich die von traditioneller Geschichtswissenschaft vernachlässigte okkultistisch-spiritistische Bewegung in der Umbruchszeit um 1900, die Aufmerksamkeit vor allem in der interdisziplinären und kulturwissenschaftlichen Forschung auf sich gezogen hat.①

---

① Z.B. Ulrich Linse, *Geisterseher und Wunderwirker. Heilssuche im Industriezeitalter*. Frankfurt a. M. 1996; Diethard Sawicki, *Leben mit den Toten. Geisterglauben und die Entstehung des Spiritismus in Deutschland 1770-1900*. Paderborn/München 2002.

Konstatiert wurde in diesen Studien ein breites Interesse für die sog. „Grenzwissenschaften“, Parapsychologie sowie verwandte Bewegungen, welche in den letzten zwanzig Jahren des ausgehenden 19. Jahrhunderts aufkamen und bis ins zweite Jahrzehnt des 20. Jahrhunderts hinein reichten. In dieser Zeit wurden Materialisation, Geistersehen, Telepathie zu populären Beschäftigungen in nahezu allen gesellschaftlichen Schichten, und die Spiritisten waren auch beliebte Gäste in den vorwiegend adeligen Salons. Das historische Bild der damaligen spiritistischen Praktiken ist durch die Kulturhistoriker zum großen Teil rekonstruiert worden. Was sich hierbei besonders für die Literaturwissenschaftler als bemerkenswert erweist, ist das geistige Band zwischen ästhetischer Moderne und Spiritismus, anhand dem sich vielfältige Bezüge und Querverbindungen zu dem literarischen Leben nachweisen lassen.① Es eröffnet sich eine fruchtbare Perspektive „von welchem Kontext her die zahlreichen spiritistischen Motive in der zeitgenössischen Literatur — man denke nur an die Geistererscheinungen in Rilkes *Die Aufzeichnungen des Malte Laurids Brigge* — zu verstehen sind“.② Die Ursache der breiten literarischen Rezeption liegt wohl darin, dass die spiritistische Auffassung von Körper und Seele, Materie und Geist, Tod und Leben, Individualität und Gemeinschaft, Subjektivität und Objektivität der Fragenkategorie der zeitgenössischen Literatur entgegenkommt, die angesichts der Defizite einer rationalisierten, säkularisierten und materialisierten Moderne ein kompensatorisches Menschen — und Wirklichkeitsbild literarisch zu entwerfen im Begriff ist. „[I]nnerhalb des Okkultismus — und Spiritismusdiskurses [wurde] ganz besonders auch die Frage nach dem Wesen des Menschen, nach seiner Seele und deren Fähigkeiten verhandelt“,③ und die spiritistische Wirklichkeits- und Subjektkonzeption, die Aufwertung des Übersinnlichen und des Unbewussten, die Theorie des Mediumismus und nicht zuletzt auch das damit zusammenhängende Problem des automatischen Schreibens spielen eine bedeutende Rolle für die Herausbildung einer spezifisch modernen Ästhetik. Dies ist der Befund der neueren Forschung, die nach der besonderen Ausprägung des Spiritismus um 1900 und seiner bisher

---

① Neben Naturwissenschaftlern und Psychologen machen sich auch Philosophen wie Henry Bergson, Fritz Mauthner, Hermann Bahr und eine Reihe namenhafte Persönlichkeiten aus dem Literaturkreis mit Theorien des Spiritismus vertraut, u.a. Richard Dehmel, Arno Holz, Reiner Maria Rilke, Thomas Mann, André Breton und Alfred Döblin, und sie haben sogar selbst an spiritistischen Praktiken, z. B. an Sitzungen mit Medien, teilgenommen und die spiritistischen Elemente und Motive literarisch verarbeitet. So waren im deutschsprachigen Raum die beiden Metropolen München und Berlin um 1900 nicht nur Zentren der ästhetischen Moderne, sondern sie stehen auch in dem Ruf, „die deutsche Hochburg von Okkultismus und Spiritismus zu sein“.

② Monika Fick, *Sinnenwelt und Weltseele. Der psychophysische Monismus in der Literatur der Jahrhundertwende*. Tübingen 1993, S. 122.

③ Priska Pytlik, „Bürger zweier Welten“. Metaphysischer Individualismus und die Neubewertung von Diesseits und Jenseits. Carl du Prels Spiritismus-Theorie. In: Moritz Baßler (Hrsg.), *Gespenster: Erscheinungen, Medien, Theorien.* Würzburg 2005, S. 141-152, hier: S. 141f.

nicht genug beleuchteten Überschneidung mit dem ästhetisch-poetologischen Paradigma fragt.

In dem Zusammenhang von Rilkes Affinität zur spiritistischen Kultur kommt der Münchner Philosoph und Privatgelehrte Carl du Prel (1839-1899) in Betracht. Als die „Seele der ‚spiritistischen' Bewegung in Deutschland① hat der Freiherr viele theoretische Schriften über den Spiritismus vorgelegt und den Spiritismus seinerzeit wesentlich geprägt. Die Auseinandersetzung Rilkes mit Carl du Prel begann schon im Jahr 1897. In dem Haus der Malerin Louise Max-Ehrler in München traf der damals 21-jährige Dichter zum ersten Mal das „Oberhaupt der deutschen Geisterseher"② und war schon von der ersten Begegnung tief beeindruckt: „Baron du Prel [...] macht, daß alle, die mit ihm sprechen, den seltsam bannenden Blick des kleinen Freiherrn mit in ihre unheimlichsten Träume nehmen müssen."③ Mit einer demütigen Haltung wendet der „interessierte[n] Laie[n]" an den Meister, bittet den „bedeutendste[n] Forscher auf dem Gebiet des Hypnotismus" um Literaturhinweise, und äußert ihm gegenüber seine Affinität zum Bereich des Übersinnlichen:

> Abgesehen von dem Reiz des Geheimnisvollen haben die Gebiete des Spiritismus für mich eine bedeutsame Anziehungskraft, weil ich im Erkennen der vielen müßigen Mächte und im Unterwerfen ihrer Gewalt die große Erlösung ferner Nachfahren sehe und glaube, daß zumal jeder Künstler durch den Nebelqualm des kargen Materialismus zu jenem Seelenahnen sich durchdringen muß, das ihm die goldene Brücke baut in uferlose Ewigkeiten.④

In einem weiteren Brief an du Prel berichtet Rilke über die Lektüre vom seinem Werk *Das Rätsel des Menschen* (1892) und *Der Spiritismus* (1893), wonach er durch sie „rasch in mediasres geführt worden" sei, und sogar „in einem laienhaften und unreifen Aufsatz, den [er] vor etwa zwei Jahren der ‚Sphinx' gesandt habe, eine ähnliche Weltanschauung auszusprechen versucht" habe.⑤ Der Inhalt des erwähnten Aufsatzes ist zwar nicht zu ermitteln, doch die Weltanschauung Du Prels, welche bei dem jungen Rilke eine starke Resonanz findet, kann im Folgenden kurz umgerissen werden als:

— *Die monistische Seelenlehre*: im Mittelpunkt seiner Philosophie steht das

---

① Pytlik, „Bürger zweier Welten", a.a.O., S. 142.

② Rainer Maria Rilke, „Auch ein Münchner Brief", in: Ders., *Schriften.* Hrsg. v. Horst Nalewski. Frankfurt a. M./Leipzig 1996. [KA IV], S. 42.

③ Ebd. S. 42.

④ Rainer Maria Rilke, *Briefe aus dem Jahren* 1892 *bis* 1904. *Gesammelte Briefe in sechs Bänden*, hrsg. von Ruth Sieber-Rilke und Carl Sieber, Bd. I, S. 31. (Brief an Fr. Karl Freiherrn Du Prel vom 16. 2. 1897)

⑤ Ebd., S. 34.

monistische Seelenmodell, das auf der Annahme einer unsterblichen Seele - dem „metaphysische Grund " der irdischen Form - aufgebaut ist. Alle Eigenschaften des Menschen, von der körperlichen Erscheinungsform zur geistigen Tätigkeit, sind auf die Seele als das organisierende Prinzip zurückzuführen. Unter dem „Äquivalenzprinzip" zwischen Materiellem und Immateriellem, Seelischem und Körperlichem bildet die Seele zusammen mit dem Körper eine Einheit - ganz der Intention der Spiritisten entsprechend, die versuchten, durch das sinnliche Erfassen des Übersinnlichen und in der physischen Offenbarung des Immateriellen die Grenze zwischen Körperwelt und Geisterwelt, Lebenden und Toten, Diesseits und Jenseits zu überschreiten.

— *Das transzendentale Subjekt*: du Prels Theorie der Seele nimmt die Züge einer zeitgenössischen Psychologie des Unbewussten① an, indem er die obengenannten Seelentätigkeiten dem Unbewussten im Menschen zuschreibt. Von der anderen Konzeption des Unbewussten grenzt er sich ab, indem er auf der Basis parapsychologischen Forschungen den Begriff des „transzendentalen Subjekts" entwickelt und dasselbe im Bereich des Unbewussten des Individuums einen Platz zuweist. Das Unbewusste wird als „eine individuelle Seele" aufgefasst, „die nicht an sich, sondern nur unserem sinnlichen Bewusstsein unbewusst ist".② Als Alternative für die derzeit gängige materialistische und pantheistische Anschauung wird in der Subjektkonzeption du Prels' „die *individuelle* Qualität"③ und die Einzigartigkeit einer jeden Seele" hervorgehoben. Deshalb erweist sich sein „metaphysischer Individualismus" als angemessenes Erklärungsmuster für jene ästhetischen und poetologischen Fragestellungen, die sich vor allem mit der schöpferischen Quelle und der Individualität der künstlerischen Produktion befassen.

— *Die sinnlich-übersinnliche Weltanschauung*: Neben dem einheitlichen Menschbild tritt du Prel auch für die okkultistische Konzeption einer sinnlich-übersinnlicher Einheit der kosmischen Seinsebenen ein. Zwischen dem Sinnlichen und Übersinnlichen, der Körperwelt und der Geisterwelt zieht ihm zufolge keine feste Grenze, und Jenseits und Diesseits sind für du Prel weder räumlich noch zeitlich voneinander abgetrennte Wirklichkeitssphären, sondern sind am gleichen Ort und zur gleichen Zeit präsent. Eine Unterscheidung der beiden, oder die Diesseitszugehörigkeit des Menschen ist lediglich das Resultat einer subjektiven

---

① Z.B. William James' subliminales Selbst, Max Dessoirs Doppel-Ich etc.

② Carl du Prel, Die seelischen Tätigkeiten des Künstlers. Kapitel aus: Carl du Prel, *Die Entdeckung der Seele durch die Geheimwissenschaften.* Leipzig 1894. Zitiert nach: Priska Pytlik (Hrsg.), *Spiritismus und ästhetische Moderne — Berlin und München um* 1900. *Dokumente und Kommentare.* Tübingen 2006, S. 86-99, hier: S. 98.

③ Pytlik: „Bürger zweier Welten", S. 148.

Anschauungsform, die von der begrenzten Wahrnehmungsfähigkeit der menschlichen Sinnesorgane bedingt wird. „Das Jenseits ist nicht ein anderer Ort, wohin wir auf ganz unterschiedliche Weise im Tode versetzt würden, um dort unter ganz neuen Lebensbedingungen weiterzuleben; es ist nicht räumlich geschieden vom Diesseits, sondern ein bloßes Jenseits des Bewusstseins. Das Jenseits ist das anders angeschaute Diesseits".① Der als „Jenseits" ausgeschlossene Teil der Wirklichkeit, wie das sonst verborgene transzendentale Subjekt dem Menschen offenbart sich, wenn die sog.

— *Empfindungsschwelle* - eine Denkfigur, die du Prel zwecks seiner Argumentation von dem Psychologen Gustav Theodor Fechner übernimmt — sinkt. Jener Empfindungsschwelle, die zwischen der transzendentalen Seite unseres Wesens und dem irdisch-sinnlichen Bewusstsein eine Grenze bildet, wird als beweglich definiert, d. h. durch die Ausschaltung des Selbstbewusstseins, z. B. in hypnotischen oder somnambulen Zuständen und in medialer Trance könnte dem Ich nicht nur seine transzendentale Seite, sondern auch die andere Seite der irdischen Welt zugänglich werden. Ihm zufolge verschwindet die Empfindungsschwelle im Tod völlig, „daß wir also im Tode weder materialistisch vernichtet werden, noch pantheistisch zerfließen [...] Diese individuelle Wurzel unseres Wesens können wir bis zu dem Punkte verfolgen, wo wir uns als Geister einen größeren Ganzen eingegliedert finden."②

Ein monistisches Wirklichkeitsverständnis und eine monistische Seelenlehre gehören also zu den Grundansichten seiner spiritistischen Philosophie, für deren Begründung er auch Fragen und Phänomenen aus dem ästhetischen Themenkomplex nachgeht. So sieht man z.B. in den vom ihm verfassten Schriften wie *Die Seelische Tätigkeit des Künstlers* (1894) und *Das automatische Schreiben* eine deutliche Verbindung von spiritistischer Weltanschauung und künstlerischer Problematik, denn um seine Hypothese eines transzendentalen Subjekts zu bestärken, bedient sich du Prel auch Berichten verschiedener Künstler und Dichter, die der Inspiration bei der Werkgenese eine hohen Stellenwert beimessen. Durch die Annahme eines transzendentalen Subjekts als einer individuellen schöpferischen Instanz bietet das du Prels'sche Seelenmodell — im Gegensatz zur derzeit gängigen materialistischen und pantheistischen Anschauung — eine angemessene Erklärung für Individualität und die qualitative Verschiedenheit künstlerischer Produkte.③ „In Wahrheit aber ist es [das

---

① Carl du Prel, *Das Rätsel des Menschen. Eine Einführung in das Studium der Geheimwissenschaften.* Neu herausgegeben, eingeleitet, ergänzt und kommentiert von Dr. Herbert Fritsche, Wiesbaden, 1970, S. 119.

② Carl du Prel, Das automatische Schreiben. In: *Sphinx.* Monatsschrift für die geschichtliche und experimentale Begründung der übersinnlichen Weltanschauung auf monistischer Grundlage VI, II, 1981, S. 65-70, S. 152-160 und S. 201-207. Zitiert nach: Priska Pytlik (Hrsg.): *Spiritismus und ästhetische Moderne — Berlin und München um* 1900. *Dokumente und Kommentare.* Tübingen 2006, S. 141-161, hier: S. 160.

③ Vgl. Pytlik, „Bürger zweier Welten", a.a.O., S. 148.

Unbewusste] im Künstler thätig nicht als unbewusste Natur der Materialisten, auch nicht als unbewusste Weltsubstanz der Pantheisten, sondern als eine individuelle Seele, als transscendentales Subjekt."①

Im Phänomen des automatischen Schreibens sieht du Prel die Möglichkeit, „das Unbewußte gleichsam schichtenweise abzutragen und in den korrespondierenden Funktionen zu beobachten", weil dabei das Unbewusste an die Oberfläche gezogen und daher einer genaueren Präzisierung fähig wird. Ein Merkmal im Akt des automatischen Schreibens ist die Passivität und die Willenslosigkeit der Medien, „dass ihnen ihre Bilder ungesucht kommen, gleich Inspiration, wobei also der Entstehungsprozess im Unbewussten verläuft, nur das fertige Resultat ins Bewusstsein tritt, das sich also passiv verhält, nicht aktiv; empfangend, nicht erzeugend."② Durch das automatische Schreiben des Mediums wird, so du Prel, nicht nur die Korrespondenz zwischen Seelenvorgang und Mimik veranschaulicht, sondern die Empfindungsschwelle kann auch fortdauernd konstatiert werden, d.h. in der medialen Trance überschreitet der automatische Schreiber bei weitem die normalen Fähigkeiten des Menschen, der Erfahrungsraum wird so erweitert, die Sinne so sensibilisiert, dass übersinnliche Wesen oder Jenseitsstimmen wahrgenommen werden können, und dies sei wiederum ein Beleg dafür, dass der Mensch schon zu Lebzeiten der Geisterwelt angehört: „das Jenseits steht uns nicht bevor, sondern wir sind bereits darin".③

Das spiritistische Gedankengut du Prels bietet eine fruchtbare Grundlage für die Auslegung der *Aufzeichnungen*④, besonders im Hinblick auf die Todesthematik im Text könnte der Spiritismus eine Ergänzung sein für die bisherigen Lesarten.

---

① Carl du Prel, *Die seelischen Tätigkeiten des Künstlers.* Zitiert nach: Priska Pytlik (Hrsg.), *Spiritismus und ästhetische Moderne*, S. 90.

② Ebd.

③ Carl du Prel, Die wissenschaftliche Ansicht vom Zustand nach dem Tode. In: *Sphinx* 2/3 (1887), S. 356-373, hier: S. 361.

④ Eine Interpretation des Malte-Romans auf der Grundlage der spiritistischen Theorie du Prels haben schon folgenden Beiträge unternommen: Georg Braungart, Spiritismus und Literatur um 1900. In: *Ästhetische und religiöse Erfahrungen der Jahrhundertwenden II: um* 1900, hg. von Wolfgang Braungart, Gotthard Fuchs, Manfred Koch. Paderborn, München, Wien 1998, S. 85-92; Moritz Baßler, Maltes Gespenster. In: *Mystik, Mystizismus und Moderne in Deutschland um* 1800. Hg. von M. Baßler und Hildegard Châtellier, Strasbourg 1998, S. 239-253; Moritz Baßler, Auf dem Zwischenplane — Gespenster bei Ibsen, Rilke und Breton. In: *Ibsen im europäischen Spannungsfeld zwischen Naturalismus und Symbolismus.* Hg. von Maria Deppermann, Frankfurt a. M. 1998, S. 239-253; Monika Fick, Spiritismus, Okkultismus, Gnostizismus und Rilkes Roman *Die Aufzeichnungen des Malte Laurids Brigge.* In: *Europäische Jahrhundertwende - Literatur, Künste, Wissenschaften um* 1900 *in grenzüberschreitender Wahrnehmung.* Hg. von Werner Frick und Ulrich Mölk. Göttingen 2002, S. 127-142; GisliMagnússon, *Dichtung als Erfahrungsmetaphysik. Esoterische und okkultistische Modernität bei R.M. Rilke.* Würzburg 2009.

2. Die spiritistische Lesart der *Aufzeichnungen*

Zu den rätselhaftesten und merkwürdigsten Passagen in Rilkes *Aufzeichnungen des Malte Laurids Brigge* zählen zweifellos diejenige, in denen Gespenster unerwartet erscheinen oder andere okkulte Motive zum Thema werden. Zunächst sollte eine Übersicht der direkt von solchen Szenen handelnden Episoden gegeben werden:

— Die mehrmaligen Erscheinungen der toten Christine im Haus der Familie Brahe in der 15. Aufzeichnung;

— Die Ingeborg-Erzählung der 28. Aufzeichnung, in der die Mutter von dem unsichtbaren Auftritt ihrer gestorbenen Schwester vor dem Familienkreis berichtet;

— Die Geisterhand-Episode in der 29. Aufzeichnung, in der Malte beim Suchen eines Bleistifts eine Geisterhand aus der Dunkelheit auftaucht und ihm entgegen läuft;

— Die Erscheinung des verbrannten Hauses bei den Schulins in der 42. Aufzeichnung;

— Das „Diktieren" und „Zitieren" in der 44. Aufzeichnung, in der Graf Brahe durch sein Erzählen die sinnliche Vergegenwärtigung eines Abwesenden bewirkt.

Neben den oben aufgelisteten zentralen Stellen kommen spiritistische Themen und Motive noch an zahlreichen anderen Orten vor. Insgesamt spielt das Okkulte für das ganze Themenkomplex eine nicht unwichtige Rolle. Für die Malte-Forschung ist dieser Teil des Romans für eine lange Zeit nicht wenig irritierend gewesen: als „Fragwürdiges in hochrangiger Prosa"① scheinen die Spukgeschichten für das nihilistische Modernebild höchst befremdlich und obsolet zu sein, und für ein Verständnis in narrativer Hinsicht ist hier besonders problematisch: obwohl die jeweiligen Erzählungen für sich abgeschlossen und verständlich sind, sie lassen sich jedoch kaum in einen narrativen Zusammenhang einordnen. Die ersten intensiven Auseinandersetzungen mit der Gespenstererscheinungen im Malte-Roman leistet Moritz Baßler, der eine postmoderne poetologische Lesart bevorzugt: „Die Geistererscheinungen bilden somit in diesem Text keine Besonderheit, sondern geradezu sein poetologisches Paradigma".② Nach Baßler sind die Unverständlichkeiten der Jenseitsmanifestationen Bestandteil einer „impliziten Poetologie"③, die das Diskontinuierliche, das Ambivalente zum Organisationsprinzip eines modernen Textes

---

① Vgl. Hans-Jürgen Schlütter, Fragwürdiges in hochrangiger Prosa. Die parapsychologischen Motive in R.s *Aufzeichnungen des Malte Laurids Brigge* und Thomas Manns *Zauberberg*. In: *Begegnung mit dem „Fremden". Grenzen — Traditionen — Vergleiche.* Akten des 8. Internationalen Germanisten-Kongresses, Tokio 1990. Hrsg. von Eijiro IWASAKI. Bd. 11: Sektion 19: Innerkulturelle Fremdheit [...]. Hrsg. von Yoshinori SHICHIJI. München: Iudicium, 1991. S. 177-183.

② Baßler, Maltes Gespenster, a.a.O., S. 239.

③ Ebd.

erhebt, und in seiner Schlussfolgerung wird Malte einen Zwischenplatz zugewiesen, weil er die im Text verkündete explizite Poetologie einer *Écritureautomatique* mit dem Ergebnis einer völlig neuen Textstruktur und Semiose verfehlt: „Die merkwürdige Zwischenstellung des *Malte* liegt also darin, daß der die spiritistisch-emphatische Rhetorik poetologisch vertextet, ohne selber die dazu passenden Texturen aufzuweisen.“① Trotz der Ergiebigkeit einer solchen Lesart weist sie jedoch eine Mangel auf — die poetische Beschaffenheit jener Episoden und die ihr zugrundliegenden seltsamen Wirklichkeitskonzeption unbeachtet, wird die dichterische Sichtbarmachung einer unsichtbaren Welt der Geister, die eigentlich als eine wesentliche Komponente des Denkens und Schreibens von Rilke gilt, zur bloßen Referenz auf ein Textprinzip reduziert. Magnússon z.B. wirft den poetologisch-postmodernen Interpretationen die interpretatorische Einseitigkeit vor:②

> Wie bereits erwähnt, hat man sich in der neueren Spiritismusforschung auf die poetologische Perspektive konzentriert? Wenn aber die Geisthand bloß eine Metapher des künstlerischen Schreibens ist, warum gibt sich Rilke solche Mühe, die Erfahrung und das mit ihr einhergehende Grauen in solchem Detail zu beschreiben? Warum bemüht er sich, dem Leser diesen Schock sprachlich zu vergegenwärtigen? Wenn der Sinn der künstlerischen Vermittlung eine Übertragung einer transformierenden Erfahrung ist, reicht es dann, sie als poetologische Allegorie zu interpretieren?③

Diese Fragen könnten schlicht beantwortet werden als: denn Rilke bemüht erzählerisch um eine poetische Vergegenwärtigung einer unsichtbaren, uns umgebenden Welt, an deren Existenz er keinerlei Zweifel hat.Es ist zwar schon erwiesen, dass Rilke für eine Zeit lang ein eifriger Schüler Carl du Prels gewesen ist und eine spiritistische Lesart plausible Erklärungen für die merkwürdigsten Inhalte des Romans bringen kann, begnügt sich meine Analyse jedoch nicht mit derartiger Schlussfolgerung, ob Rilke ein Anhänger eines spiritistischen Theoretiker ist oder nicht, oder inwiefern die *Aufzeichnungen* als eine literarische Transformation seiner spiritistischen Theorien gelten. Vielmehr richtet sich das Interesse auf die ästhetische Relevanz der einschlägigen Motive: welche Bedeutung die allgegenwärtige Präsenz der Geisterwelt für die von Rilke angekündigte Poesie der „Vollzähligkeit“ hat, der die Vorstellung des im Leben immanenten Todes zugrunde liegt, werde ich in meiner Arbeit erörtern. Zu behandeln sind z. B. die folgenden Aspekte:

---

① Ebd., S. 245.

② Vgl. Magnússon, *Dichtung als Erfahrungsmetaphysik*, S. 346, Anm. 1096.

③ Magnússon, *Dichtung als Erfahrungsmetaphysik*, S. 346.

— Die sinnliche-übersinnliche Weltanschauung Rilkes und das Sehen-Lernen mit spiritistischen Implikationen;

— Die dichterische Fähigkeit zur Präsenz des Unsichtbaren;

— Das automatische Schreiben und die künstlerische Medialität.

— Die Anerkennung derEinheit vom Leben und Tod als die konstitutive Grundlage der Poesie der „Vollzähligkeit";

— Die Todesfurcht als Potenz für die innere Verwandlung;

— die Modifikation der Idee des „eigenen Todes" und die Aufwertung des „Namenlosen".

3. Die „andere" Anschauungsform und die Kunst der Vergegenwärtigung

Dass Rilke für seinen Romanheld Dänemark als Ursprung gewählt hat, hängt zweifellos mit der Affinität des Dichters zum Übersinnlichen und Übernatürlichen zusammen. Malte stammt also aus einem Umfeld, die kulturgeschichtlich nicht weniger von Geisterglauben und Gespenstergeschichte gefärbt ist als Rilkes Prag①. Auf der Literaturwissenschaftler Hermann Pongs Frage nach der Quelle von den „okkulten Begebnissen" im Malte antwortet Rilke, dass sie „zum Teil genau erzählte Prager Kindheit-Erlebnisse, teils in Schweden Erlebtes und Gehörtes"②sind und nennt dabei auch den Grund für den dänischen Ursprung Maltes: „weil nur in der Atmosphäre der skandinavischen Länder das Gespenst unter die möglichen Ereignisse eingereiht erscheint und zugegeben (: was meiner eigenen Einstellung gemäß ist)".③Unübersehbar für die Entschlüsselung der paranormalen und okkulten Erscheinungen bzw. Erlebnisse ist eben die eingeklammerte Anmerkung in der oben angeführten Briefentäußerung: Es entspricht nämlich der eigenen Einstellung des Dichters, dass das

---

① Für das Verständnis der Okkultismus- und Spiritismusrezeption beim jungen Rilke sind einige biographische Faktoren genannt: vor allem die Herkunft aus der Stadt Prag als einem geographischen und kulturellen Umfeld, welches von einer gespenstigen Atomsphäre und einer umhergeisternden Vergangenheit geprägt ist; zweitens die gespenstergläubigen Mutter Rilkes, unter deren Einfluss der Dichter über seine Knabenjahren hinaus immer noch gestanden hat; drittens durch leibhaft Erlebtes, nämlich die okkulten und paranormalen Erlebnisse der Kindheit. Vgl. Magnússon, *Dichtung als Erfahrungsmetaphysik*, S. 69ff; Pytlik, *Okkultismus und Moderne*, S. 167f. Hans Richard Brittnacher, Gespenster aus Dänemark. Okkultismus und Spiritismus in Rainer Maria Rilkes „Die Aufzeichnungen des Malte Laurids Brigge", in: *Strahlen sehen. Zu einer Ästhetik des Emanativen*. Hg. von Roland Innerhofer, Rebecca Schönee. Wien 2013, S. 52-71.

② Rilkes Brief an Professor Hermann Pongs vom 21. Okt. 1924. Siehe Rilke, *Briefe aus Muzot*. Leipzig 1975, S. 323.

③ Ebd. Bei der Entstehung des Malte-Buches spielt das Skandinavien eine wichtige Rolle. *Rilke Handbuch*, S. 119ff.

Unsichtbare und das Übersinnliche ebenfalls zur alltäglichen Ordnung des irdischen Lebens gehören, dass das Leben von lauten unsichtbaren Dingen umgegeben ist, die eine andere Wirklichkeit haben, dass zwischen den Lebenden den Toten, zwischen dem Diesseits und dem Jenseits keine feste Grenze gezogen werden darf. Während du Prel behauptet, dass das Jenseits nur das anders angeschaute Diesseits sei, so verwirft Rilke auch die christliche Vorstellung eines Jenseits sowie eines Lebens nach dem Tode zugunsten einer immanenten Wirklichkeitsauffassung. „Ich liebe nicht die christlichen Vorstellungen eines Jenseits, ich entferne mich von ihnen immer mehr [...] für mich enthalten sie zunächst die Gefahr, uns nicht allein die Entschwundenen ungenauer und zunächst unerreichbarer zu machen."① Entfernt von der christlichen Transzendenzvorstellung, die die Einheit von Leben und Tod zerteilt, scheint Rilke der okkultistisch-immanenten Wirklichkeitsauffassung nahe zu stehen, und schreibt in den *Aufzeichnungen* der Geisterwelt als einer „Verlängerung der immanenten Sphäre② die Legitimität der Existenz zu, indem die Entschwundenen" empirisch-leibhafte Daseinsform annehmen und besonders durch epische Ausführlichkeit der Darstellung real werden, so dass ihre Realität nicht nur auf abstrakte Weise behauptet, sondern konkretisiert wird.

Der erste Auftritt eines Gespenstes — Christine Brahe, einer längst Verstorbenen — im Speisesaal auf Urnekloster wird so beschreiben:

> [...] und jetzt, während ich mit einem mir ganz neuen Gefühl von Neugier und Bestürzung hinsah, trat in das Dunkel der Türöffnung eine schlanke, hellgekleidete Dame und kam langsam auf uns zu.
>
> Die Erscheinung ist harmlos an sich:
>
> die fremde Dame [geht] langsam und teilnahmlos, durch den nun freigewordenen Raum [...] Schritt für Schritt, durch unbeschreibliche Stille, in der nur irgendwo ein Glas zitternd klirrte, und in einer Tür der gegenüberliegenden Wand des Saales verschwand.③

Der Bericht widmet sich vorwiegend der Reaktion der Tischgenossen, wobei die beeindruckende Gelassenheit des Grafen Brahe und die Panik der anderen einen starken

---

① Rilke, Brief an Gräfin Margot Sizzo-Noris-Crouy (Dreikönigstag 1923). In: Br. III, 805.

② Magnússon, *Dichtung als Erfahrungsmetaphysik*, S. 284.

③ Rainer Maria Rilke, *Werke*. Kommentierte Ausgabe in vier Bänden. Hrsg. von Manfred Engel, Ulrich Fülleborn, Horst Nalewski, August Stahl. Frankfurt am Main/Leipzig 1996 (Bd. 1-4), Band 3, S. 476f. Zitaten aus dieser Quelle im laufenden Text mit Zeitenzahl.

Kontrast bilden. Außer Malte und seinem Vater, die zu Gast sind, weisen der Rest der Brahe-Gesellschaft eine Vertrautheit mit dem Übersinnlichen auf: Ein alter Major, von Malte Oheim genannt, macht alchimistische Versuche und beschäftigt sich mit Leichenexperimenten gegen Verwesung; Mathilde Brahe, eine entfernte Cousine von Maltes Mutter, die „eine sehr rege Korrespondenz mit einem österreichischen Spiristen unterhielt" (472), und nicht zuletzt der kleine Erik, der „in einer gewissen Vertraulichkeit mit dem Hausherrn" (473) steht, die beiden verständigen sich auf eine ganz andere, für Malte unverständliche stumme Weise. Trotz der Vertrautheit der Leute mit dem Übersinnlichen ist jedoch Graf Brahe und Erik, „der mit einer tiefen Verbeugung diese Türe hinter der Fremden schloß" (477), die Einzigen, die wissen, vor der Jenseitserscheinung die Fassung zu bewahren und ihr gegenüber Respekt zu zeigen. Der Graf sorgt sogar dafür, die Anwesenden, vor allem Maltes Vater, vor falschem Benehmen zu verhindern, damit die „Dame" ungestört an ihre Beschäftigung geht: als Maltes Vater, voller Zorn, „aufgesprungen war und nun, totenbleich im Gesicht, mit herabhängenden geballten Händen, auf die Dame zuging", erhob sich der Graf „mit einem Ruck", „[faßte] meinen Vater beim Arme", [zog] ihn an den Tisch [zurück]" (477). Nach dem Verschwinden der Dame wirft er Maltes Vater Unhöflichkeit vor: „Du bist heftig, Kammerherr, und unhöflich. Was läßt du die Leute nicht an ihre Beschäftigungen gehn?" Auf die Frage des Vaters, wer das ist, antwortet er: „Jemand, der wohl das Recht hat, hier zu sein. Keine Fremde. Christine Brahe." (477)

Vorbildhaft benimmt sich der Graf Brahe bei dieser Angelegenheit, weil sein Bewusstsein jene zeit — und räumliche Schranken, die die Verstorbenen von dem Lebenden trennen, nicht kennt:

> Die Zeitfolgen spielten durchaus keine Rolle für ihn, der Tod war ein kleiner Zwischenfall, den er vollkommen ignorierte, Personen, die er einmal in seine Erinnerung aufgenommen hatte, existierten, und daran konnte ihr Absterben nicht das geringste ändern. Mehrere Jahre später, nach dem Tode des alten Herrn, erzählte man sich, wie er auch das Zukünftige mit demselben Eigensinn als gegenwärtig empfand. (475)

Der Graf teilt offensichtlich die spiritistische Vorstellung, wonach „wir [...] schon zu Lebzeiten dem Geisterreich an[gehören], dessen Mitglieder ohne Zweifel in eben solcher Verknüpfung miteinander stehen, wie die Mitglieder der menschlichen Gemeinde"①, wonach zwischen den Geistern und den Lebenden einen ununterbrochenen Wechselbeziehung bestehe, weshalb er die Erscheinung einer Verstorbenen problemlos für eine alltägliche Normalität

---

① Carl du Prel, Das automatische Schreiben. a.a.O., S. 153.

hältund versteht, sich der Gewalt des Unerklärlichen, des Seltsamen zu unterwerfen.

Es ist nicht zufällig, dass dieser Graf, der eine eigene Kunst im Verständnis des Todes zeigt, auch über eine exzellente Erzählkunst verfügt. „Daß man erzählte, wirklich erzählte, das muß vor meiner Zeit gewesen sein. Ich habe nie jemanden erzählen hören. [...] Der alte Graf Brahe soll es noch gekonnt haben.“ (557) Die Reflexion über das verloren gegangene Erzählvermögen der jüngeren Generationen eröffnet die andere Graf Brahe-Episode, die wiederum mit den Okkulten beladen ist — die 44. Aufzeichnung, wo Graf Brahe durch sein Erzählen die visuelle Präsenz einer bekannten Persönlichkeit aus seiner Kindheit ins Arbeitszimmer beschwört, wie Malte von Abelone erfährt, die ihren Vater „diktiert“. Der Vorgang war anfangs ziemlich problematisch, da die schreibende Hand der Tochter der Erinnerung des Grafens in deren Schnelligkeit kaum folgen kann, zumal er Wörter spricht, die sie nie gehört hat und deswegen auch gar nicht aufschreiben kann.

> „Sie kann es nicht schreiben“, sagte er scharf, „und andere werden es nicht lesen können. Undwerden sie es überhaupt sehen, was ich da sage?“ fuhr er böse fort und ließ Abelone nicht aus denAugen. „Werden sie ihn sehen, diesen Saint-Germain?“ schrie er sie an. (560)

Um die von ihm erzählte Gestalt sichtbar zu machen benötigt der Graf neben seiner Erzählkunst auch Sten, einen alten Kammerdiener mit mediumistischer Fähigkeit, so dass Sten „in einem gewissen Augenblicke sich in den verwandeln, an den er dachte.“ (562) Wie mit einer Zauberformel — „[...] aber er war“ — beschwört der Graf den Geist des Marquis von Belmare in den Raum, und „Abelone erinnerte sich, daß sie ihn gesehen habe“. (562) Der Grafverlangt von dem Erzählen unbedingt den Effekt der sinnlichen Vergegenwärtigung, dass der Leser seine Memoiren nicht nur versteht, sondern die Personen und Dinge darin auch tatsächlich *sieht* — so wie sein Vorbild, der Marquis von Belmare, ihn als kleines Kind damit beeindruckt hat. Dieser Marquis ist eine Person, die, spiritistisch ausgedruckt, über die hellseherische Gabe verfügt. In der Intensität seines Sehens gelingt die sinnliche Vergegenwärtigung des Abwesenden - die räumlich wie zeitlich entferntesten Dingen sind nicht nur in seinem eigenen Bewusstsein gleichzeitig präsent, sondern werden auch „mit seinen Augen“ in die Gegenwart „hereingesehen“ und für die andere wahrnehmbar:

> Für diese Augen hätte nichts da sein müssen, die hattens in sich. Du hast von Venedig gehört?
>
> Gut. Ich sage dir, die hätten Venedig hier hereingesehen in dieses Zimmer, daß es da gewesen

wäre, wie der Tisch. Ich saß in der Ecke einmal und hörte, wie er meinem Vater von Persien erzählte, manchmal mein ich noch, mir riechen die Hände davon. (560f)

Für das schriftstellerische Projekt des „Sehen-lernens“ muss das in den Aufzeichnungen häufig vorkommende Augen-Motiv eine Rolle spielen. Der Blick Stens hat das Vermögen, das Materielle durchzudringen: „[e]r hatte große, runde Augen, und das andere Ende seines Blicks kam hinter jeden zu liegen, den er damit ansah“ (560); man erinnert sich nun auch an die Augen des kleinen Eriks, von denen nur das eine beweglich ist, „während das andere immer indieselbe Ecke gerichtet blieb, als wäre es verkauft und käme nicht mehr in Betracht“. Wie Sten, derVerkehr mit den Geisternhat — „niemand von der Dienerschaft hätte sein Zimmer betreten mögen, weil es hieß, das er zitiere“ (560), hat Erik auch vertrauten und angstfreien Umgang mit der Welt des Übersinnlichen und der Geister. Der schielende Blick des unbeweglichen Auges sieht in eine andere Dimension der Wirklichkeit, die nicht hinter oder außerhalb, sondern neben unserer sichtbaren Welt liegt. Die Augen des Marquis von Belmare seien die seltsamsten, die der Graf Brahe in seinem ganzen Leben je gesehen habe, weil[f]ür diese Augen hätte nichts da sein müssen, die hattens in sich“. Somit wird die poetische Fähigkeit des imaginativen Sehens mit der spiritistischen Gabe des Geistersehers verbunden, sowie das „Diktieren“ und „Zitieren“ „als gleichermaßen poetische wie spiritistische Verrichtung enggeführt“① werden. In der Rhetorik des Diktats wird ein mediumistisches Vergegenwärtigung von Abwesenden poetologisch vertextet, wie Baßler schlussfolgert, doch man muss hier noch hinterfragen: was wird von dem Dichter verlangt, um sich zum Medium zu qualifizieren? Und woher kommen die Inspirationen — von fremden Mächten, Toten, Gott oder doch vom eigenen Innern? — Denn es ist von „Blut“ und „Erfahrung“ nicht selten die Rede. Hier heißt es, dass der Marquis von Belmare in seinem Blut liest: „das Blut, darauf kommt es an, da muß man drin lesen können. Er hatte wunderliche Geschichten drin und merkwürdige Abbildungen, dieser Belmare; er konnte aufschlagen, wo er wollte, da war immer was beschrieben.“ (561) Diese Stelle korrespondiert mit der Reflexion Maltes über die ideale Vers-Genese: dafür muss man zuerst „ein ganzes Leben lang“ Erfahrungen sammeln, was nicht nur das Sehen, Fühlen, Kennen und Wissen aller gegenwärtig Seienden wie Menschen, Städte, Dinge, Tiere, Pflanze einschließt, sondern auch die Vertrautheit mit allem Vergangenen und Unsichtbaren, nicht zuletzt mit Liebe, Tod, Geburt und Leid. Man hat dann Erinnerungen und vergisst sie wieder. „Erst wenn sie Blut werden in uns, Blick und Gebärde, namenlos und nicht mehr zu unterscheiden von uns selbst, erst dann kann es geschehen, daß in einer sehr seltenen Stunde

① Baßler, Maltes Gespenster, a.a.O., S. 224.

das erste Wort eines Verses aufsteht in ihrer Mitte und aus ihnen ausgeht." (467)

Betrachtet man die beiden Graf-Brahe Episoden zusammen, so gilt es zu fragen, warum nur der von der Gelassenheit bei einer Geistererscheinung ausgezeichnete Graf Brahe die Fähigkeit des wirklichen Erzählens besitzt. Er ist nämlich die Verkörperung der von du Prel proklamierten „anderen Anschauungsform" par excellence: durch die Einbeziehung des Bereichs der Toten in den des Lebenden ist für ihn das Jenseits wie das Diesseits, die Verstorbenen wie die Noch-nicht-Geborenen, das Vergangene wie das Zukünftige unterschiedslos, gleichwertig präsent. Die Figur Graf Brahe ist für die Poetik des ganzen Roman insofern von konstruktiver Bedeutung, sofern er als der Inbegriff der poetischen Fähigkeit zur Vergegenwärtigung zu verstehen ist.

4. Die Prüfung des Unmöglichen

In dem weiteren Verlauf der Christine-Episode zeigt sich, wie der Vater Maltes mit äußerst Anstrengung sich an der anderen Wirklichkeit — der Wirklichkeit der Geisterwelt — aneignet. Als Christine zum ersten Mal auftritt, entlarvt sich im Zorn des Vaters die Hochmut eines rationalistischen, selbstbewussten Menschen, der, „leidenschaftlich [...] und auf Konsequenz und Klarheit angelegt" (478), sich durch den in der zurückgekehrten Toten angekündigten Einbruch des Unmöglichen provoziert fühlt. Doch statt die geplante Abreise zu vollziehen, hielt er sich „noch acht Wochen oder neuen in diesem Hause auf", um „den Druck seiner Seltsamkeiten" (478) ertragen zu lernen - keine leichte Aufgabe für ihn, da er „mit sich kämpfen", sich bezwingen muss, um „in Fassung und ohne zu fragen, dieses Abenteuer auszuhalten" (478). Am Ende ist ihm endlich gelungen, vor der lebendigen Toten die Wehr abzulegen, bei der letzten Erscheinung der Christine:

> Er [der Großvater] hob sein Weinglas meinem Vater zu. Und nun sah ich, wie mein Vater, gerade als Christine Brahe hinter seinem Sessel vorüberkam, nach seinem Glase griff und es wie etwas sehr Schweres eine Handbreit über den Tisch hob. Und noch in dieser Nacht reisten wir. (479)

Das Glasheben am Schluss ist ein Zeichen der Anerkennung: die Anerkennung der anderen Wirklichkeit von Seiten des Vaters, sowie die Anerkennung des Bestehens der „Mutprobe" des Schwiegersohns von Seiten des Grafen, denn

> [das] ist im Grunde der einzige Mut, den man von uns verlangt: mutig zu sein zu dem Seltsamsten, Wunderlichsten und Unaufklärbarsten, das uns begegnen kann. Daß die

Menschen in diesem Sinne feige waren, hat dem Leben unendlichen Schaden getan; die Erlebnisse, die man „Erscheinungen“ nennt, die ganze sogenannte „Geisterwelt“, der Tod, alle diese uns so anverwandten Dinge, sind durch die tägliche Abwehr aus dem Leben so sehr hinausgedrängt worden, daß die Sinne, mit denen wir sie fassen könnten, verkümmert sind.①

Es ist eine allgemein anerkannte Position der neueren Malte-Forschung aus der spiritistischen Perspektive, dass der Vater Maltes die eigentliche Fokusperson dieser „Revenant-Handlung“ ist. „In Rilke Darstellungsweise ist also das Verhalten des Vaters wichtiger als das Gespenst selbst. Und die poetische Funktion der Spukgeschichte besteht eben darin, den Bewusstseinshorizont für die Dimension des Übersinnlichen zu öffnen und die Bereitschaft zu wecken, den Toten Heimrecht zu geben.“②

Diese Annahme ist völlig berechtigt, doch man muss allerdings fragen: wie hat *Malte* darauf reagiert? „Ich war der einzige, der am Tische sitzengeblieben war; ich hatte mich so schwer gemacht in meinem Sessel, mir schien, ich könnte allein nie wieder auf.“(477) Malte wird offensichtlich durch die unbegreifbare Fremdheit des unerwarteten Geschehens lahmgelegt, und das Unheimliche ist eben nicht das Gespenst selbst, sondern dessen Wirkung auf die Anwesenden, welche zeigt, wie der konventionelle Menschenverstand durch den Einbruch des Unmöglichen in die Alltagsordnung ins Wanken gebracht wird. Aber diese Konsequenz konnte der kleine Malte natürlich nicht ziehen, sondern erst der erwachsene Malte reflektiert über seinen eigenen Zustand bei dieser Angelegenheit: „Ich wusste es nicht, daß sie eine Verstorbene war. Aber mein Vater wußte es. [...] Ich sah, ohne zu begreifen, wie er mit sich kämpfte, ich erlebte es, ohne zu verstehen, wie er sich endlich bezwang.“(478) Das Nicht-begreifen-Können, Nicht-verstehen-Können gilt als Zeichen dafür, dass Malte damals, anders als sein Vater, die Gelegenheit nicht genutzt hat, die Botschaft des Jenseits zu verstehen.

Anders als in dieser endgültigen Fassung wird der *Malte*-Roman in seiner zweiten Fassung mit genau dieser Gespenstergeschichte eröffnet, die als eine Binnenerzählung in einen Rahmen mit „Er“ Form eingebettet ist: Malte Laurids Brigge erzählt einem Bekannten vor dem Kaminfeuer in einer Pariser Wohnung eine Geschichte aus seiner Kindheit, wobei er diese „scheinbar unwichtige Begebenheit [...] mit einer besonderen Überlegenheit

---

① Rainer Maria Rilke, *Briefe an einen jungen Dichter.* Wiesbaden 1951, S. 47f.

② Rudolf Eppelheimer, *Rilkes larische Landschaft. Eine Deutung des Gesamtwerkes mit besonderem Bezug auf die mittlere Periode.* Stuttgart 1975, S. 183. Vgl. auch: Magnússon, *Dichtung als Erfahrungsmetaphysik*, S. 343; Pytlik, *Okkultismus und Moderne*, a.a.O., S. 174.

[herausheb] “ (641).

> Als wäre mir damals der wichtigsten Wink meines Lebens gegeben worden, ein Rat, eine Lehre — und nun ist alles verfehlt nur weil ich diesem Rat nicht befolgt, weil ich diesen Wink nicht verstanden habe; weil ich nicht gelernt habe, nicht aufzustehen, wenn sie eintreten und vorübergehen, die, welche eigentlich nicht kommen dürfen, die Unerklärlichkeiten. Mein Vater hat es noch gekonnt, er kämpfte damit, ich sah, welche Anstrengung es ihn kostete, nicht wieder aufzuspringen, — aber schließlich konnte er es; [...] freilich er hatte auch dann noch nicht die vornehme Gelassenheit meines Großvaters; [...] Und doch war er ein mächtiger und starker Mann, zu dem die Abenteuer aller Länder kamen wie Frauen oder Tiere, angezogen von seinem Mute, seiner Schönheit und Entschlossenheit. (641)

Es ist nämlich ein spiritistischer Glaube, wonach die Toten zurückkehren, um den Lebenden etwas mitzuteilen. Die Geister aus Maltes Kindheit, wie die sichtbare Christine in dieser Passage, oder die unsichtbare Ingeborg aus einer anderen Geschichte, oder die Geisterhand aus der 29. Aufzeichnung, kommen nicht umsonst vor, sondern erfüllen alle dieselbe Aufgabe, nämlich auch bei ihm „die Bereitschaft zu wecken, den Toten Heimrecht zu geben“, ihn „zu dem Seltsamsten, Wunderlichsten und Unaufklärbarsten“ zu ermutigen. Erst rückblickend vermag der erwachsene Malte diesen „wichtigsten“ Wink seines Lebens zu begreifen. Die nordischen Schlösse mit ihrer gespensterhaften Vergangenheit im heimatlichen Wind stehen nur noch am entferntesten Horizont, in der modernen Großstadt spukt es jedoch weiter: keine Dame in Weiß, kein Schloss mit Leichen im Keller, sondern die unzählige Elendsgestalten auf den Pariser Straßen — die Kranken, Deformierten, der Sterbende in der Crémerie, die alte Bettlerin, die „Fortgeworfenen“, der blinde Zeitungsverkäufer: sie sind wie die Gespenster aus der anderen Seite der Wirklichkeit, die nur für Malte sichtbar sind und ihn permanent an seine Aufgabe erinnern, denn die Aufgabe bleibt immer noch dieselbe: „in diesem Schrecklichen, scheinbar nur Widerwärtigen das Seiende zu sehen, das unter allem Seienden gilt. Auswahl und Ablehnung giebt es nicht“. Es bleibt nur zu fragen, ob er einerseits die Bereitschaft und die Entschlossenheit seines Vaters zum „Seltsamsten“ besitzt, und andererseits die übersinnliche Befähigung der Brahesche Blutlinie vererbt hat, die eine nicht mimetische Poetik der Präsenz voraussetzt.

Literaturverzeichnis

[1] Moritz Baßler, Maltes Gespenster. In: Mystik, Mystizismus und Moderne in Deutschland

um 1800. Hg. von M. Baßler und Hildegard Châtellier, Strasbourg 1998, S. 239-253.

[2] Moritz Baßler, Auf dem Zwischenplane-Gespenster bei Ibsen, Rilke und Breton. In: Ibsen im europäischen Spannungsfeld zwischen Naturalismus und Symbolismus. Hg. von Maria Deppermann, Frankfurt a. M. 1998, S. 239-253.

[3] Georg Braungart, Spiritismus und Literatur um 1900. In: Ästhetische und religiöse Erfahrungen der Jahrhundertwenden II: um 1900. Hg. von Wolfgang Braungart, Gotthard Fuchs, Manfred Koch. Paderborn, München, Wien 1998, S. 85-92.

[4] Hans Richard Brittnacher, Gespenster aus Dänemark. Okkultismus und Spiritismus in Rainer Maria Rilkes „Die Aufzeichnungen des Malte Laurids Brigge“, in: Strahlen sehen. Zu einer Ästhetik des Emanativen. Hg. von Roland Innerhofer, Rebecca Schönee. Wien 2013, S. 52-71.

[5] Rudolf Eppelheimer, Rilkes larische Landschaft. Eine Deutung des Gesamtwerkes mit besonderem Bezug auf die mittlere Periode. Stuttgart 1975.

[6] Monika Fick. Sinnenwelt und Weltseele. Der psychophysische Monismus in der Literatur der Jahrhundertwende. Tübingen 1993.

[7] Monika Fick, Spiritismus, Okkultismus, Gnostizismus und Rilkes Roman Die Aufzeichnungen des Malte Laurids Brigge. In: Europäische Jahrhundertwende — Literatur, Künste, Wissenschaften um 1900 in grenzüberschreitender Wahrnehmung. Hg. von Werner Frick und Ulrich Mölk. Göttingen 2002, S. 127-142。

[8] Ulrich Linse. Geisterseher und Wunderwirker. Heilssuche im Industriezeitalter. Frankfurt a.M. 1996.

[9] Priska Pytlik. „Bürger zweier Welten“. Metaphysischer Individualismus und die Neubewertung von Diesseits und Jenseits. Carl du Prels Spiritismus-Theorie. In: Gespenster: Erscheinungen, Medien, Theorien. Hrsg. von Moritz Baßler. Würzburg: Königshausen & Neumann, 2005, S. 141-152.

[10] Priska Pytlik (Hrsg.). Spiritismus und ästhetische Moderne — Berlin und München um 1900. Dokumente und Kommentare. Tübingen 2006, S. 86-99.

[11] Carl du Prel, Das automatische Schreiben. In: Sphinx. Monatsschrift für die geschichtliche und experimentale Begründung der übersinnlichen Weltanschauung auf monistischer Grundlage VI, II, 1981, S. 65-70, S. 152-160 und S. 201-207.

[12] Carl du Prel, Die seelischen Tätigkeiten des Künstlers. Kapitel aus: Carl du Prel, Die Entdeckung der Seele durch die Geheimwissenschaften. Leipzig 1894.

[13] Carl du Prel. Das Rätsel des Menschen. Eine Einführung in das Studium der Geheimwissenschaften. Neu herausgegeben, eingeleitet, ergänzt und kommentiert von Dr. Herbert Fritsche, Wiesbaden, 1970.

[14] Carl du Prel. Die wissenschaftliche Ansicht vom Zustand nach dem Tode. In: Sphinx 2/

3 (1887), S. 356-373.

[15] GisliMagnússon. Dichtung als Erfahrungsmetaphysik. Esoterische und okkultistische Modernität bei R.M. Rilke. Würzburg 2009.

[16] Rainer Maria Rilke. „Auch ein Münchner Brief", in: Ders., Schriften. Hrsg. v. Horst Nalewski. Frankfurt a.M./Leipzig 1996.

[17] Rainer Maria Rilke. Briefe aus dem Jahren 1892 bis 1904. Gesammelte Briefe in sechs Bänden. Hrsg. von Ruth Sieber-Rilke und Carl Sieber, Bd. I, Leipzig 1939.

[18] Rainer Maria Rilke. Briefe aus Muzot. Leipzig 1977, S. 323.

[19] Rainer Maria Rilke. Briefe an einen jungen Dichter. Wiesbaden 1951.

[20] Rainer Maria Rilke. Werke. Kommentierte Ausgabe in vier Bänden. Hrsg. von Manfred Engel, Ulrich Fülleborn, Horst Nalewski, August Stahl. Frankfurt am Main/Leipzig 1996 (Bd. 1-4), Band 3.

[21] Diethard Sawicki. Leben mit den Toten. Geisterglauben und die Entstehung des Spiritismus in Deutschland 1770-1900. Paderborn/München 2002.

[22] Hans-Jürgen Schlütter, Fragwürdiges in hochrangiger Prosa. Die parapsychologischen Motive in R.s Aufzeichnungen des Malte Laurids Brigge und Thomas Manns Zauberberg. In: Begegnung mit dem „Fremden". Grenzen — Traditionen — Vergleiche. Akten des 8. Internationalen Germanisten-Kongresses, Tokio 1990. Hrsg. von Eijiro IWASAKI. Bd. 11: Sektion 19: Innerkulturelle Fremdheit [...]. Hrsg. von Yoshinori SHICHIJI. München: Iudicium, 1991. S. 177-183.

“爱”与“灵”的味道
——论电影《香水》中气味的叙事功能

华中科技大学 王 微

摘要：德国小说《香水》讲述了一个关于气味和嗅觉的故事。改编后的同名电影如实保留了原著的精神内核，嗅觉这一中心主题贯穿全片始终。本文将从人物塑造、关系构建、情节发展、思想主题这几个方面详细阐述气味在《香水》一片中的叙事功能，并证明影片中的气味具有极强的构建功能和生成性，对于塑造人物个性、构建人物关系、推动情节发展和深化作品主题都起到了至关重要的作用。气味作为一个开放、多元的能指符号，成功为影片塑造了真与伪、美与丑、生与死、理智与感性、有限与永恒交互作用的多层语境。

关键词：《香水》；气味；叙事；“爱”与“灵”

20 世纪 80 年代，德语文坛出现了一颗备受瞩目的新星——帕特里克·聚斯金德（Patrick Süskind）。他的第一部小说《香水——一个谋杀犯的故事》（*Das Parfum：Die Geschichte eines Mörders*）一经发表便引起了强烈反响，作品出版后也被销售一空。目前该作品已被翻译成 23 种文字，可谓享誉全球。

这是一个关于气味和嗅觉的故事：身世凄惨、形象卑微、饱受折磨的孤儿格雷诺耶却有着超凡的嗅觉。他用独特的方式谋杀了 26 个少女，目的却只有一个：获取她们的体香。这貌似是个以谋杀案为主题的悬疑小说，但在其犯罪文学的外衣下却浓缩了整个西方思想史，如此深厚的精神内涵令无数读者称绝道奇。

2006 年，德国著名导演汤姆·提克威（Tom Tykwer）将这个别具一格的故事搬上了大银幕。虽然经过了删减和再创造，但改编后的同名电影还是如实地保留了原著的精神内核，嗅觉这一中心主题贯穿全片始终。在影片中，气味对于塑造人物性格、构建人物关系、推动情节发展和升华思想主题都起到了至关重要、乃至不可替代的作用。本文将从这几个方面一一阐述和分析气味在《香水》一片中的叙事功能。

1. 气味的在场与阙如：塑造人物

影片中的各色人物，无论主次，其性格特征、生命形态或命运结局几乎都与气味有着某种联系。

首先，作为绝对主角的格雷诺耶，他的生命毫无疑问是和气味紧密联系在一起的。影片的开场正是采用倒叙的方式，通过对审判场上格雷诺耶的鼻子逐渐拉近的特写，制造了人物利用嗅觉回忆身世的效果，巧妙地将叙事时空拉回到若干年前巴黎那个臭得不可名状的集市上。而这正是格雷诺耶传奇人生的起点。画面上阴沉灰暗的色调、隐约可见的雾气、拥挤不堪的人群，以及人们身上污秽肮脏的衣服，将原著开篇连用 17 个“stinken”(发臭)塑造的臭气熏天的巴黎具象地呈现出来。当这段细腻的嗅觉描写从书面文字转化成图像语言时，受众体验到的感官刺激也变得更为立体和丰富。随后，镜头聚焦到了鱼摊上，卖鱼女(格雷诺耶生母)油腻而散乱的头发，还有混杂着血肉与污垢的鱼内脏，让观众隔着屏幕都能嗅到那令人作呕的汗味和腥臭。如书中所述，就在整个王国最脏最臭的地方，在剖鱼台下，刚刚脱离母体的格雷诺耶又被母亲扔在爬满蛆虫的死鱼堆里。他的第一声哭叫也把母亲送上了刑场。所以说，格雷诺耶是在最污浊、恶臭，同时也承载着仇恨的气味中出生的。从此，气味的在场与格雷诺耶的存在就融为了一体。

而与他出生时恶劣的嗅觉环境构成鲜明对比的是，格雷诺耶自身没有任何体味。正是由于这个原因，乳母比西埃认为他是“着了魔”，养育院里的其他小孩也把他当成可怕的怪物。所以，体味的阙如是格雷诺耶异于常人的第一大特点，也是他与外部世界的第一条界限，从根本上明确了这个“异类”和他者的对立关系。但格雷诺耶却拥有一个能分辨世间所有气味的鼻子。嗅觉上的异禀让他能在头脑中存储和记忆世间百“味”，而且还能极为细腻而清晰地解析它们，甚至进行想象和再创造。原著作者也用极其细腻的笔触书写了童年的格雷诺耶对气味的贪婪“猎取”：

> 他止住脚步，靠在房子的一堵墙上，或是挤进阴暗的角落里，闭着双眼，嘴半张着，鼻孔鼓起，像一条昏暗的、缓缓流动着的大河中的一条凶猛的鱼。倘若终于有一丝微风把一根细线的线头吹给他，那么他会紧紧抓住，一点也不放松，然后就会全神贯注地嗅着这种气味，不停地吸，把它吸进去，任何时候都把它保存在自己肚子里。(聚斯金德，63)①

此处德语原文中的“Duftfaden”一词将无形的“味”(Duft)与有形的“线”(Faden)结合在一起，既勾勒出气味之“象”，又展现了气味之“微”，同时也说明了格雷诺耶的嗅觉之“灵”。通过“zustoßen”(锁住)、“festhalten”(抓牢)、“ziehen”(吸入)、“bewahren”(保存)这一系列的动词，人们可以感受格雷诺耶的行为是在随着气味的流动而变化，甚至能和他一起嗅到气味的存在。

后来，格雷诺耶学会了制造香水，通过谋杀获取了妙龄少女们的体香，从中提炼出能让所有人失控的奇香，最后却因这奇香让自己被人分食而亡。

---

① 聚斯金德：《香水：一个谋杀犯的故事》，李清华译，上海：上海译文出版社，2005 年，此处见第 63 页。以下引用此书仅在括号中注明页码，不再一一加注。

格雷诺耶生而无味却能辨识和创造气味，他倾尽心力制造了魔力无敌的奇香，却在自己的奇香中消亡。可见，在格雷诺耶的一生中，不断上演着气味的在场与阙如的辩证关系。

至于其他人物，几乎都在不同程度上体现出嗅觉的缺失。首先，从格雷诺耶的生母来看，影片虽然删减了原著中对其个人经历的介绍，但画面上她木然冷漠的表情却恰好印证了书中“格雷诺耶的母亲既没有注意到鱼的臭味，也没有注意到尸体的臭味，因为她的鼻子已经迟钝到麻木的程度，何况她的身子正疼，而疼痛使她的感官接受外界刺激的能力完全丧失了”。这段描写，让人们不觉将她母性的丧失与嗅觉的消钝联系起来。

其次，从保育院的加拉尔夫人为数不多的出场镜头里，观众也可以感受到她早已“死亡”的心灵——饱经沧桑的脸上没有任何表情；面对只有几岁的孩子也能毫不犹豫地举起鞭子奋力抽打；她关心的，只有手中数着的钱币。这些都可以追溯到小说中关于其悲惨身世的叙述：她儿时被父亲用通火条打伤了鼻根，从此就失去了嗅觉，同时也“丧失了人的冷热感觉乃至任何激情”。对于格雷诺耶没有气味的异常特点，她也察觉不到。总之，嗅觉的缺席似乎让她的灵魂都被封锁了，成了一个没有任何感情冲动的“活死人”。

还有教会格雷诺耶蒸馏技术的巴尔迪尼，尽管他店内香料成山，身上也时刻散发着浓烈的弗朗吉帕尼香水味，但在对气味的感知方面却相当庸劣无能。这点从他在工作台煞有介事地挥舞手帕，试图分析出“阿莫和普赛克”香水的配方，但始终不得其所的片段中就可见一斑。而且他也和普通消费者一样认为这是款不错的香水，足见其嗅觉的平庸。他其实已经打算关闭门庭冷落的店铺，只是后来在格雷诺耶的帮助下，他日薄西山的生意才得以起死回生。但最后，随着店铺所在的交易桥的坍塌，他和他的所有香料都一起消逝在塞纳河里。一个不善气味之道的香水大师最终在杂糅混乱的香味海洋中沉寂归零。巴尔迪尼的命运里，也暗藏一个关于气味的存在与阙如的有机体，使得这个虚伪自负而又唯利是图的市井形象着实耐人寻味。

另有看似精明冷静、长于算计和博弈的第二参议里希斯。他将女儿劳拉视如至宝，是他关系最为亲密之人，却从未发觉劳拉身上那令人神魂颠倒的异香。

同样的情况也发生在格拉斯的女雇主阿努菲夫人和其情夫德鲁身上。他们虽然与格雷诺耶同处一个工作坊，却始终未能察觉后者提炼少女体香的秘密。由此制作出的香水，哪怕只有一滴，就能让全城的人丧失理智。而整个提炼的过程就发生在二人的眼皮底下，可他们却未能闻到一丝异常，这又何尝不是一种嗅觉的缺失呢？

一言概之，这些人物体现出的气味阙如一方面给他们打上了世俗的烙印，同时也从反面衬托了格雷诺耶在嗅觉方面的独特之处。

2. 气味的语言：构建关系

除了塑造人物，电影《香水》中的气味还具有交流媒介的功能，相当于片中的“第二语言”。

对于充满着各种恶臭的外部世界来说，生而无味的格雷诺耶无疑是个着了魔般的异类。但从来到人间开始，他就在与“他者”的气味进行交流。影片中，襁褓里的小格雷诺耶刚被送到保育院，就会突然抓住想要试探其鼻息的大孩子的手指。这是他在解读面前这个大孩子的气味，具体来说，是在读取气味中的信息。当镜头定格在格雷诺耶稚嫩的婴儿小手紧紧抓住沾满泥垢的大孩手指的画面时，让人不由得感觉是两个人在面对面地对话：一头是信息的传递者，另一头是信息的接收者，而中间的媒介便是这根乌黑的脏手指上无形无象的气味。

在格雷诺耶的成长过程中，气味是他对外部世界唯一真正有意义的认知渠道和联系纽带。他所掌握的词汇和概念都是建立在气味的基础上，通过嗅觉经历习得的。影片中两组不断变化、飞速转移的特写镜头分别反映出格雷诺耶对于自然界和人类社会的认知过程：从看得见的草木，到看不见的蛆虫，再到人头攒动的闹市上那数不清的男女老少，格雷诺耶无时无刻不用他神奇的鼻子探索周围环境中的一切。

根据小说所述，后来，格雷诺耶发现世间气味的丰富和人类语言的贫乏间存在着巨大的矛盾和失衡。他很难掌握如“道德”、“伦理”这样的抽象概念，也只有在迫不得已的情况下才会使用语言。在成功仿制出人的气味后，他开始利用气味与外界交流。“他配制不引人注意的气味，以致不会打搅任何人；配制味道有些浓烈的、略带汗味的香水，使其外表显得粗鲁；而同情的香水，对中老年妇女最有效；想单独一人避免与他人接触时的香水则能产生令人厌恶的气氛。”（冯羽，139）显然，气味成了格雷诺耶与他人交流的工具。对气味的操控和感受构成了他和外界的互动关系。影片前部分就有一个特写镜头是以他的鼻子为起点，依次飞过湿的草地、干的木头、冰冷的水，再到水里的蛙卵和石头，伴随着奇妙的背景音乐，这组一气呵成的流动画面将格雷诺耶通过气味认识外部世界的过程展现得淋漓尽致。

电影中也设置了这样一个特别的细节：当格雷诺耶在处理从某位受害少女身上淬炼的香水时，怒气冲冲的德鲁突然闯了进来。慌乱中一滴香水留在了格雷诺耶的手指上。而正是在这滴残香的作用下，德鲁原本准备大发雷霆、痛斥格雷诺耶没有干活，其态度突然反转大变，一改往日颐指气使的嘴脸，居然向格雷诺耶客气地用起了敬语。可见，神奇的气味改变了二者间原本不对等的冲突关系，似乎成了缓和矛盾的润滑剂。

总之，在这部影片中，气味是具有能指作用的符号。拥有天才般嗅觉的格雷诺耶通过对气味的把控，“扭转了气味的作用力方向与性质，把气味对他的剥夺与压制转化为借由气味对他人施加自己的影响”（谢建文、宋建飞，59），从而重新确立了自己与外部环境的相互关系。

3. 气味的线索：推动情节

如前所述，《香水》讲述的是关于嗅觉和气味的故事，确切来说，是作为主角的嗅觉天才格雷诺耶与气味间的故事。具有漂浮和流动特征的气味串起了格雷诺耶从出生到灭亡的整个生命历程，也是推动全片情节发展的核心线索：从认知气味到提取气味，从追逐气味到操控气味，直至最终消亡于气味，可以说，从那个最脏最臭的集市开始，故事中所有的一切都在顺沿着气味的主干向前演进。

纵观全片，我们可作如下梳理：少年时期的格雷诺耶探索气味，气味之于他是纷繁复杂的世间百态；学徒时期的格雷诺耶猎取气味，气味之于他是战利品和成就感；隐居时期的格雷诺耶幻想气味，气味之于他是想象中的宏伟王国；在格拉斯的格雷诺耶掌控气味，气味之于他是唯一的目标和最高的存在；走向生命尽头的格雷诺耶与气味同归于尽，气味之于他是实现超脱、走向无限的归宿。他人生中每一个成长的脚步，每一个转折的节点，都离不开气味的诱导和激发：追随着卖黄李子少女的气味，格雷诺耶犯下了第一宗谋杀罪，并第一次认识到了少女体香的独特魅力；借送羊皮之机，还是制革场学徒的格雷诺耶为巴尔迪尼调配出了非凡脱俗的香水，展现了自己超常的嗅觉才能，让陷入困窘的香水大师将自己收入门下，从此学会了蒸馏香精的技术；为了学会更高明的萃取方法，格雷诺耶来到了香水圣地格拉斯；为了制作旷世奇香，格雷诺耶接连犯下谋杀案，搅得格拉斯全城不得安宁；终于，格雷诺耶因为香水犯下的罪行被揭露，又利用从受害者身体上提取的奇香迷惑众人而脱罪，而末了却在自己一手制造的香水中被人分食，在具有无上魔力的气味中消亡殆尽。可以说，格雷诺耶的命运就是在这千变万化的气味中延展开的。而随着气味不断的转形变态，故事的情节也千回百转。

而且，正是由于以气味为线索，这个"谋杀犯"的故事才突破了传统侦探电影的叙事模式，改写了悬念的常规方向。影片大大淡化了问案排查、现场侦勘和分析推理等犯罪电影的基本要素，让观者从第一起案件开始就毫无悬念地确信杀人凶手的身份。显然，故事的焦点并非在于对犯罪的揭露和惩罚，而将重心放在谋杀者追逐气味的传奇经历上。虽然影片借助了侦探故事从诱发动机到案发过程再到获罪结果的基本框架，但始终凸显的是围绕气味展开的细节：国王加冕纪念日那晚，格雷诺耶焦急而贪婪地追踪卖黄李子的红发少女的气味。比起少女被杀的那短暂的瞬间，他被那香味所陶醉而又有些慌张的神情给人留下的印象明显要深刻得多。此处原著是这样描写的：

> 他离开"植物亭"的围墙，挤到人群中，为自己开辟一条过桥的路。每走几步他就止住脚步，踏起脚尖，以便越过人们的脑袋嗅过去，起先由于激动，什么也没嗅到，后来终于嗅到点什么，嗅到了那香味，那香味甚至比以前更浓[……]他在这儿停住，集中思想，嗅着。他嗅到了，他牢牢地抓住它。这气味像条带子从塞纳河大街拖下来，非常清晰，但仍然非常嫩，非常细。格雷诺耶觉得自己的心在跳动。(70-71)

德语原文中出现的"auf die Zehenspitzen stehen"（踮起脚尖）、"hinwegschnuppern"（越过头去闻）、"erschnuppern"（嗅）、"sich sammeln"（全神贯注）等极具细节特征的动词生动传神地描述出格雷诺耶追踪气味的艰辛过程和迫不及待的激动心情，也能让受众产生强烈的代入感。

在影片的对应情节中，格雷诺耶痴迷的眼神、急促的脚步，还有深重的喘息都成功还原了他以气味为线索的“猎捕”行为。而此处那充满灵异感觉的配乐也大大增加了影片的紧张氛围。

更为细腻的镜头出现在处理受害女子的片段里：面对受害者的尸体，格雷诺耶聚精会神地将其裹上油布、剃掉头发、刮下油脂，那专注的神情俨然一个大师在精心创作的模样。而当最后那如蜂蜜般色泽浓厚的香水注入瓶中时，奇妙的香味似乎也随之喷涌而出，甚至让人觉得刚刚死去的亡灵在这香味中又“复活”了。于是，原本令人毛骨悚然的恐怖谋杀在影片中却被呈现为对香味的“艺术”处理。以追逐香味为动机的犯罪也“完全颠覆了侦探小说中罪犯大多出于对名誉、金钱、美色的追求而犯罪的既成模式，使读者陷入想要破解这一独特犯罪动机的愿望之中”(冯羽，137)。

再看影片尾声中最令人惊叹的行刑现场：原本愤慨至极，想要像欢庆节日一般目睹格雷诺耶被处以痛苦极刑的格拉斯城民，结果反被他从手帕上挥洒出的奇香迷惑得理智全无。所有人都拜倒在这个“杀人恶魔”的面前，或幸福地仰面叹息，或激动地抽搐哭泣。随后，幸福的沉醉升级为疯癫的狂欢，最后演变为不顾性别、身份、信仰和道德伦理、完全不堪入目的“酒神盛宴”。此时，“血腥的行刑场面成了狂热的欲望庆典，民众的良知和理性在香水的作用下荡然无存”(冯羽，137)。原本对正义的伸张和善恶有报的天理便被这丑态百出的肉欲狂欢消解殆尽。

可见，以气味为线索的情节，极大程度地改写了原本为大众熟悉的惩处犯罪的结局，以极具反讽意味的手法颠覆了以往侦探文本对规则与常理的合法性阐释，也为作品提供了一个多元解读的后现代语境。

4. 气味的所指：升华主题

分析至此，毋庸置疑：气味是解读《香水》这部影片思想内涵的终极密码。要透彻理解作品的主旨，就必须深度解码气味作为能指符号所表示的抽象意义。

对气味的感知即嗅觉。而作为嗅觉器官的鼻子，其最为重要的功能其实是呼吸。可以说，它是生命的通道。在各种古代文明中，几乎都建立起了嗅觉/呼吸与生命之间的联系。《旧约》里的《创世记》中就提到，神用泥土造出人后，将生气吹进他的鼻孔，他就成了有灵的活人。如此看来，“鼻子乃是灵魂最本己的器官”(徐卫翔，24)。因此，《香水》中的气味也必须在灵魂的层面来探讨。

关于这一点，其实影片中有一个非常明显的暗示，那就是巴尔迪尼的对手佩利西埃发明的那款其实并不高明的香水“阿莫与普赛克”(Amor und Psyche)。此名源于阿普列乌斯(Apuleius)的《金驴记》中记载的一则罗马神话：小爱神丘比特(又叫 Amor)爱上了人间最美丽的女子普赛克(Psyche)。他们克服了来自神人两界的重重障碍，最终得以美满结合。从词源上来说，爱神阿莫在希腊神谱中有另外一个名字，即“爱若斯”(Eros)。

他能射出令人震颤的神箭，唤起爱的激情。因此“爱若斯”便成了“爱欲”的代名词。而Psyche在希腊语中则是灵魂之意。所以，这款香水其实暗含了一个非常美妙的寓意：“爱”与“灵”。

这个名字在影片的后半部分便不再出现，因此很容易被忽视。不过细心的观众还是会注意到：虽然格雷诺耶在仿制完“阿莫与普赛克”后认为这款众人追捧的香水并不出色，但他向一旁的巴尔迪尼表示：“如果让我来配，就能做出真正的好香水。”言外之意便是说，唯有他格雷诺耶配置的才是真正堪称“爱”与“灵”的香水。所以，我们亦可以认为，“爱”与“灵”的隐喻就是气味在影片中最触及本质的所指。换言之，在《香水》中，嗅觉是直通灵魂的感知，而气味的极致，则是对美的爱欲和灵魂的交融。

如此，影片中所有奇异荒唐和不可思议之处便都顺理成章了：在众人眼中，格雷诺耶如扁虱般低调卑微、物质上无欲无求，但他却穷尽一生贪婪地搜罗气味，并不惜犯下累累凶案。他的终极目的便是获得象征“爱”与“灵”的奇香。而那些与格雷诺耶命运相关联的人——加拉尔夫人、制革厂主格里马、巴尔迪尼等——几乎都因某种神秘的力量死于非命，这和他们缺乏对美的真爱与对美的灵魂的追求不无关系。

说到香味与美的关系，至关重要的一环当然是格雷诺耶谋杀的最后一个，也是过程最波折的受害者劳拉。片中二人第一次相遇时，特写画面在面露惊喜的格雷诺耶与劳拉的胸膛、头发、眼睛、嘴唇各部位间来回切换，然后才通过马车车窗让迷人的劳拉露出美丽的真容。这未见其人、先闻其“味”的奇妙邂逅足以说明，二者非同一般的关系是建立在气味的基础之上。从格雷诺耶呆望的表情可以看出，对于这个嗅觉奇才来说，劳拉就是至美的化身，就是由“爱若斯”关照的美。只有获得凝结了她生命精华的体香，或者说，只有美本身，才能真正圆满格雷诺耶那残缺的灵魂。

不得不提的是，此处插入了一首为劳拉“量身定制”的插曲——“遇见劳拉”，其歌词用到了但丁《神曲》的语言——意大利语，词义如下：

为灵魂
配上
更和谐的
音乐
唯有那抚摸
在一无生气的躯体，
就这样呼吸着
那丰盈的印记，
就这样它成了
一位天使的
形象
使你解放。

至纯至净
我将四处奔走
音乐，
泪水，
爱的巅峰，
和我的印记，
为了再见到她，
为了去唤醒她。

如她再次显现
我将能够感知她，
在早熟的胎儿中
如此我将长住。

（徐卫翔，26）

这极易被观众忽略的歌词却用凝练的语言揭示了整个作品的主旨所在——灵魂的和谐与至纯至真的爱。值得注意的是，全片的配乐针对性极强：用在巴尔蒂尼等庸俗人物身上的是拨弦乐器竖琴，这是影射“低级的美”；到了较高级一些的卖黄李子的红发少女则是用管弦乐队外加女声无词合唱来烘托；而献给劳拉的，即作为“美本身”的最高境界，则用到了歌剧风格的女声独唱。这种阶梯式的音乐审美与《世说新语》中“丝不如竹，竹不如肉”的说法竟不谋而合。

二人接下来的相遇也格外意味深长：夜晚，沐浴过后的劳拉换上一袭蓝衣，镜头先划过她的鼻子，再慢慢移向眼睛。而在下一秒中，画面也是向溜进花园的格雷诺耶的鼻子渐渐推进。显然，气味的传导让他们的灵魂水乳交融。

在劳拉遇害的那晚，格雷诺耶潜入她在旅店的客房。正当他抡起木棒准备击打时，熟睡中的劳拉突然翻过身来，她鼻头有轻微的抽动，似乎是嗅到了什么异样，然后才慢慢睁开眼睛。而这目光竟是出人意料的安详，没有丝毫恐惧。

由此看来，格雷诺耶与劳拉就如同柏拉图的《会饮篇》中苦苦寻找彼此的“另一半”。或许他们原本就是一个整体，他们“共同作为拥有爱若斯的灵魂（有爱欲的灵魂），要走向更高的整全”（徐卫翔，26）。

最后，格雷诺耶终于制出了那瓶浓缩了包括劳拉在内的一众芳华少女生命之精华的神奇香水。这是至美至爱的结晶，是在格雷诺耶的世界中凌驾于一切事物之上的最高存在，乃至是他完整的自身。这奇香能使所有人神魂飞越，沉浸在爱的极乐中，却唯独不能对他产生这样的作用。所以，虽然手握能让整个世界臣服的武器，但格雷诺耶仍然是孤独的，就如同体味的缺席让他生来遭受排斥一样，始终与整体相隔离。于是，格雷诺耶选择回到自己的出生地巴黎，让自己和象征着"爱"与"灵"的香水，在最不堪的地方，被一群最不堪的人，以最不堪的方式一起消亡。在这个恐怖与狂暴至极的时刻，孤残的存在破碎了。"通过使自己粉身碎骨，他实现了与劳拉以及其他美少女的结合，实现了'有爱欲的灵魂'的最高献祭，实现了自己与美、与整全的最终和解与合一。"(徐卫翔，30)在终极的美中破灭，也就实现了终极的存在。

可以毫不夸张地说，《香水》中的气味是有形的，我们能清楚地"看见"它的形态和变化。①随着这承载了对美的无限追求的气味不断流动和奔涌，电影的主题也得到了质的升华。这气味的"笔画"，慢慢勾勒出"爱"与"灵"的模样。

5. 结语

通观而论，在影片《香水》中，不断延展的气味具有极强的构建功能和生成性，成功起到了多重编码的作用，并呈现出开放、多元的性质。②片中外在的物理时空与角色内心世界里纷繁各异的气味链条串联起了人物的命运和叙事的逻辑，共同织出一面张弛有力、层次分明、变化无穷的网络，塑造了一个真与伪、美与丑、生与死、理智与感性、有限与永恒交互作用的多层语境。而其中的每一个气味分子，又如同一个跳跃的音符，共同奏响了歌颂美、歌颂"爱"与"灵"的交响乐章。

参考文献

[1]冯羽. 聚斯金德小说《香水》的互文性解读[J]. 当代外国文学，2008(3).
[2]谢建文，宋建飞. 作为能指的气味——对聚斯金德《香水》的一种解读[J]. 外语研究，2005(1).
[3]徐卫翔. 一瓶浓缩了西方思想史的《香水》[J]. 同济大学学报(社会科学版)，2014(10).
[4]聚斯金德. 香水：一个谋杀犯的故事[M]. 李清华译. 上海：上海译文出版社，2005.
[5] Patrick Süskind. Das Parfum: Die Geschichte eines Mörders. Zürich: Diogenes Verlag，1985.

① 参见 Wolfgang Delseit，Ralf Drost：*Erläuterungen und Dokumente zu：Patrick Süskind：Das Parfum*，Stuttgart：Reclam，2000。

② 参见 Marcel Reich-Ranicki，Thomas Anz（Hrsg.）：*Meine Geschichte der deutschen Literatur Vom Mittelalter bis zur Gegenwart*，München：Deutsche Verlags-Anstalt，2014。

《艾菲·布里斯特》中的鬼魅形象分析

华中科技大学　池名飞

摘要：鬼魅这一形象在《艾菲·布里斯特》中贯穿始终，是全书一条重要线索。因此，对鬼魅形象进行分析是理解艾菲悲剧性命运和这部作品情节发展的关键所在。作为一种异域元素，鬼魅形象不仅为小说增添了许多神秘色彩，还与女主人公艾菲的命运紧密相连。它不仅一步步推进着小说情节的发展，还预示了小说悲剧性的结局。

关键词：冯塔纳；《艾菲·布里斯特》；鬼魅形象

鬼魅这一形象在《艾菲·布里斯特》这部小说中贯穿全篇，对小说情节的发展具有极其重要的作用。首先凯辛被塑造成一个多种文化汇集的城市，为中国人的出场做了铺垫。然后通过描述中国人的坟墓给人造成一种阴森恐怖的印象，再借用中国人的照片成功地塑造了鬼屋(Spukhaus)这一场所，为鬼魅的存在提供了合理的生存空间。女主人公艾菲机缘巧合地居住在鬼屋之中，她喜好猎奇而又内心胆怯的性格为日后她与鬼魅难解难分的情感纠葛提供了可能性。

正如冯塔纳自己所言，鬼魅是富有趣味的。(Ulrike Rainer，546)在德语中，鬼魅(Spuk)这个词可以理解为鬼魂、幽灵，但是它不同于魔鬼(Teufel)，并不是邪恶的象征。鬼魅的活动形式通常被人们理解为闹鬼，即一些无法用理性和实证来理解或解释的神秘现象。在小说中，鬼魅主要是通过声音和女主人公艾菲的个人感受得到展现。在中国文化中，鬼通常被认为是人死亡以后尚未消逝的精灵(辞海编辑委员会，2033)，通常它承载着这个人生前的意志。但在一般情况下，鬼并不会长时间在世间留存，而它逗留在人世间通常是为了复仇，这在一些志怪小说中会得到详尽的描述。但在该小说中，鬼魅并不是中国文化中的厉鬼形象，它并没有什么怨气，也没有主动发声，它的形象都是通过旁人的感受展现出来的。将鬼魅视为艾菲对爱情的憧憬(Ingrid Schuster，115-125)或是殷士台顿试图教育、控制艾菲的工具(Peter Utz，212-225)是一种较为浅显、简单的理解方式，如果从小说的情节发展来看，鬼魅还是小说情节的重要转折点(Ulrike Rainer，546)。在小说中，鬼魅与女主人公艾菲的命运紧密相连，本文将在此基础上，以文本为主要依据，详细分析鬼魅形象的构建、演变及其与艾菲良心困扰之间的关联是如何推动小说情节一步步发展的，以及鬼魅与女主人公艾菲悲剧性命运之间的联系。

1. 鬼魅形象的去魔化

《艾菲·布里斯特》这部小说一共有三十六章，其中有二十四章涉及鬼魅这一形象。鬼魅的第一次出场在小说的第六章，当时艾菲与殷士台顿新婚燕尔，正在去往凯辛的路上。艾菲认为凯辛充满了异国情调，觉得在凯辛很可能会遇见一个尼格罗人，或者一个土耳其人，甚至一个中国人。于是殷士台顿向她提及，在凯辛的确有过一个中国人，但他已经去世了。这个中国人被葬在教堂墓地之外的沙丘中间，坟墓周围长满了固沙草和腊菊，看起来很美丽，也很可怕。(Theodor Fontane，43)①首先，中国人被葬在教堂墓地之外就很容易激发人们的各种联想，让人觉得这个中国人与众不同，神秘莫测。再加上文中对中国人的坟墓周边的景象描写得如此荒凉、衰败，而这段对话又发生在晚上，不由得让人感到有些毛骨悚然。于是，艾菲阻止殷士台顿继续讲下去，表示不希望在睡梦中看见一个中国人走到她的床前来，这也为后来在小说的第九章，艾菲向女仆约翰娜诉说，感觉中国人从她床边经过的情节做了铺垫。

对于这突如其来的插曲，艾菲表示“一个中国人，总是让人有些害怕”(43)，殷士台顿也表示赞同，认为“一个中国人本身就构成一个精彩的故事”(45)。在小说的第十章还提到，当时人们对于将中国人的坟墓安置在何处而进行了讨论。来自柏林的牧师特里佩尔认为，可以把中国人葬到基督教的教堂墓地里，因为这个中国人是一个很好的人，跟其他人一样好。然而，这位牧师却因为这句话险些失去了牧师的职位。艾菲在听说了这件事之后，也认为特里佩尔牧师的话太胆大妄为，不合时宜。(85)由此可见，尽管这个中国人的言行举止合乎当地的礼仪规范，尽管他的能力、品行得到了大家的认可，但他中国人的身份却是一道无法跨越的鸿沟。作为一种异文化的载体，这个中国人遭到普鲁士社会主流文化的排斥(卫茂平，227)。这种文化排斥的后果之一，则是在这个作为异域文化元素的中国人身上笼罩了一层魔力。

《艾菲·布里斯特》这部小说成书于1895年，而19世纪正是欧洲中心主义盛行的时期，欧洲人普遍认为自己是文明的、理性的、先进的，而欧洲之外的地方都是野蛮的、落后的。东方被认为是野蛮、非理性、落后、未开化、待启蒙的，(邱运华，269)“亚洲的”被奇妙地等同于异国情调的、神秘的、深奥的、含蓄的。(爱德华·W. 萨义德，64) 这个中国人则被贴上了与欧洲文化相对的东方文化标志。艾菲认为鬼魅让人害怕，殷士台顿将它视为一个精彩的故事，无论是哪种观点都源于文化上的偏见。而这种偏见又将文中的中国人与德国文化中的鬼魅形象联系了起来，两者都具备相同的特征，即神秘、让人难以捉摸，他(它)们的行事作风都不能以常理进行推论和理解。由此，中国人的鬼魅形象便得以建立。

---

① Theodor Fontane: *Effi Briest*, Peking : Verlag für Lehre und Forschung der Fremdsprache, 1997. 以下引用此书仅在括号中注明页码，不再一一加注。

艾菲在县长公馆里歇息的第一个晚上，也就是她来到凯辛的第一天，就听见楼上有一些奇怪的声响。声音很小，却有些急促，像是长裙在楼板上拖过，有人在楼上轻轻地起舞，艾菲还仿佛看见了几双白色的缎子鞋。女仆约翰娜解释说，可能是楼上大厅里的窗帘被风一吹，在楼板上摩擦产生的声音。于是，在艾菲的提议下，殷士台顿便和艾菲到楼上去察看，这时他们发现了一张中国人的图片。中国人的图片被贴在一张椅子的后背上，蓝色的上衣，黄色的灯笼裤，头上戴一顶平顶帽，(59)典型的异域着装风格和活生生的人物形象使得艾菲对自己的所见所闻深信不疑，认为一切都不是自己的幻觉，而是这个中国人在闹鬼。

此后艾菲不断受到鬼魅的侵扰，“好像有什么东西打我床边经过”，“不过我相信就是那个中国人”(74)，艾菲对女仆约翰娜倾诉说。艾菲希望殷士台顿不要再将自己一个人留在家中，但殷士台顿表示，不能以“我的妻子一个人在家很孤单”或者“我的妻子一个人在家害怕”(77)为理由而不去赴俾斯麦公爵的邀约。对此，艾菲表示谅解，认为他们必须为前途考虑。随后，艾菲提出搬家，离开这幢闹鬼的房子，但殷士台顿认为，贸然搬家同样会被大家说闲话，影响仕途的发展。紧接着，殷士台顿还教导艾菲，不应该像小市民家庭的人一样，对鬼魅感到害怕、厌恶，而应当像一些甚至将鬼魅当作家徽的大家族的人一样泰然处之，看到鬼魅的好处。从这个情景可以看出，殷士台顿是一个事业心很强的人，在家庭与事业之间，他总是优先考虑事业上的发展，而忽略了艾菲情感上的需求。另外，或许因为两人年龄和阅历方面的巨大差距，殷士台顿总是倾向于用教导的口吻与艾菲对话，这使得艾菲有一种被控制的感觉。殷士台顿对艾菲情感需求的忽视以及他言谈中过于浓厚的教育色彩为日后艾菲的出轨埋下了伏笔。此外，艾菲对殷士台顿看重事业的被动赞同从侧面体现出当时普鲁士社会的价值取向，即人们普遍认为丈夫应该更看重事业，而不是陪伴妻子，这也是导致小说悲剧性结局的缘由之一。

在小说的第十章，艾菲与殷士台顿恰巧路过中国人的坟墓。艾菲坚持让殷士台顿将中国人的故事告诉她，以免自己继续胡思乱想。于是，殷士台顿告诉艾菲，这个中国人是随着托姆森船长来到凯辛的。托姆森船长早年负责上海和新加坡之间货物运输，六十多岁来到凯辛，住在艾菲与殷士台顿现在居住的房子里。除了这个中国人，跟随托姆森船长来到凯辛的还有船长的一个侄女或是孙女，她的名字叫尼娜。数年以后，托姆森船长打算将尼娜嫁给另一个船长，并在家中举办盛大的婚礼。然而，在婚礼当天，尼娜跟每个男嘉宾，包括那个中国人跳完舞后便失踪了，没有人知道发生了什么，也没有人知道新娘去了哪里。半个月之后，那个中国人也去世了。(84)中国人的故事并没有艾菲预想得那么离奇、怪诞，或是惊险、刺激。故事中的中国人就像当地其他的普通人一样，言行举止合乎礼仪规范，不仅没有受到当地人明显的排斥，还得到了托姆森船长的青睐。尼娜在婚礼上就像对待其他男嘉宾一样，也同样跟这个中国人跳了舞，在中国人去世后，还有牧师主张将中国人葬到郊区的墓地里。这一切都说明，这个中国人并没有人们预想中那么离经叛道、怪诞不经，他就跟其他普通人一样。因此，笼罩在中国人身上的魔力便消失了，艾菲也不再像以前那样害怕楼上的鬼魅。

但是艾菲对惊险、刺激事物的追求并没有就此止步，她坚信房子里闹鬼的事情另有蹊跷。当艾菲与殷士台顿的朋友克拉姆巴斯谈到鬼屋一事时，克拉姆巴斯先是指出殷士台顿喜欢教育人，这与艾菲的切身体会不谋而合。随后，克拉姆巴斯说道，殷士台顿之所以要大肆宣扬自己居住的房子是一幢鬼屋，是为了显示自己的与众不同。这使得艾菲想起，殷士台顿曾让她像一些贵族家庭那样，把鬼魅视为家徽，把拥有鬼魅视为一种骄傲。因此，艾菲对克拉姆巴斯的话深信不疑。最后，克拉姆巴斯还点明，殷士台顿之所以要编个鬼魅出来，是为了教育艾菲，让她安安分分地待在家里，不要胡思乱想。(134)这让艾菲觉得很受侮辱，也由此激起了内心的反叛情绪，使得艾菲与殷士台顿在情感上产生了隔阂。

克拉姆巴斯对鬼魅以及鬼屋的见解彻底粉碎了艾菲的幻想，艾菲对鬼魅兴味索然，不再认为它是神秘的、可怕的。鬼魅形象的去魔化不仅标志着艾菲与殷士台顿之间的情感出现隔阂，也是小说情节的一个重要转折点，预示着艾菲与克拉姆巴斯之间的关系可能会变得更加亲密。

2. 鬼魅与艾菲的良心困扰

殷士台顿过重的事业心使得艾菲在婚后觉得生活极其孤寂无聊，正如艾菲在写给母亲的信中所说，“总是这般孤寂，一成不变地生活，也是难熬的”(104)，就连艾菲的父亲也认为，殷士台顿应该多花些时间陪陪年轻的妻子(121)。再加上殷士台顿在与艾菲就闹鬼现象的讨论中，表现出过于浓厚的教育色彩，使得艾菲轻易就相信了克拉姆巴斯的话，认为鬼魅是殷士台顿教育自己的工具。由此艾菲产生了强烈的逆反心理，与克拉姆巴斯的关系也变得亲密起来。

在小说的第十八章，殷士台顿在与艾菲的谈话中提醒艾菲，要提防克拉姆巴斯，因为他为人不可靠，尤其是对女人。提醒艾菲要有坚定的意志，保持纯净的灵魂。艾菲提起，仿佛听见楼上有跳舞的声音，殷士台顿回答说，只要规行矩步就不必害怕。殷士台顿的回答使得艾菲想起，克拉姆巴斯说殷士台顿喜欢教育人的话。于是，艾菲对殷士台顿的告诫不以为然，反而更加认定屋子里的鬼魅是殷士台顿用来教育自己的东西。在小说的第二十章，殷士台顿再次告诫艾菲，克拉姆巴斯是一个做事不计后果的人，在与年轻的女士交往方面也是这样。然而，艾菲已陷入热恋中，难以自拔。在一个深夜，艾菲站在卧室的镜子前面，感觉有什么东西在看她。突然间，她意识到，“我已经知道，这是什么了；它不是(楼上的)鬼魅”，“它是另一种东西……我的良心……艾菲，你迷失了”(172)。对爱情的向往打破了理性与道德的束缚，尽管殷士台顿三番五次地劝告，艾菲在内心也挣扎、犹豫了许久，最终，本我的冲动占据了上风。

自我作为外部世界与内部世界之间对立的调节者(弗洛伊德，157)，为艾菲指引了一种选择，即秘密地维持这段感情。但尽管如此，艾菲还是陷入了本我与超我的矛盾之中。在得知克拉姆巴斯被调往什切青时，艾菲的反应是，“这样倒也好”(174)。随后，殷士台顿告诉艾菲，自己将会去柏林待几天，安慰艾菲不要害怕楼上的鬼魅。艾菲听到这话，不禁想起克拉姆巴斯说，殷士台顿在利用鬼魅和她的恐惧演一出喜剧的话来。艾菲在心中质问自己，演一出喜剧有什么不好吗？理性使得艾菲逐渐清醒，超我再次占据上风，引导艾菲寻求自我救赎。然而，寻求救赎的道路却是异常艰辛的。原因之一在于，宗教改革之后各个新教派别都取消了忏悔圣事，取而代之的是严格的自律。(谷裕，101)普鲁士的君主在1698年就下令取消了个人忏悔，如此一来，在道德上犯下过失的人就不能通过忏悔得到救赎。艾菲就处于这样一种困境之中，她只能凭着自己的感觉与认知寻求自我救赎。

在小说的第二十一章，艾菲得知自己与殷士台顿即将离开凯辛，迁往柏林时，艾菲激动异常。她将这件事情视为摆脱过去、重新开始的一个机会。在写给克拉姆巴斯的告别信中，艾菲说道，“我的过失十分严重，不过我也许还能改正”，“我们被调离此间，对我来说犹如一个象征：我的过失尚能获得上帝的宽恕”(192)。艾菲从本我的冲动中清醒过来，认识到自己的过失，希望能获得救赎。来到柏林后，殷士台顿在与艾菲参观新公寓时说，但愿这里没有鬼魅。艾菲表示，那些都已经过去了，现在是一个新的开始。她不再害怕，要比以前做得更好，要更多地按照殷士台顿的意愿生活。(206)艾菲希望，能通过这样一种方式弥补自己的过失。她决定不再像以前那样，追求惊险、刺激的生活，排斥殷士台顿的教导，企图挣脱他的管束；而是重新敬重殷士台顿，按照他的意愿安安分分地待在家里，做一个让人省心的好妻子。

然而，中国人图片的再次出现打破了艾菲的计划。在小说的第二十四章，艾菲与殷士台顿谈到闹鬼的话题，殷士台顿告诉艾菲，凯辛县长公馆楼上的中国人图片被约翰娜带到了柏林。艾菲埋怨殷士台顿，不该将这件事情告诉自己。殷士台顿提议，把这张图片烧掉。艾菲回答，“不，我不想烧掉它，而且这样做也没有任何帮助”(211)。此时的艾菲不再像当年初到凯辛时，单纯地害怕鬼魅或是中国人，她只是想摆脱在凯辛犯下的罪过，重新开始生活。然而，鬼魅的如影随形使得艾菲开始怀疑，自己能否得到上帝的拯救。因为，在小说的第二十一章，艾菲得知自己能够离开凯辛时，曾认为这是上帝给予她进行自我救赎的机会。如今，面对此情此景，艾菲不禁怀疑自己是否将永远陷入这种恐惧与自责之中，因而非常痛苦。

在即将到来的结婚纪念日前夕，艾菲回想起自己开始对克拉姆巴斯倾心的一幕，意识到这是她良心困扰的开始，直到现在她都不能摆脱。艾菲意识到自己灵魂上有了过失，但重压在灵魂上的还有恐惧，面对末日审判的永恒恐惧。除了恐惧，艾菲还感到羞愧，为自己欺骗殷士台顿，欺骗这个世界而感到羞愧。(222)鬼魅的再次出现使得女主人公艾菲陷入激烈的内心冲突中，一方面她的自我救赎道路受到了阻碍，企图摆脱过去，摆脱鬼屋的想法落空。艾菲不得不直面鬼魅，直面自己的过失，由于宗教环境没有给她提供任何忏悔、得救的机会，从而陷入对末日审判的永恒恐惧之中；另一方面，由于没有忏悔的机会，艾菲不得不把自己的过失深藏心中，扮演一个拥有洁净灵魂的妇人。艾菲所受到的道德教育使她从内心里厌恶谎言，但自己如今却一直生活在谎言中，对此艾菲也深受折磨。

艾菲的良心困境推动了小说的故事情节进一步发展，随着艾菲与克拉姆巴斯之间信件的曝光，小说的故事情节达到高潮。艾菲的命运就此发生了巨大的转变，殷士台顿与克拉姆巴斯进行了决斗，随后与艾菲离婚。根据法律的判决，女儿安妮与殷士台顿一起生活。艾菲既不能回到丈夫身边，还遭到了父母的拒绝。客居柏林时，艾菲与女仆罗丝维塔最后一次谈到凯辛县长公馆的鬼魅，“你还记得当时那个中国人闹鬼的情形吗？那真是幸福的时刻。当时我认为那是不幸的，因为我还没有认识到生活的艰辛……闹鬼还远不是最糟糕的！”(267)。艾菲本以为被迫住在一幢闹鬼的房子里是一件极其不幸的事，可如今的境遇让艾菲感慨万千。回想当年，有家人陪伴，朋友环绕，还拥有较高的社会地位，受到大家的尊敬，更重要的是没有犯罪，不用为灵魂的救赎担忧。而如今，艾菲在社会中无立足之地，还要承受精神上的折磨，不禁觉得当年才是幸福的时光。

对艾菲造成更深的打击的事情是与女儿安妮的见面，艾菲感到女儿对自己的极度排斥，精神崩溃。在艾菲的医生鲁姆许特尔的建议下，艾菲的父母决定顶着社会压力，接艾菲回霍恩克莱门休养。疾病缠身的艾菲回到霍恩克莱门之后，询问尼迈尔牧师自己能否进入天堂，尼迈尔牧师告诉艾菲，她会得偿所愿。艾菲终于得到了灵魂上的慰藉，最终平静地离开了人世。

鬼魅一出场便带有一种神秘色彩，周身笼罩着一种魔力。这种魔力成为吸引女主人公艾菲的主要缘由，并在一定程度上满足了艾菲寻求惊险刺激、丰富多彩的生活的渴望。鬼魅所具有的魔力的根源在于文化上的偏见，随着有关中国人的故事逐渐清晰明了，笼罩在鬼魅身上的魔力也随之消失。鬼魅的去魔化使得艾菲的生活变得平淡无奇，在本我的驱使下，艾菲萌生出对浪漫爱情的渴望。因此，鬼魅的去魔化成为小说故事情节的一个转折点。与克拉姆巴斯坠入情网之后，艾菲受到自身良心的折磨。此时，超我在与本我的对抗中占据上风，艾菲感到内疚、自责，决定改过自新，寻求救赎。无处不在的鬼魅是艾菲过失的见证者，因此，鬼魅在柏林的出现成为小说情节的又一转折点，预示着艾菲寻求救赎的困难与艰辛，为艾菲的悲剧性命运埋下了伏笔。最后，艾菲寻求救赎的异常艰辛的历程引发人们思索，如何平衡人的自然情感与以理性和原则为基础的社会道德规范(谷裕，104)，进而升华了小说的主题。

参考文献

[1]辞海编辑委员会(编). 辞海[M]. 上海：上海辞书出版社，1980.

[2]爱德华·W·萨义德. 东方学[M]. 王宇根译. 北京：生活·读书·新知三联书店，1999.

[3]车文博. 弗洛伊德. 弗洛伊德文集(第四卷)[M]. 长春：长春出版社，1998.

[4]谷裕. 冯塔纳小说的宗教文化解释[J]. 国外文学，2005(1).

[5]马中红. “中国鬼魅”的多重隐喻——论《艾菲·布里斯特》中的中国形象[J]. 外国

文学评论, 2007(1).
[6]史景迁. 文化类同与文化利用——世界文化总体对话中的中国形象[M]. 廖世奇等译. 北京: 北京大学出版社, 1990.
[7]特奥尔多·冯塔纳. 艾菲·布里斯特[M]. 韩世钟译. 上海: 上海译文出版社, 1980.
[8]卫茂平, 冯塔纳.《艾菲·布里斯特》中的中国人形象及中国龙[J]. 中国比较文学, 1994(1).
[9]邱运华. 文学批评方法与案例[M]. 北京: 北京大学出版社, 2005.
[10]Ingrid Schuster. Exotik als Chiffre: Zum Chinesen in "Effi Briest". Wirkendes Wort, 1983(2).
[11]Peter Utz. Effi Briest, der Chinese und der Imperialismus: eine "Geschichte" im geschichtlichen Kontext. Zeitschrift für deutsche Philologie, 1984(2).
[12] Ulrike Rainer. Effi Briest und das Motiv des Chinesen: Rolle und Darstellung in Fontanes Roman. Zeitschrift für deutsche Philologie, 1982(4).
[13]Theodor Fontane. Effi Briest. Peking: Verlag für Lehre und Forschung der Fremdsprache, 1997.

施特劳斯《道德经》译本的深度翻译解读

华中科技大学　谭　渊　熊　姣

摘要：本文从“深度描写”的视角出发，对1870年德国第一个《道德经》全译本进行了研究。分析表明，德国汉学家施特劳斯通过序言、导语、注释及附录等副文本向读者传递了大量有关老子和《道德经》的背景知识，使译本达到惊人的440页规模，也体现了道家思想的深度，具有显著的深度翻译特征。在对道家思想体系的翻译中，施特劳斯采取了以“经”(《圣经》)释“经”(《道德经》)的办法，用大量西方宗教术语阐释“道”的内核，帮助德语读者接近道家的神秘主义思想，对《道德经》在德语世界中的传播产生了深远影响。

关键词：施特劳斯；《道德经》；深度翻译

20世纪末，美籍学者阿皮亚(Kwame Anthony Appiah)受文化人类学中“深描”(thick description)概念的启发提出了“深度翻译”或称“厚译”(thick translation)的概念，即“一种运用评注和附注将文本置于深厚文化背景中的学术性翻译”(Appiah，817)。赫曼斯(Theo Hermans)进一步将深度翻译引入翻译研究，认为深度翻译彰显了译者的主体地位(Hermans，387)。而深度翻译的具体方法是由沙特尔沃思(Mark Shuttleworth)和考伊(Moira Cowie)在前人基础上界定而来，他们认为阿皮亚的深度翻译概念适用于任何包含大量解释性材料的目的语文本，这些材料包括脚注、评注和扩充介绍等，提供这些背景信息的目的是使目的语读者对源语文化产生由衷的尊重，以便更好地欣赏其他民族文化中人们的思维方式和表达习惯(Shuttleworth，Cowie，171)。简言之，深度翻译是译者采用的一种翻译策略，其中包含多种解释性文本，如序言、导语、脚注、尾注、附录等，其目的是使译本读者更为深入地理解源语文本所要传达的信息以及作品的文化背景。在翻译史上，“深度翻译”尤其对《道德经》这样具有深刻思想内涵的古籍具有重要意义，对跨越东西文化的鸿沟更是发挥了不可或缺的作用。

19世纪上半叶，当法国汉学家雷慕沙(Jean-Pierre Abel-Rémusat，1788—1832)发表论文《老子的生平与学说》(*Mémoiresur la vie et les opinions de Lao-Tseu*，1823)首次发表《道德经》五个章节的节译本时，他曾断言其中一些内容根本是无法理解的。此后，虽然雷慕沙的弟子儒莲(Stanislas Aignan Julien，1797—1873)于1842翻译出版了《道德经》全译本，但是《道德经》的诸多章节仍然被视为难以理解。而1870年维克多·冯·施特劳斯(Viktor von Strauß und Torney，1809—1899)的《道德经》德译本(*Lao-Tse's Tao Te*

King)却极大地改变了这种认识。这一译本通过序言、导语、注释及附录等附加文本向读者传递了大量有关老子和《道德经》的多方面背景知识，体现出明显的深度翻译特征。施特劳斯这一考据严谨的译本随后成为众多转译本的蓝本，如俄国文豪列夫·托尔斯泰便与友人合作，从施特劳斯的德译本转译出了俄文本，使《道德经》在俄国也开始广为传播。本文将对施特劳斯译本的"深度翻译"特征进行初步的归纳分析，并就"深度翻译"背后的特定历史背景、文化传统因素进行深入探讨。

1. 深度翻译在施特劳斯译本中的体现

施特劳斯的译本"深"在何处？事实上，施特劳斯翻译的《道德经》与其说是译本，不如说是释译本。纵观全书，译文和注释的篇幅总共357页，两者篇幅比例大概是1∶5。除此之外，译文之前还有14页序言和长达66页导语，使整本译著长达440多页。在施特劳斯译本诞生后的近150年间，德语世界出现了120多个《道德经》译本，但就篇幅而言，还很少有后世译者能够超越它。"深度翻译"在施特劳斯译本中的序言、导语、注释、附录中均有体现。

在序言中，施特劳斯详述了翻译所用材料、翻译原则以及翻译目的。他的译本主要以《河上公章句》为蓝本，借鉴了儒莲的1842年法语译本，并使用了叶尊孝(P. Basil von Glemona)所著、德金(de Guigncs)编撰的《汉字西译》、《康熙字典》、《广韵》等词典工具。他所遵守的翻译原则是忠实于原文，尽可能做到译文和原文长度一样，原文押韵的地方译文也尽可能押韵。注释的原则是从整体出发解释单个字词，始终以词典和语法为基础。此外，因为当时无法印刷汉字，所以他采用了《汉字西译》中的注音方法，将法语注音相应地换成了德语注音，并给出了德语注音的示例。施特劳斯还表明他的翻译因为忠实于原文所以不容易懂，他的目的是要给读者留下《道德经》原文的大概印象。这些信息让读者了解到施特劳斯翻译的可靠与忠实性，提前做好刻苦阅读的心理准备。

在前言中，施特劳斯简要综述了《道德经》在西方的翻译与研究，介绍了柏应理(P. Couplet，1623—1693)、杜哈德(P. du Halde，1674—1743)、白晋(Joachim Bouvet，1656—1730)、雷慕沙(Jean-Pierre Abel-Rémusat)和儒莲(Stanislas Julien)等人的观点。他表示赞同雷慕沙的《道德经》中存在"三位一体"的论断，同意儒莲的老子出关以后没有去往西方国家的观点(从序言和导语整体来看，他最为尊崇儒莲的观点，在翻译的注释中也多次引用儒莲的话进行佐证)，赞同谢林(Friedrich Schelling，1775—1854)的"道家学说是中国原创"的观点并且认为老子的思想有神智学(Theosophie)①的特点。在施特劳斯的这些概述中，最为重要的是他对"道即上帝"的阐述，同时这也是他整个译本注释的核心思路。他在第十条导语中论述道：

① 或译作通神论，一种综合宗教、科学与哲学来解释自然界、宇宙和生命等大问题的学说，具有神秘主义色彩。

> 道存在于天地形成前，是不可捉摸的完美存在(第25章〈有物混成，先天地生〉)，没有形体并且是无限的(第4章〈道冲而用之，或不盈〉)，不可见不可听，充满神秘且不可说，无定形无形象(第14章〈绳绳兮不可名，复归于无物。是谓无状之状，无物之象，是为"恍惚"〉)……创造、维持、塑造、完成、滋养、庇护万物，因此万物尊敬它并且赞美它的善行(第51章〈故道生之，德畜之，长之育之，成之孰之，养之覆之。生而不有，为而不恃，长而不宰〉)，因为它爱万物且不统治(第34章〈万物归焉而不为主〉)，……是万物的庇护所，所有好的存在的珍宝，不好存在的拯救者，它宽恕罪恶(第62章〈道者，万物之奥，善人之宝，不善人之所保。有罪以免耶〉)。(Von Strauß，XXXIV—XXXV)①

通过汇总《道德经》中描述"道"的词汇，施特劳斯得出结论：在西方语言中能够用上述词语描述的毫无疑问就是上帝，并且只有上帝。因此，他认为老子有着深远的上帝意识，有确定的上帝概念，这一概念几乎和《启示录》中的上帝概念相同(XXXV)。据此，施特劳斯认为只能把"道"翻译成"上帝"。紧接着，施特劳斯指出在更加古老的《书经》等中国古籍中也含有"成熟、纯净的上帝意识"(XXXVII)。最后，他认定中国人历来就是一神论者，中国人所尊敬的"道"、"上帝"和"天"是同一事物的不同表达，只在使用上有区别(XLII)。通过阅读这些观点阐述，读者完全能够意识到施特劳斯译本含有他本人的宗教思想，明白施特劳斯翻译注释的主要出发点是神学。就篇幅而言，仅此一段就几乎是一篇论文的长度了。

除阐述主要观念外，施特劳斯在导语中还考察了老子的生平，介绍了老子和孔子的关系，并将主要参考文献《庄子》中的相关翻译放在了附录中，并介绍了《道德经》的成书背景。这些背景知识毫无疑问非常有助于读者了解《道德经》原文背后的文化历史内涵。在导语结尾，施特劳斯对《道德经》的内容进行了划分：《道德经》的前三章综述了全文的三大部分内容，即形而上学和神学的统一(包含神智学)、伦理以及政治，第4章至第37章讲形而上学和神学，第38章至第52章讲伦理，第53章至第80章讲政治，最后第81章是总结。同时他也表明这个划分不严格，三大部分内容有时互相穿插。(LXVII)这一内容预告也让读者对《道德经》整体内容有了一定的把握，阅读时更加方向明确。

施特劳斯在注释中所倾注的心血更是空前绝后，他常常用多出译文本身数倍的篇幅来对译文进行解读。这些译文注释凸显了施特劳斯的中西文化比较立场。他不厌其烦地多次引用雷慕沙、儒莲以及德国神秘主义哲学家艾克哈德(Meister Eckhart，约1260—

---

① Viktor Von Strauß. Lao-Tse's Tao Te King aus dem Chinesischen ins Deutsche übersetzt, eingeleitet und kommentiert[M]. Leipzig: Verlag der „Asia Major“, 1924. 此处见导语XXXIV—XXXV页。以下引用此书仅在括号中注明页码，不再一一加注。

1328)等人的观点，如第1章中，施特劳斯在解释"无名天地之始，有名万物之母"时引用了艾克哈德的相似论述"上帝不仅是所有好的事物的父，更是所有事物的母"(dass Gott nicht allein ein Vater ist aller guter Dinge, mehr: er ist auch eine Mutter aller Dinge)来对比论述"道"的双重性(6)。而在解读《道德经》第14章中"夷、希、微"的含义时，施特劳斯更是用了长达18页的注释来解释仅仅半页篇幅的译文。他在此处不仅引用了雷慕沙的观点，而且还直接引用《圣经》原文和《道德经》中的词句进行比较，将"视之不见，名曰夷；听之不闻……故混而为一"与《旧约·出埃及记》(24，11—16)进行对比，同时，施特劳斯还大胆地对儒莲的否定性意见提出了自己的看法，他反问否认老子与西方思想具有相通性的儒莲：为什么老子要称一件听不见的、无声的东西为"稀少"(wenig)或"稀有"(selten)呢？即便老子没有到过西方，那么是否存在可能性，即犹太人早已到过中国并与老子发生过接触呢？(61—79)除释义、引用与比较研究外，施特劳斯还通过前后文的互为参照来凸显《道德经》整体的系统连贯，例如在解释第25章中的"无物"时，施特劳斯再次引用了第14章的"复归于无物"(126—127)，通过注释的互相映射，章节与章节被联系起来形成有机整体，从而呈现出系统性。

施特劳斯的"深度翻译"还体现在其翻译方法上。正如其在序言中所阐述的那样，他在译文的正文中追求简练与一一对应，在注释中则逐字逐句进行极其详尽的解释。如在第1章中，他对"道"、"名"、"玄"、"门"等每个字都分别进行了词典般的解释(3—9)。以"道"为例，施特劳斯对这个字的解释大部分直接来自《康熙字典》，同时还旁及其他辞书中关于"道"的记录，包括《系辞》《广韵》等，令人不得不惊叹于译者的涉猎之广。在注释中对单个字词进行解释时，施特劳斯有时还会用到《道德经》原文中没有出现的字，这些字他全部用文内注释的形式给出了其在《汉字西译》字典中的索引。有时他还辨别多义字的义项，甚至讨论原文不同的断句方式并且判断哪种断句方式更为合理。因此，他的译本几乎可以拿来当词典使用，使人可以充分领略到《道德经》多种解读可能，也备受转译者和德国学者的喜爱。

2. 深度翻译的成因分析

施特劳斯在翻译中坚守忠实于原文的原则，竭力追求译文和原文尽可能的对应，希望能尽可能准确地将《道德经》里独有的思想按照其原文再现出来。他在译本前言写道：

> 翻译是不会也不应该那么容易的，因为其原作本身就不易(被理解)，而对于作者而言也并非轻而易举就完成的。对于读者来说，译者要尽可能广泛地给读者留下原作的印象，这才是最重要的。出于这个原因，常见的版本也都这样再现的。并且在中文里有押韵的地方，若是合适的话，译作也将在那个地方押韵。(XII—XIII)

审视译本，我们可以发现施特劳斯在翻译《道德经》原文押韵的章节时采用了诗歌体裁，如第 12 章的原文押尾韵（盲、聋、爽、狂、妨），译文也押尾韵（Raub、taub、verstört、bestört、verkehrt）(53)。1841 年、1843 年和 1845 年施特劳斯均有发表诗歌作品，之后也断断续续地有诗歌作品出现（Bei der Wieden，41），说明施特劳斯对诗歌体裁情有独钟。从施特劳斯的人生经历来看，他对古典诗歌的偏好以及他写诗的能力使他选择了诗歌体裁来进行翻译，这也使得他的译文更加显得精练。与此同时，施特劳斯不厌其烦地采用大量注释对译文和《道德经》中的思想进行了解释。可以说，施特劳斯的译文和注释形成了强烈对比，译文有多么简洁明了，注释就有多么不厌其烦。这种“运用评注和附注将文本置于深厚文化背景中”的学术性翻译策略正是深度翻译的精华所在，而施特劳斯之所以采用这一翻译策略又与他长期接受的学术训练和欧洲神学阐释传统息息相关。

施特劳斯出生于 1809 年，早年就读于师范学校。从 1827 年起，施特劳斯先后在埃尔朗根、伯恩和哥廷根大学攻读法律，在大学期间因被浪漫主义文学家、翻译家蒂克（Ludwig Tieck，1773—1853）的课所吸引而喜欢上莎士比亚、荷马等人的古典诗歌，曾在蒂克的引荐下拜见歌德（Johann Wolfgang von Goethe，1749—1832）。1835 年，一场宗教争论改变了施特劳斯的人生轨迹。这一年，大卫·施特劳斯（David Friedrich Strauß，1808—1874）发表的宗教作品《教义学》（*Dogmatik*）和《耶稣传》（*Das Leben Jesu*）从近代心理角度论证了基督耶稣是一种幻象，在整个宗教界引起动荡。当时，德国神学家、史学家宁德（Augustus Neander，1789—1850）对大卫的论述进行了驳斥。这一事件引发了施特劳斯的强烈兴趣，他通读大卫的作品，想要形成自己的判断，为此学习了希伯来语并开始了宗教研究。在此之前，施特劳斯赞同理性主义并且认为神学家是无用者，但此后却转变为一个反对理性主义、维护基督教学说的虔诚教徒。汉斯·翁德利西（Hans Wunderlich）对此评价道：“一种教育学的目的、一种世界观的趋势逐渐主导了他的思想：他从一个有着自由灵魂的青年小伙变成了一个顽固的虔诚教徒，有着强烈的传教渴望，对其他思想没有了丝毫容忍。”（Wunderlich，237）同时，施特劳斯也是一位业余诗人和作家，喜欢模仿莎士比亚和荷马等人的古典诗体创作诗歌，诗歌中也多采用宗教主题。（宋健飞，30—31）到了晚年，施特劳斯于 1872 年搬到德累斯顿，开始从事对中国和埃及的研究。1882 年，施特劳斯在德累斯顿获得神学荣誉博士称号。他生平最后一篇著作《论与神启相关的认识理论》（*Beiträge zur Erkenntnislehre mit Beziehung auf die Offenbarung*，1895）也是神学方面的论文集。按照今天的标准，他至多算是一位业余汉学家兼神学家，但这位业余汉学家却有两部重要译作：《道德经》和《诗经》。他于 1880 年翻译的《诗经》包含全部 305 首诗歌，在德国也享有盛誉。（Fleisch，5—6）

基于长期受基督教神学影响，与解读《圣经》息息相关的《圣经》诠释学视角主导了施特劳斯的注释。我们不难发现，在涉及形而上学和神学的章节注释中，施特劳斯加入了大量与宗教、西方哲学相关的解释，而在涉及伦理和政治的章节中，施特劳斯的解释则明显要少很多，例如第 58 章讲为政和为人，注释中几乎没有出现和宗教相关的字眼

[7] Hans Wunderlich. Ein schaumburg-lippischer Staatsmann: Viktor von Strauß und Torney als Dichter, Politiker und Mensch [A]. In: Niedersächsisches Jahrbuch für Landesgeschichte [C]. Herausgegeben von der Historischen Kommission für Niedersachsen, Hildesheim: August Lax. Verlagsbuchhandlung, 1960(32).
[8] 宋健飞. 德译中国文学名著研究[M]. 北京: 外语教学与研究出版社, 2016.
[9] Paul Fleisch(Hrsg.). Victor von Strauß und Torney an August von Arnswaldt. Briefe aus der Erweckungsbewegung in Niedersachsen (= Studien zur Kirchengeschichte Niedersachsens 12) [M]. Göttingen: Vandenhoeck & Ruprecht, 1960.
[10] 史景迁. 文化类同与文化利用——世界文化总体对话中的中国形象[M]. 廖世奇、彭小樵译. 北京: 北京大学出版社, 1990.
[11] 谭渊.《老子》译介与老子形象在德国的变迁[J]. 德国研究, 2011(2).
[12] 雅斯贝尔斯. 老子[A]. 夏瑞春主编, 德国思想家论中国[C]. 南京: 江苏人民出版社, 1985.
[13] Martin Heidegger. Grundsätze des Denkens [M]. In: Gesamtwerke Band 79 [C]. Frankfurt: Verlag Klostermann, 1994.

„Andeutungen des Unaussprechlichen“: Richard Wilhelms deutsches *Daodejing*

Georg-August-Universität Göttingen Heinrich Detering

摘要：本文为戴特宁教授在2011年“纪念卫礼贤翻译《道德经》一百周年暨翻译研讨会”上的演讲。一百多年前，卫礼贤着手将《老子道德经》翻译为德语时，不仅要翻越“道可道非常道”这样一座语言大山，而且面临着在东西方两大思想体系之间架起一座文化桥梁的使命。戴特宁教授借鉴施莱尔马赫的翻译理论，详尽分析了卫礼贤在译作中对中国文化的尊重以及对歌德、路德、尼采等人作品的巧妙借用，指出他所采取的并非一般意义上的异化或归化翻译，而是通过融汇中西，打开了一条东西方文化交流的大道，从而造就了一部百余年来在德语世界享有盛誉的《老子道德经》译本。

Meine Damen und Herren, ich freue mich sehr darüber, dass wir dieses Gespräch hier in Wuhan in einem ehrwürdigen daoistischen Kloster führen dürfen. Als Richard Wilhelm vor hundert Jahren in Qingdao zu seinen chinesischen Zuhörern sprach, da trugen alle Zuhörer chinesische Kleidung, nur Richard Wilhelm trug einen deutschen Anzug. Heute tragen sämtliche chinesischen Zuhörer europäische Kleidung, nur ich habe ein chinesisches Hemd angezogen. Betrachten Sie dieses Hemd bitte als einen Teil meines Vortrags. Es ist gewissermaßen ein Teil meiner These.

Denn es geht mir um interkulturelle Begegnungen, die durch diesen Ihnen inzwischen wohlbekannten Sinologen, in einer ganzen Reihe von Übersetzungen zwischen China und Deutschland vermittelt worden sind und die bis heute fortwirken. Es geht um interkulturelle Begegnungen, unter denen ein Buch bis heute der Bestseller Richard Wilhelms in Deutschland geblieben ist: das *Daodejing*, oder wie Richard Wilhelm es nach der französischen Titelgestalt ins Deutsche übersetzt hat, das *Taoteking*. Es ist in seiner Übersetzung bei uns zum lange Zeit erfolgreichsten chinesischen Buch geworden, und das ist umso erstaunlicher, als das *Daodejing* ja schon unabhängig von Wilhelms Version das überhaupt mit Abstand meistübersetzte Buch der chinesischen Literatur in Deutschland gewesen ist. Auf diesem umkämpften Markt ist es Wilhelm gelungen, einen Bestseller zu schreiben, der bis heute die maßgebliche Übersetzung dieses Buches geblieben ist, trotz aller Kritik, die Sinologen mittlerweile vorgebracht haben.

Mir geht es um die Frage, wie in diesem Buch Sprech — und Denkweisen der chinesischen Kultur und Philosophie in Beziehung gebracht werden zu deutschen Denk und Sprechweisen, deutscher Kultur und Philosophie. Ich selber lese und verstehe kein Wort Chinesisch. Ich kann ein chinesisches Hemd tragen, und ich kann die Worte Wuwei, Dao und De aussprechen. Aber ich kann kein Chinesisch. Ich kann also nicht beurteilen, wie weit Richard Wilhelms Übersetzung richtig oder falsch ist. Ich will das darum das auch gar nicht versuchen. Ich beschränke mich auf die Frage, auf welche Weise dieser deutsche Laotse zustande kommt, wie das, was Richard Wilhelm schreibt, als ein deutscher Text funktioniert. Und dabei geht es mir um die beiden Pole von Fremdheit und Eigenheit, Asiatisch und Europäisch, Chinesisch und Deutsch. Sie werden diese Frage vielleicht als banal empfinden. Sie ist aber gerade in diesem Fall außerordentlich kompliziert, wie ich Ihnen jetzt zeigen möchte.

Wenn Sie das Buch, das 1911 im angesehenen Eugen Diederichs Verlag in Jena erschien, als deutscher Leser zum ersten Mal in die Hand nehmen, dann sehen Sie sich unmittelbar konfrontiert mit *Fremdheit*. Schon der Umschlag zeigt eine Reihe von Symbolen, von denen deutsche Leser 1911 glauben mussten, das alles sei eigentlich irgendwie chinesisch. Das chinesische Zeichen, das Sie hier in der Mitte sehen, ist allerdings bloß das Verlagszeichen des Diedrichs-Verlags in Jena. Aber es sieht hier aus, es ist drapiert wie ein chinesisches Symbol.

Wenn Sie das Buch dann aufschlagen, sehen Sie diese Doppelseite. In vielen Auflagen haben deutsche Leser sie so gesehen, in Tausenden von Exemplaren, mit dem Schriftzeichen *Laotse* und mit einem Bild von Laotse, das es in China nie gegeben hat. Ein deutscher

Graphiker namens Ernst Schneidler hat dieses „chinesische“ Kunstwerk geschaffen. Er tat es mit der Absicht, in der Bildersprache des europäischen Jugendstil einen möglichst chinesischen Eindruck zu erzeugen. Dieses Buch suggeriert, dass Sie lesend in eine fremde Welt eintreten werden, eine Welt, die anders ist als alles, was Sie kennen — und genau so, wie Sie sich das exotisch Fremde immer vorgestellt haben.

Nun blättern Sie um, und Ihr Blick fällt auf diese Titelseite. Auch sie bleibt in den späteren Auflagen erhalten. Aber nur in den ersten Auflagen findet sich auch dieses durchsichtige Blatt mit den deutschen Übersetzungen, das Sie über die chinesischen Zeichen legen können.

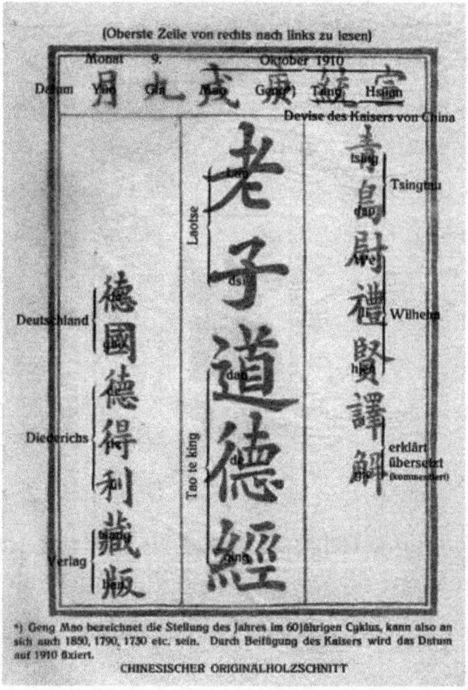

Was sagt diese Seite uns als deutschen Lesern dieses Buchs? Inhaltlich sagt sie uns nichts anders als das, was wir schon beim Kauf oder spätestens vom Umschlag gewusst haben; nur in der betont wörtlichen, also etwas befremdlichen Wort-für-Wort-Übersetzung aus dem Chinesischen: „Deutschland“, „Diederichs-Verlag“, „Laotse“, „Daodejing“, „Qingdao“, „Wilhelm erklärt, übersetzt“. In Wahrheit sagt diese Seite sagt uns etwas ganz anderes: Hier werdet ihr deutschen Leser konfrontiert mit einer Welt, die euch vollständig unbegreiflich ist; keines dieses Zeichen könnte ihr lesen ohne meine Hilfe. Das ist die erste Botschaft. Die zweite Botschaft lautet: Ich werde euch diese Hilfe geben — ich, das heißt „Qingdao, Wilhelm, Erklärung“; ich übersetze Euch alles, was ihr in dieser fremden Welt nicht versteht. Am Ende dieses Buches werdet ihr dies alles verstanden haben; ich, das Buch, mache euch das Fremde zum Eigenen.

Graphische Fremdheitssignale durchziehen die Übersetzung in der gesamten Buchgestaltung, für die durchwegs Ernst Schneidler zuständig ist, der deutsche Graphiker, der sich als Chinese ausgibt. Dies alles ist, wie Sie sehen, natürlich in europäischer, lateinischer Schrift gesetzt. Aber angefangen vom ersten A lehnen die Buchstaben sich an chinesische Schriftzeichen an, sie imitieren für deutsche Augen eine chinesische Schrift.

So beginnen Sie zu lesen. In der Vorrede erzählt Richard Wilhelm, selbstverständlich in deutscher Sprache, die allen Chinesen bekannte Legende von Laotse und der Enstehung des Buches Daodejing, und er fügt im Text in Klammern die Bemerkung ein „(vergleiche Abbildung)“. Auf der folgenden Doppelseite, die damit gemeint ist, finden Sie tatsächlich eine alte chinesische Illustration mit dem Vermerk „Chinesische Zeichnung“. Sie lesen den Text also in einer Sprache, die Sie verstehen, weil es Ihre deutsche Sprache ist. Aber dieser Text erklärt Ihnen nur etwas, was mit einem — allerdings verständnislosen — Blick auf einem chinesischen Bild zu sehen ist. Da ist der Grenzwächter, dort der Grenzpass, der alte Weise sitzt auf dem Ochsen, den der Knabe führt; es ist der Augenblick, in dem das *Daodejing* entsteht. Wieder sagt uns das Buch — und noch immer haben wir noch nichts von Laotse gelesen, sondern nur im Buch geblättert — vor allem, dass diese Welt fremd ist, dass sie sich aber verstehen lässt, dass sie im Laufe der Lektüre eure Welt werden wird.

Soviel über die Erscheinungsformen dieses Buchs, über seine äußere Gestaltung. Aber was steht in dem Buch?

Der Name „Richard Wilhelm“ erscheint auf der Titelseite, in der Übersetzung der chinesischen Zeichen auf dem durchsichtigen Papier als „Übersetzer“ und „Erklärer“. Ich will zunächst nach dem Begriff des Übersetzers fragen, wie er zur Zeit Richard Wilhelms in Deutschland verstanden musste; denn da gab es verschiedene Möglichkeiten. Danach will ich mich dem Erklärer zuwenden, anhand der drei Teile von Wilhelms Buch: seiner Einleitung, seiner Übersetzung und seinen Kommentare zu dieser Übersetzung.

Zunächst zur Frage des Übersetzers und der Übersetzung. Ein Jahrhundert vor Richard Wilhelm, im Berlin des Jahres 1813, hatte der Begründer der modernen Übersetzungstheorie und der Begründer der modernen Hermeneutik eine komplette und komplexe Philosophie des Verstehens, des Verstehens eines Anderen und Fremden entwickelt. Friedrich Schleiermachers grundlegende Abhandlung galt auch hundert Jahre später — und gilt auch heute noch — als der eigentliche Grundtext der Übersetzungswissenschaft. Es gibt eigentlich kein Grundproblem des Übersetzens aus anderen Sprachen und Kulturen, das in diesem Text nicht berührt würde. Also, ein kurzer Blick zurück auf Schleiermacher.

Schleiermacher führt zwei Begriffe ein, die bis zu Richard Wilhelm und darüber hinaus gelten und die zwei Typen von Übersetzung unterscheiden: die „einbürgernde“ und die „verfremdende“ Übersetzung. Jeder Übersetzer, so sagt Schleiermacher sinngemäß, müsse sich für eine dieser beiden Möglichkeiten entscheiden, entweder — oder. Ich möchte Ihnen zeigen, dass Richard Wilhelm eine Variante vorschlägt: ein ‚sowohl — als auch‘.

Schleiermacher geht, in der Nachfolge seines Zeitgenossen Wilhelm von Humboldt, von der sehr grundsätzlichen Beobachtung aus, dass jeder einzelne Mensch, dass wir alle in unserer Wahrnehmung und Deutung der Welt unvermeidlich gebunden sind an die Voraussetzungen der unserer jeweiligen Sprache. Wir können unsere Welt und uns selber nur so sehen, wie unsere eigene Sprache sie uns erschließt. Ich gebe Ihnen ein ganz banales Beispiel — leider nur aus europäischen Sprachen, weil ich ja kein Chinesisch kann. Die meisten Menschen deutscher Sprache würden vermutlich annehmen, dass alle anderen Menschen, in allen anderen Sprachen der Welt, mit ihren jeweiligen Entsprechungen für das Wort „Baum“ dasselbe meinen, was eben das deutsche Wort „Baum“ bezeichnet. Aber wenn wir auf Deutsch fragen, woraus der Baum besteht, dann lautet die Antwort: aus Holz. Wenn wir fragen, was wir im Kachelofen verbrennen, dann lautet die Antwort wieder: Holz, Brennholz eben. Die meisten Deutschen werden das als „natürlich“ empfinden; so sagt man eben unter Menschen. Ein Sprechen des Dänischen aber, nur ein paar Hundert Kilometer weiter im Norden, sagt, um den Baum zu bezeichnen, das Wort „træ“. Und für das Material, aus dem der Baum besteht, benutzt er dasselbe Wort; auch das ist für ihn „træ“. Also „Holz“ und „Baum“ sind in Dänemark irgendwie dasselbe. Für dasjenige aber, das im Kacheloffen brennt, hat der dänische Nachbar ein ganz anders Wort; er nennt es „brænde“, „Brennholz“. Das ist etwas Anderes, ein neues Wort. In Dänemark also ist Brennholz im Ofen etwas anderes als das Holz, aus dem der Baum besteht, der draußen im Wald wächst. Fragt man nun einen Nachbarn in Frankreich, was er zu dem Baum sagt, dann lautet die Antwort, natürlich: „arbre“. Für das Holz aber, aus dem er besteht, gebraucht er das Wort „bois“; ein „arbre“ besteht aus „bois“. So aber nennt man in Frankreich auch einen kleinen Wald, ein Gehölz: „bois“ heißt es.

Was zeigt das kleine, simple Beispiel? Der Anblick des winzig kleinen Weltausschnitts, in dem nur Bäume und Holz vorkommen, wird in der deutschen Sprache ganz anders gegliedert als in der dänischen und dort wieder ganz anders als in der französischen Sprache, und vermutlich ist es in der chinesischen wieder ganz anders. Jede dieser Sprachen sieht eine andere Welt. Das meint Humboldt, dem folgt Schleiermacher. Er erklärt: „Jeder Mensch ist auf der einen Seite in der Gewalt der Sprache, die er redet; er und sein ganzes Denken ist ein Erzeugnis derselben. Er kann nichts mit völliger Bestimmtheit denken, was außerhalb der Grenzen derselben läge; die Gestalt seiner Begriffe, die Art und die Grenzen ihrer Verknüpfbarkeit ist ihm vorgezeichnet durch die Sprache, in der er geboren und erzogen ist,

Verstand und Fantasie sind durch sie gebunden." Er variiert diesen Gedanken dann folgendermaßen: „... jede freie und höhere Rede [zum Beispiel ein Text wie das *Daodejing*] ... will auf der andern Seite [auf] gefasst sein aus dem Gemüt des Redenden als seine Tat, als nur aus seinem Wesen gerade so hervorgegangen und erklärbar.... Man versteht die Rede auch als Handlung des Redenden nur, wenn man zugleich fühlt, wo und wie die Gewalt der Sprache ihn ergriffen hat..." Für die Übersetzung heißt das: „Entweder der Übersetzer lässt den Schriftsteller möglichst in Ruhe und bewegt den Leser ihm entgegen; oder er lässt den Leser möglichst in Ruhe und bewegt den Schriftsteller ihm entgegen. Beide sind so gänzlich voneinander verschieden, dass durchaus einer von beiden so streng als möglich muss verfolgt werden, aus jeder Vermischung aber ein höchst unzuverlässiges Resultat... hervorgeht... Im ersten Falle nämlich ist der Übersetzer bemüht, durch seine Arbeit dem Leser das Verstehen der Ursprache, das ihm fehlt, zu ersetzen. Die andere [Art]... zeigt, wie er [der Verfasser] ... ursprünglich als Deutscher deutsch würde geschrieben haben."

Entweder also bewegt der Übersetzer den Leser zum Text hin und konfrontiert ihn mit einer ganz fremden sprachlichen Welt. Oder er bewegt den Text zum Leser hin und lässt den Text etwa in einer deutschen Übersetzung so sprechen, als ob ihn ein Deutscher geschrieben hätte. Es gibt nur diese beiden Möglichkeiten, die einbürgernde oder die verfremdende Übersetzung, nichts Drittes. Soweit Schleiermacher.

Mein verstorbener Kollege Horst Turk, Germanist in Göttingen und Doktorvater von Tan Yuan, hat hinzugefügt, es gebe zwei Grundformen von Fremdheitserfahrung; er nennt sie „Alterität" und „Alienität." Als *Alterität* bezeichnet er eine relative kulturelle Fremdheit, die durch eine schon gegebene Kohärenz zwischen mir und dem Fremden überbrückt werden kann — etwa durch ähnliche weltanschauliche Voraussetzungen oder diskursive Regeln oder soziale Konventionen; so verhält es sich in Deutschland etwa mit der christlich geprägten Kultur der Lutherzeit und der antiken jüdischen Kultur, wie sie in der Bibel dokumentiert ist. Die eine Welt ist der anderen fremd, aber die erste kann die zweite leicht verstehen, weil sie verbindende Gemeinsamkeiten haben. Luthers Bibelübersetzungen basieren auf dieser Voraussetzung; und die deutsche Kultur der Goethezeit um 1800 entdeckt auf ähnliche Weise die griechische Kultur der Antike. Auch sie ist fremd, aber es können Brücken gebaut werden, weil man nah genug beieinander ist, auf demselben Boden. Auch Schleiermachers eigene, betont verfremdende Übersetzungen Platons zeigen eine kulturelle und sprachliche Welt, die fremd ist, aber verstehbar.

Als „Alienität" bezeichnet Turk dagegen eine systemische kulturelle Fremdheit, die Konfrontation mit einer prinzipiell fremden und rätselhaften Welt, die gegenüber dem Eigenen in jeder Hinsicht diskontinuierlich erscheint. Das Verhältnis zwischen der deutschen Kultur der Moderne und der alten chinesischen Kultur ist Horst Turks eigenes Beispiel. Wäre das alles, was zu unserem Problem zu sagen wäre, dann könnte ein Deutscher um 1900 ein chinesisches Buch wie das *Daodejing* gar nicht übersetzen, weil es keine gemeinsame Voraussetzungen gibt; man müsste mindestens Sinologie studieren, um sich diesem Buch überhaupt annähern zu können, eigentlich müsste man Chinese sein. Übersetzen aber kann man es streng genommen nicht.

Richard Wilhelm widerspricht nun in seiner Praxis Schleiermacher, und er widerspricht auch Horst Turk. Auf den ersten Blick ist seine Übersetzung des *Daodejing* eine durchaus einbürgernde Übersetzung, und die Einbürgerung nimmt von Auflage zu Auflage zu. Mit Schleiermachers Ausdruck: Richard Wilhelm übersetzt Laotse möglichst so, als ob er auf Deutsch geschrieben hätte, für deutsche Leser. Insofern scheint es nur folgerichtig, dass aus der betont verfremdenden Einbandgestaltung der ersten Auflagen sehr bald *diese* hier geworden ist: eine unauffällige deutsche Leineneinbindung, in der nur noch ein einzelnes chinesisches Schriftzeichen daran erinnert, dass hier etwas Fremdes eingedeutscht werden soll. Auch das Vorsatzblatt verschwindet, und es bleibt dieses simple, weiße Blatt übrig: nichts mehr von Fremdheit, nichts mehr von China, nichts von Alienität.

Aber, das ist meine These: dieser Eindruck täuscht. Ich bin nämlich der Ansicht, dass Richard Wilhelm in seiner Übersetzung etwas tut, das sowohl einbürgernd als auch verfremdend ist. Das will ich Ihnen jetzt zeigen, indem ich zunächst auf seine Einführung, dann auf den Übersetzungstext und den Kommentar eingehe.

Richard Wilhelms Einführung beginnt mit einer Selbstrelativierung: der Erinnerung daran, dass es von diesem Buch schon eine Reihe von Übersetzungen gibt, von James Legge, über Paul Carus in Chicago bis zu den französischen und deutschen Übersetzungen. Aus dieser Reihe geht er auf drei Beispiele näher ein. Die Nennung von „Franz Hartmann: *Theosophie in China. Aus dem Chinesischen*“ versieht er dabei mit dem lakonischen Zusatz: „? “ Das Fragezeichen stammt von Richard Wilhelm, der nicht glauben kann, dass diese phantasievolle Fassung tatsächlich aus dem Chinesischen übersetzt sein soll. Also, der Übersetzer gibt uns zu Beginn zu verstehen, dass es viele Übersetzungen gibt und dass seine eigene nur ein weiteres Glied in einer langen Reihe bildet. So beginnt auch sein Vorwort, das auf den 1. Dezember 1910 in Qingdao datiert ist. „Wenn man“, so schreibt er,

Wenn man es heute unternimmt, dass Laotse zu übersetzen, so bedarf das in den Augen sämtlicher Sinologen vom Fach einer ausdrücklichen Entschuldigung. Denn kein chinesisches Werk hat seit ungefähr hundert Jahren die Übersetzertätigkeit so sehr auf sich gezogen wie gerade der *Taoteking*. Das Rätselhafte und Schwierige des Textes gibt so viel zu denken und zu sinnen. Und da der *Taoteking* ein Werk ist, dessen Verständnis auch unter den chinesischen Gelehrten nicht eben häufig angetroffen wird, so pflegt der Mut des angehenden Sinologen der Aufgabe gegenüber zu steigen. Wenn keines versteht, dann brauche ich misszuverstehen.

So gut wie die chinesischen Literaten ihm nicht gewachsen sind, fühlt er auch in sich die Berechtigung, ihn, der Laotse, falls es nicht anders sein kann, mißzuverstehen. Ja, diese Berechtigung zu individueller Auffassung pflegt noch wesentlich weiter zu reichen. Es soll in der deutschen Literatur mehr als eine freie Nachdichtung des alten Weisen umlaufen, die ihre Quellen nicht im Studium des chinesischen Textes hat, sondern in einem intuitiven Erfassen dessen, was andere, weniger geistvolle Übersetzer bei der Wiedergabe des Textes in englischer oder französischer Sprache sich an philosophischem Tiefsinn haben entgehen lassen, wobei seltsamerweise die Seelenverwandtschaft meist soweit geht, daß der alte Chinese [Laotse] in seinen Gedanken eine auffallende Übereinstimmung mit dem jeweiligen Übersetzer zeigt. Jeder hört echt seine eigene Stimme.

Man kann bei dieser Überfülle der Übersetzungen billig fragen, warum nun noch eine weitere dazukommen solle. Zwei Gründe sind es, die mir den Mut gegeben haben zu der vorliegenden Neuherausgabe. Der erste liegt in dem Plan des ganzen Unternehmens. Richard Wilhelm hat nämlich den Vorsatz in mindestens acht Bänden, die gesamte klassische chinesische Philosophie als System ins deutsche zu übersetzen, und dieser Band ist nur der siebte von achten. Unter den Urkunden der Religion und Philosophie Chinas, selbst wenn, wie es beabsichtigt ist, nur das Allerwichtigste gegeben werden soll, darf das kleine Büchlein, das einen so großen Einfluß ausgeübt hat, nicht fehlen. Auch kommt es dadurch, daß es so mitten drin steht in seinem natürlichen Zusammenhang, in eine Beleuchtung, die geeignet ist, manches, das in seiner Isoliertheit befremden muß oder unverständlich bleibt, aufzuklären und richtigzustellen.

Das entspricht Horst Turks Systemgedanken: Man kann kein einzelnes chinesisches Wort übersetzen. Aber man kann das kulturelle System, in dem in diese Philosophie und ihre Sprachspiele gegründet sind, zu übersetzen versuchen. Nicht einen Band, sondern eine ganze chinesische Klassiker-Bibliothek übersetzt Wilhelm darum, und er hofft darauf, dass in diesem Kontext auch das einzelne Buch verständlich zu werden beginnt. Wilhelm fährt fort: „Der zweite Grund für die Übersetzung ist, daß gerade mitten unter den vielen modernen Wiedergaben des alten Chinesen Laotse, es sich vielleicht ganz gut macht, wenn er selbst auch einmal wieder zu Wort kommt."

Also Richard Wilhelm hat sich vorgesetzt, zum ersten Mal so weit wie möglich Laotse auf Deutsch *zu Wort kommen zu lassen*. Also muss er nun, am Ziel einer sehr langen Einleitung, erklären, nach welchen Prinzipien das seiner Ansicht nach geschehen kann. Zuerst erklärt er das Wort *Dao*, den Kernbegriff:

> Die ganze Metaphysik des *Taoteking* ist aufgebaut auf einer grundlegenden Intuition, die der streng begrifflichen Fixierung unzugänglich ist, und die Laotse, um einen Namen

zu haben „notdürftig" mit dem Worte TAO (sprich: dao) bezeichnet (vgl. No. 25). In Beziehung auf die richtige Übersetzung dieses Wortes herrschte von Anfang an viele Meinungsverschiedenheit. Und nun schlägt er Übersetzungen für das Wort darauf vor, die sich in der Tradition seit den Jesuiten gefunden haben „Gott", „Weg", „Vernunft", „Wort", „λόγος" sind nur ein paar der vorgeschlagenen Übersetzungen, während ein Teil der Übersetzer einfach das chinesische Wort , Tao unübertragen in die europäischen Sprachen herübernimmt.

Hier übersetzt man Tao mit Dao, es gibt keine bessere Übersetzung. Im Grunde genommen kommt auf den Ausdruck wenig an, da er ja auch für Laotse selbst nur sozusagen ein algebraisches Zeichen für etwas Unaussprechliches ist. Aber Richard Wilhelm will das Wort übersetzen:

> Es sind im wesentlichen *ästhetische* Gründe, die es wünschenswert erscheinen lassen, in einer deutschen Übersetzung ein deutsches Wort zu haben. Es wurde von uns durchgängig das Wort SINN gewählt. In großen Buchstaben geschrieben. Dies geschah im Anschluß an die Stelle im Faust I, Goethe, wo Faust vom Osterspaziergang zurückkehrt, sich an die Übersetzung des Neuen Testaments macht und die Anfangsworte des Johannes-Evangeliums u. a. mit: „Im Anfang war der Sinn" wiederzugeben versucht. [Fußnote: In den chinesischen Bibelübersetzungen ist λόγος fast durchweg mit Dao wiedergegeben.] Es scheint das SINN die Übersetzung zu sein, die dem chinesischen „Dao" am meisten gerecht wird. Das chinesische Wort geht zwar von der Bedeutung „Weg" aus, von da aus erweitert sich die Bedeutung zu „Richtung", „Zustand", dann „Vernunft", „Wahrheit". Verbal gebraucht heißt das Wort „reden", „sagen", in übertragener Bedeutung „leiten".

Aber was tut Richard Wilhelm hier eigentlich? Er gibt uns eine ganze Reihe von Übersetzungen, die tatsächlich alle irgendwo schon erprobt sind, wägt sie ab und schließt sich keiner an. Stattdessen wählt er eine neue, das heißt: eine sehr alte Lösung, die auf den *Faust* von Goethe zurückgreift. Und zwar auf eine Stelle im *Faust*, an der *Faust selber übersetzt*: So wie Goethes Faust mühevoll den Beginn des *Johannes-Evangeliums* übersetzen will, so übersetzt Richard Wilhelm den Laotse.

Das ist überraschend. In Deutschland, sagt er, müsse man Laotse mit Goethe, man muss ihn *ins Goethedeutsch übersetzen*, und man tut gut daran, dabei dem Übersetzungsvorbild zu folgen, das Goethe hier selber gibt. Hier bei Wilhelm gegenüber dem *Daodejing* wie dort bei Faust gegenüber der *Bibel* geht es um letzte Wahrheiten, um, mit Fausts Worten,

„Offenbarung, die nirgends würdiger und schöner brennt / Als in dem Neuen Testament." (V.1217—1219) Und dann erprobt Faust unterschiedliche Übersetzungen des griechischen „λόγος" — wie Luther als „das Wort", dann als „der Sinn", dann als „die Kraft", schließlich — ganz so, wie es seinem eigenen Charakter entspricht — als „die Tat".

Richard Wilhelm hingegen wählt von Fausts Lösungen die zweite. Warum? Weil sie einerseits vertraut, andererseits aber gegenüber Luthers wie gegenüber Fausts eigener Variante abweichend ist, fremd bleibt. Sie erinnert seine deutschen Leser nicht nur an ein irgendwie in der Alltagssprache gebräuchliches, sondern an ein aus einer Schlüsselstelle in Goethes Hauptwerk vertrautes Wort — aber eines, das schon dort problematisiert wird.

Soviel zunächst zum Dao als „dem Sinn". Nun zum zweiten Titel-Begriff, der De. Wilhelm sagt:

> Um hier gleich die Übersetzung des andern immer wiederkehrenden Wortes Te (sprich: de) zu rechtfertigen, so sei bemerkt, daß die chinesische Definition desselben lautet , was die Wesen erhalten, um zu entstehen, heißt de. Wir haben das Wort daher mit LEBEN übersetzt.①

Also wieder wählt er die einem durchschnittlich gebildeten deutschen Leser des Jahres 1911 bekannte Version aus der Luther-Bibel. Möglich wäre auch die Übersetzung mit „Natur", „Wesen", „Geist", „Kraft", Übersetzungen, die Wilhelm in seiner Übersetzung der Gespräche des Kungtse häufig verwandt hat, „die aber hier wegen ihrer Kollision mit andern vorkommenden Ausdrücken vermieden wurden". Aber „Natur" oder „Wesen", „Geist" oder „Kraft" — das wäre doch zumindest genauso leicht verständlich gewesen. Allein die Sprechweise der Luther-Bibel aber kann in Deutschland 1911 als allgemein bekannt gelten; das haben das Wort „Sinn" in seiner hier erläuterten spezifischen Verwendung im Goethe — und das Wort „Leben" in seiner spezifischen Verwendung im Luther-Deutsch gemeinsam.

Wenn aber in Deutschland um 1911 das Wort „Leben" fällt, dann denkt jeder gebildete Deutsche noch an einen zweiten, zeitlich sehr viel näheren und kulturell sehr viel kontroverseren Autor: an Nietzsche nämlich und seine Lebensphilosophie. Wilhelms Schreibweise „LEBEN" in Majuskeln markiert — vermittelt über den ausdrücklich benannten Bibelbezug — einen Verweis auch auf Nietzsche.

Sie bemerken, Richard Wilhelm übersetzt Laotse nicht nur ins Deutsche, sondern in die Bildungssprache des deutschen Bildungsbürgertums: von Luthers Bibel, Goethes *Faust*,

---

① In Anlehnung zugleich, und das ist wieder das Johannes-Evangelium, an Johannes 1 Kapitel, 4 , in ihm war das Leben, und das Leben war das Licht der Menschen.

Nietzsches *Zarathustra*. Um diese Hinweise zu entschlüsseln, um zu bemerken, dass nicht irgendein „Sinn“ gemeint ist, sondern der Goetheschen, und nicht irgendein „Leben“, sondern das des Lutherschen Johannes-Evangeliums: dazu bedarf es allerdings des Kommentars in dieser Einleitung. Ohne ihn bleibt die Übersetzung selbst unvollständig.

Immer wieder kommt Wilhelm auf diese Quellen zurück. Die größten Schwierigkeiten des Laotse sagt er, liegen darin, das Dao auszudrücken, und dann kommen plötzlich in Richard Wilhelms Text Verse. Dann steht da plötzlich: „Der Gott, der mir im Busen wohnt, kann tief mein Innerstes erregen, der über allen meinen Kräften thront, er kann nach außen nichts bewegen.“ Was sind das für Verse? Er erklärt nichts. Er setzt nämlich zuversichtlich voraus, dass seine deutschen Leser sie wiedererkennen. Sie stammen nämlich ebenfalls aus Goethes *Faust*, aus der Studienzimmer-Szene. Es ist Goethedeutsch.

In derselben Einleitung versucht Richard Wilhelm schließlich auch zu erklären, was Laotse meint, wenn er von dem Dao als dem Einen spricht und fortsetzt: „Das Tao erzeugt die Einheit. / Die Einheit erzeugt die Zweiheit. / Die Zweiheit erzeugt die Dreiheit. / Die Dreiheit erzeugt alle Geschöpfe.“ Wenn er diesen Grundgedanken des Laotse zu erklären versucht, dann findet er erstens den Ausdruck, Laotse sei eine „entschiedener Monist“, und bezieht den Gedanken damit auf die zeitgenössische monistische Philosophie in Deutschland. Er speilt zweitens auf den Begriff des *unio mystica* an, also an die großen mystischen Traditionen der deutschen Literatur, an die der Leser hier denken kann, aber nicht denken muss. Und er hat drittens eine Übersetzung für Laotses Texte gefunden, von der er selber im Kleingedruckten schreibt: „Es verdient bemerkt zu werden, wie die rationale Philosophie bei Laotse genau dieselben Bahnen wandelt, wie zweieinhalb Jahrtausende später Hegel.“ Damit hat von Laotse von Anfang an eingeordnet in ein Beziehungssystem der zeitgenössischen deutschen Bildungskultur: der „Monismus“, die Einheitsvorstellung der *unio mystica*, die Hegelsche Geschichtsphilosophie. Nichts davon hat vielleicht wirklich mit Laotse zu tun, aber alles davon ist für deutsche Leser um 1911 unmittelbar verständlich, manchmal genügt ein Signalwort. Und alle drei Vorstellungen ähneln zwar einander, aber sie kommen *nicht zur Deckung*: sie sind offenkundig vorläufige und behelfsweise Annäherungen aus der Mitte der einen Kultur an eine sehr fremde andere.

Ich fasse zusammen: Richard Wilhelms Übersetzung bevorzugt, wenn man den Selbstkommentaren seiner Einleitung glauben will, Ausdrücke, die erstens der Bibel entstammen, vor allem den Evangelien, namentlich dem Johannes-Evangelium. Zweitens bevorzugt er Ausdrücke und Vorstellungen, die durch Goethe und die Lebensphilosophie Nietzsches im deutschen Bildungsbürgertum nach der Bibel, postchristlich, adaptiert worden sind. Bereits durch die in diesen Verweisen betonte Idee einer ursprünglichen und wiederzuerlangenden Einheit ist die Tradition der religiösen Mystik als eine mögliche Brücke der interkulturellen Verständigung angedeutet. Das Vorwort *proklamiert* damit zwar, mit Schleiermacher zu sprechen, eine strikt einbürgernde Übersetzung: Wir sollen den Laotse verstehen, als ob Laotse Luther, Goethe, Nietzsche gelesen, als ob er seine Sprüche für deutsche Leser geschrieben hätte. Zugleich aber ist das Buch in seiner Gestaltung — jedenfalls in der ursprünglichen Konzeption — eine einzige Hervorhebung der Fremdheit des Textes und seines kulturellen Kontextes. Die Erläuterungen in der Einleitung betonen diese faktische Distanz zusätzlich, jedoch als eine prinzipiell überwindbare. Was also die Übersetzung nach Deutschland holt, das schiebt die Buchgestaltung gewissermaßen nach China zurück, es sind zwei entgegengesetzte und komplementäre Bewegungen. Wie aber sehen nun die Übersetzungen selber aus, der Hauptteil des Buches?

Beginnen wir mit der Beobachtung, dass der bereits so ausführlich erörterte Goethe auch in diesen Übersetzungen selbst eine Rolle spielt. Richard Wilhelms Laotse hat erstaunlich viel von Goethe gelesen. Denn so ist zum Beispiel in der Übersetzung des sechsten Kapitels zu lesen, unter der Überschrift DAS WERDEN DER FORMEN:

> Der Geist der Tiefe stirbt nicht.
> Das ist das Ewig-Weibliche.
> Des Ewig-Weiblichen Ausgangspforte
> Ist die Wurzel von Himmel und Erde.

Und so lautet die Überschrift, die Wilhelm dem fünfundzwanzigsten Kapitel hinzufügt: „DES UNZULÄNGLICHEN GLEICHNIS“. Wenn chinesische Studierende das lesen, werden sie vermutlich vor einem Rätsel stehen. Deutsche Bildungsbürger um 1911 aber denken an beiden Stellen sofort an den Schluss des zweiten Teils von Goethes *Faust*: Dort singt der *Chorus mysticus* die berühmten Schlussworte:

> Alles Vergängliche ist nur ein Gleichnis
> Das Unzulängliche, hier wird's Ereignis
> Das Unbeschreibliche,
> Hier ist es getan
> Das Ewig-Weibliche
> Zieht uns hinan.

Dies ist der Text, dies ist die Sprache, in die Wilhelm das *Daodejing* übersetzt - zugleich einbürgernd und offensichtlich verfremdend.

Ähnlich geht Richard Wilhelm mit der Bibel in Luthers Übersetzung um. Im Vorwort erwähnt und diskutiert er ja auch diese Beziehungen. Wenn der Kritiker Rudolf Pannwitz die Übersetzung im Blick auf Übernahmen wie die folgenden ein „freches Pfarrer-Tohuwabohu“ nennt, dann verfehlt er — glaube ich — die entscheidende Pointe von Wilhelms Programm. Denn Wilhelm, der ja weniger das Christentum nach China als vielmehr das chinesische Denken ins christliche Europa vermittelt hat, will Laotse nicht mit der Bibel verschmelzen und schon gar nicht die Bibel über den Laotse stellen, sondern er will ihn *mithilfe* der Bibel übersetzen, im ausdrücklichen und erklärten Bewusstsein der Uneigentlichkeit, des Behelfsweisen dieses Versuchs. Ich gebe Ihnen ein paar rasche Beispiele. Schon im vierten Kapitel ist zu lesen:

> Der SINN [also das Dao] faßt alles Bestehende in sich.
> Ich weiß nicht, wessen Sohn er ist.
> [...]
> Er scheint früher zu sein als der HERR.

Richard Wilhelm kommentiert diese, die er sagt, überaus schwierige Stelle, „nach andrer Lesart gar ‚wes Menschen Sohn er ist‘“ (er spielt an auf die Übersetzung von Viktor Strauß), mit Hinweisen auf chinesische Vorstellungen vom Gottkaisertum und anderen Erwägungen, die das Nichtchristliche, die radikale Fremdheit des Gemeinten hervorheben. Nein, Laotse soll keineswegs als ein Christ dargestellt werden. Sondern mithilfe von Ausdrucksweisen und Bildern, die christlichen Lesern vertraut sind, soll eine Annäherung an das ganz Andersartige versucht werden, von dem er im Urtext spricht. Derselbe Wilhelm, der Laotse so konsequent ins Lutherdeutsche übersetzt, schreibt immer wieder, man müsse die Differenz betonen zwischen der biblischen Rede von Gott, vom „Herrn“, von Vater und Sohn einerseits und der hier bei Laotse vorausgesetzten „pantheistischen“ Vorstellung andererseits:

> Zudem darf der fundamentale Unterschied zwischen der unpersönlich-pantheistischen Konzeption Laotses und der scharf umrissenen historischen Persönlichkeit des israelitischen Gottes nicht außer acht gelassen werden.

Die Übersetzung geht gewissermaßen einen Schritt nach vorn und macht Laotse zum Bibelleser, der Kommentar geht dann wieder einen Schritt zurück und betont die Differenz zur Bibel. — Und so geht es das ganze Buch durch, in den Übersetzungen und im Kommentar. Da ist im 10. Kapitel davon die Rede, dass man werden solle wie die Kindlein:

Wer seine Seele einfältig macht und demütig,
der mag wohl werden wie ein Kindlein.
Wer reinigt und läutert sein inneres Schauen,
der mag wohl seiner Fehler ledig werden.

So redet Jesus im Matthäus-Evangelium, 10. Kapitel, Vers 14f.: „Lasset die Kindlein zu mir kommen, und wehret ihnen nicht; denn solchen gehört das Reich Gottes." Und falls Sie die Anspielungen etwa doch nicht bemerkt haben sollten, weist Richard Wilhelm im Kommentar darauf hin und schreibt: „Zum Bild des Kindleins, das häufig wiederkehrt, vgl. Matthäus 18, 3f." Und er erörtert, wie weit der chinesische Text überhaupt verständlich überliefert und inwieweit er womöglich verdorben sei.

Auch wo es in der Übersetzung selbst keine derart auffallenden Bibel-Bezüge gibt, kann Richard Wilhelms Kommentar sie herstellen — mit dem lakonischen Hinweis „vgl.": einem Hinweis auf eine Brücke, über die der Leser vielleicht in ein erstes Verständnis des Gemeinten gelangen könnte: „Zu der praktischen Anwendung am Schluß vgl. Matt 23, 12: Wer sich selbst erhöhet [, der soll erniedrigt werden]; 10, 39: Wer sein Leben findet [, der wird es verlieren]." (so im Kommentar zu Kapitel 7, S. 92) oder im Kommentar zum 14. Kapitel, der wieder, wie zuvor im skeptischen Bezug auf Viktor Strauß, an die Tradition der religiös vereinnahmenden Übersetzungsversuche anknüpft — aber beachten Sie, wie umsichtig, zurückhaltend und differenziert er sich auszudrücken bemüht ist:

> Daß die hier gezeichnete Anschauung des SINNS (der Gottheit) manche Parallelen in der israelitischen hat, sei nicht geleugnet; vgl. bes. die Stellen II. Mos. 33 und I. Kön. 19 zu unserem Abschnitt.

Gerade dieses 14. Kapitel ist immer wieder als ein Beweis für die unterstellte Ähnlichkeit zwischen Laotse und der jüdisch-christlichen Theologie gelesen worden, und gerade hier nutzt Richard Wilhelm gewissermaßen den Schwung dieser Deutungstradition, um in den offenkundigen Ähnlichkeiten die ebenso bedeutsamen Differenzen herauszuarbeiten.

Diese doppelte Strategie lässt sich durch das ganze Buch hindurch folgen — etwa wenn im Kapitel 21 von Wahrheit und Glaube die Rede ist wie im Johannes-Evangelium, wenn zum 44. Kapitel auf „Matth. 6, 25" verwiesen wird („Vgl.") oder wenn es im Kommentar zu Laotses Gebot einer „unbedingte[n] Güte und Treue" im 49. Kapitel heißt, „interessant" sei vor allem die Begründung dieser Forderung, denn: „Es ist die ‚Vollkommenheit, wie euer Vater im Himmel vollkommen ist', die Jesus als Motiv der Feindesliebe verlangt (Matth. 5, 48)" (S. 104) — und vielleicht lässt sich tatsächlich im ganzen *Daodejing* keine Stelle finden, in der eine ähnlich überzeugende Analogie der Forderungen zu finden ist: nach Anpassung an die Beschaffenheit des Dao hier, als Anpassung an das Wesen des himmlischen Vaters dort.

Vor allem das Johannes-Evangelium prägt Wilhelms Übersetzung noch bis in kleinste Redeweisen hinein, die heute auch von deutschen Studierenden vermutlich gar nicht mehr bemerkt würden. So übersetzt Wilhelm eine Passage des 46. Kapitels, dem er die Überschrift „MÄSSIGUNG DER BEGIERDEN“ gibt:

> [...] Keine größere Schuld gibt es
> als Billigung der Begierden.
> Kein größeres Übel gibt es
> als sich nicht genügen lassen.

Genau so drückt sich in Luthers Übersetzung der Apostel Paulus aus — etwa im Brief an die Philipper Kapitel 4, Vers 11: „Ich habe gelernt, worin ich bin, mir genügen zu lassen“, oder im 1. Brief an Timotheus, Verse 6 und 8: „Es ist aber ein großer Gewinn, wer gottselig ist und lässet sich genügen [...] Wenn wir aber Nahrung und Kleider haben, so lasset uns genügen.“

Schon die Wendung „sich genügen lassen“ ist biblische Redeweise, jeder bemerkt das um 1911 im deutschen Bildungsbürgertum. Und für die, denen das nicht genügt, fügt Richard Wilhelms Kommentar zuweilen auch ein Matthäus-Zitat hinzu, das bei Laotse gar keinen Gegenstand hat. Besonders eindrucksvoll ist das dort, wo es um eine Redeweise geht, die ausschließlich in Luthers Bibelübersetzung zu finden ist. So im 48. Kapitel der Vers „Die Vielbeschäftigten sind nicht geschickt das Reich zu erlangen.“ Das ist eine bereits um 1911 völlig veraltete Ausdrucksweise — und eben darum sofort als biblische Wendung wiederzuerkennen. So drückt sich Jesus im Lukas-Evangelium aus, in Luthers Übersetzung: „Wer seine Hand an den Pflug legt und sieht zurück, der ist nicht geschickt zum Reich Gottes.“ (Lukas 9, 62) In den Seligpreisungen der Bergpredigt klingt es ähnlich: „Selig sind die Sanftmütigen; denn sie werden das Reich besitzen.“ (Matthäus 5, 5) Vom „SINN“ sagen „die Alten“, zufolge Wilhelms Übersetzung des 62. Kapitels:

> Wer bittet, der empfängt.
> Wer Sünden hat, dem werden sie vergeben.
> Darum ist er [der SINN] der köstlichste Schatz in der Welt.

Hier hat Wilhelm gleich drei oder vier Bibelstellen herangezogen: „Denn wer da bittet, der empfängt“, lehrt Jesus (Matthäus 7, 8), und zu dem vorbehaltlos Glaubenden sagt er: „Mensch, deine Sünden sind dir vergeben“ (Lukas 5, 20); der „köstlichste Schatz“ schließlich verweist auf die Gleichnisse von der „köstlichen Perle“ (Matthäus 13, 46) oder vom Schatz im Acker (Matthäus 13, 44), um deretwillen der Finder alles andere verkauft.

Bei manchen dieser Anspielungen handelt es sich eher um Systemreferenzen, wie Horst Turk das genannt hätte; das heißt, dass nicht einzelne Bibelstellen evoziert werden, sondern eher ein bestimmter Lutherscher „Sound“. So etwa lautet bei Wilhelm das 67. Kapitel:

DIE DREI SCHÄTZE
[...] Ich habe drei Schätze,
die ich schätze und hüte:
Der eine ist die Liebe,
der zweite ist die Genügsamkeit,
der dritte ist die Demut.
Die Liebe macht, daß man mutig sein kann,
die Genügsamkeit macht, daß man weitherzig sein kann,
die Demut macht, daß man fähig wird zu herrschen.
... Denn die Liebe siegt im Kampfe,
ist fest in der Verteidigung.
Wen der Himmel retten will,
den schützt er durch die Liebe.

Da klingt natürlich der große Lobpreis der Liebe an, den Paulus im 13. Kapitel des 1. Briefes an die Korinther anstimmt, eine der bis heute beliebtesten und populärsten Passagen der Bibel überhaupt: „Nun aber bleibet Glaube, Liebe, Hoffnung, diese drei, die Liebe aber ist die größte unter ihnen“. Aber über diese Einzeltextreferenz hinaus fasst Wilhelms Übersetzung eigentlich das gesamte Liebes-Konzept des Neuen Testaments in Worten zusammen, die sich auf Laotse beziehen. Dazu gehört auch die Fremdheit einzelner Vorstellungen, die gerade im christlichen Lesern vertrauten Kontext besonders auffällt: „daß man weitherzig sein kann“, „daß man fähig wird zu herrschen“, auch dass man „fest in der Verteidigung“ bleibt. Hier wird der politische, der auf den Staat bezogene und an die Klugheit der Mächtigen appellierende Zug des *Daodejing* besonders markant erkennbar, für den es in den angespielten Texten des Neuen Testaments keine unmittelbare Entsprechung gibt.

Das nicht nur in Deutschland berühmteste Kapitel des *Daodejing* ist das drittletzte: das Gleichnis vom fließenden Wasser. Bei Wilhelm lautet sein Anfang so:

Auf der ganzen Welt gibt es nichts Weicheres als das Wasser.
Und doch in der Art, wie es dem Harten zusetzt, kommt nichts ihm gleich.
Es kann durch nichts verändert werden.
Daß Schwaches das Starke besiegt
und Weiches das Harte besiegt,
weiß jedermann auf Erden,
aber niemand vermag danach zu handeln [...]

Diesem Kapitel, dessen Bildlichkeit der Bibel fremd ist, fügt Richard Wilhelm eine Überschrift zu, die diese Distanz wieder überwinden helfen soll: „WAS MAN DEN GLAUBEN ÜBERLASSEN MUSS“. Allein durch diese Überschrift wird das für den Daoismus so zentrale Kapitel auf eine christliche Tradition bezogen, beziehbar gemacht; allein sie baut die Brücke, die das Vertraute mit dem Fremden verbinden soll.

Genauso nachdrücklich wie die möglichen Verbindungen und Analogien aber hebt Wilhelm bis zum Schluss auch hervor, was unvereinbar bleibt. Das gilt für die Selbstgenügsamkeit des Dao, die zu der christlichen Vorstellung eines mitleidenden, gar eines sich stellvertretend für die Sünder dahingebenden Gottes schlechterdings nicht passt; und das gilt natürlich ebenso für das Prinzip des *Wu-wei*, das trotz aller Ähnlichkeiten zu Vorstellungen auch der christlichen Mystik doch in einer Grundspannung bleibt zu den alt- und neutestamentlichen Geboten liebevollen, eingreifenden Handelns. Wie er die möglichen Berührungspunkte zwischen beiden Texten und Welten betont hat, so betont Wilhelm hier auch die Unvereinbarkeit mit biblischen Lehren:

Der SINN ist ewig ohne Machen,
Und nichts bleibt ungemacht [...]
Das Nichthandeln üben:
so kommt alles in Ordnung.

Der Berufene
wagt nicht zu handeln.
Der SINN:
Im Kreis läuft er und gefährdet sich nicht.

Darum spricht ein Berufener:
Ich handle nicht, und das Volk wandelt sich von selbst.

Ich liebe die Stille, und das Volk wird von selber recht.
Ich habe keine Geschäfte, und das Volk wird von selber reich.

Das sind unchristliche, ja antichristliche Ausdrucksweisen. Und so verwundert es auch nicht, dass schließlich neben den Goethe- und den Bibel-Anspielungen auch, wenngleich in deutlich geringerem Umfang, auch Referenzen auf den dezidiert nichtchristlichen Nietzsche, dessen Lebens-Begriff ja schon im Titel der Übersetzung anklang, auch in den einzelnen Texten zu hören sind. Wenn man in Richard Wilhelms Übersetzung das 20. Kapitel liest, „ABSEITS VON DER MENGE", dann liest man eine Paraphrase von Nietzsches letzten Schriften. Der Vers „Zwischen Gut und Böse, was ist da für ein Unterschied?" muss 1911 verstanden werden als eine Anspielung auf *Jenseits von Gut und Böse*, Nietzsches berühmt-berüchtigtes Buch; Gedichte über den Verlust aller Bindungen, auch aller religiösen Bindungen und Gewissheiten klingen an, *Der Freigeist* (*Vereinsamt*) etwa und die *Dionysos-Dithyramben*:

O Einöde, habe ich noch nicht deine Mitte erreicht? [...]
Ein müder Wanderer, der keine Heimat hat!
Die Menschen der Menge leben alle im Überfluß:
Ich allein bin wie verlassen!
Wahrlich, ich habe das Herz eines Toren!
Chaos, ach Chaos! [...]
Ich allein bin traurig, so traurig!
Unruhig, ach, als das Meer!
Umhergetrieben, ach, als einer der nirgends weilt! [...]

So heißt es in Nietzsches populärstem Gedicht:

Die Welt — ein Tor
Zu tausend Wüsten stumm und kalt!
Wer das verlor,
Was du verlorst, macht nirgends Halt. ...
Die Krähen schrein
Und ziehen schwirren Flugs zur Stadt:
Bald wird es schnein, —
Weh dem, der keine Heimat hat!

Oder, in den *Dionysos-Dithyramben*:

> Rings nur Welle und Spiel.
> [...] müßig steht nun mein Kahn.
> [...] Wunsch und Hoffen ertrank,
> glatt liegt Seele und Meer.
> Siebente Einsamkeit! “

Wie er in manchen Passagen „goethisch“, in anderen biblisch-lutherisch gesprochen hat, so spricht Richard Wilhelms Laotse hier in den Worten und Bildern jenes Nietzsche, der sich in seinem 1888 erschienenen Buch selbst als *Der Antichrist* ausgegeben hat. Aber auch diese Kontextualisierung, diese Verstehenshinweise werden durch die Betonung genau entgegengesetzter Vorstellungen wieder gebrochen und relativiert - etwa durch Verwendungen des „Lebens“-Begriffs, die zu Nietzsches Vitalismus in einem so radikalen Gegensatz stehen wie diese, im 41. Kapitel:

> Das höchste LEBEN erscheint als Leere.
> Die höchste Reinheit erscheint als Schmach.
> Das weite LEBEN erscheint als ungenügend.
> Das starke LEBEN erscheint verstohlen.

Das ist ziemlich genau das Gegenteil dessen, was Nietzsche gesagt hat. Im Kommentar schon zum 2. Kapitel ist dieses Einerseits-Andererseits auf engstem Raum zu greifen: Wilhelm vergleicht den Gedanken mit Nietzsches *Jenseits von Gut und Böse*, aber nur, indem beide als *unterschiedlich* qualifiziert: „Das ‚Jenseits von Gut und Böse‘, das Laotse fordert, ist also von dem-jenigen Nietzsches sehr wesentlich verschieden.“ (S. 90) Auch hier also praktiziert Wilhelm seine Doppel-Strategie von Bewegung und Gegenbewegung, von einbürgernden und verfremdenden Verfahren.

Mindestens einmal wird Laotse übrigens sogar zum unmittelbaren Zeitgenossen macht, in den von Wilhelm hinzugefügten Überschriften der Kapitel 30 und 31. Sie lauten: WARNUNG VOR DEM KRIEG und DIE WAFFEN NIEDER. *Die Waffen nieder*! war der Titel eines Romans, mit dem Bertha von Suttner 1889 in Deutschland einen Bestseller geschrieben hatte und für den sie, kurz vor der Veröffentlichung von Richard Wilhelms Übersetzung, den Friedensnobelpreis erhalten hatte.

Je weiter und je gründlicher man die Kommentare liest, die Richard Wilhelm seinen Übersetzungen hinzufügt, desto deutlicher wird, dass er mit all dem, was wir an seinen

Übersetzungen beobachtet haben, wahrhaftig ein genau durchdachtes Übersetzungsprogrammverfolgt. Einerseits betont er seine energischen Eingemeindungen und zeigt ihre Quellen vor. Zu den Schlusszeilen von Kapitel 73 etwa weist er darauf hin, dass die frühere Übersetzung von Carus hier an einen barockes Gedicht aus der deutschen Literatur gedacht habe, Verse des Friedrich von Logau. Wilhelm zitiert sie und bemerkt dann, es sei „aber fraglich, ob hier der Sinn nicht eher der von Matth[äus] 10, 29f." sei, und dann zitiert er zum Vergleich diese Bibelstelle, denn „In die Gedankenzusammenhänge von Laotse paßt dieser Sinn besser." Diese Abwägung unterschiedlicher Vergleichstexte in der deutschen Tradition wird den Lesern des Kommentars vorgeführt — als Prozess, nicht nur als Ergebnis. Ähnlich im Kommentar zu Kapitel 77: „Daß Carus einen Gegensatz zu Matthäus 13, 12 [...] herauskonstruiert, beruht auf Mißverständnis. Heranzuziehen wären Stellen wie Matthäus 20, 16 [...]." So auch in weiteren Überlegungen zum möglichen *Verhältnis* von Goethe- und Bibel-Bezügen (zu Kapitel 50).

Zugleich werden im selben Kommentar, der so ausdauernd nach Vergleichbarem sucht, nach möglichen Brückenpfeilern, in größerem Umfang als sonst irgendwo in diesem Buch Fremdheitssignale gesetzt, in Formulierungen wie der, dass ein Kapitel „sehr große Schwierigkeiten" bereitet, dass ein Abschnitt „in seiner jetzigen Gestalt keinen eindeutigen Sinn" ergibt, dass „vermutlich [ein] Zitat" vorliegt, dass sich „verschiedene Abweichungen im Text" finden. Wo es ihm überhaupt möglich erscheint, versucht Wilhelm zum Vergleich den Originaltext in seiner Fremdheit zu vermitteln: „im Chinesischen wörtlich: ..." Und wo er selber den Text nicht versteht, bekennt er das ausdrücklich ein: „Es ist höchst wahrscheinlich, daß hier auf einen dunklen Schöpfungsmythos angespielt wird", den aber kennt auch er nicht, also: „Wir verzichten jedoch darauf, einen Rekonstruktionsversuch zu machen". Und so fort.

Damit bin ich am Schluss meiner Überlegungen: Ich bin der Ansicht, das Richard Wilhelm die Spannungen und gegenläufigen Tendenzen, die wir in Einleitung, Übersetzungen und Kommentaren beobachtet haben, bewusst einsetzt, dass er mit ihnen eine doppelte Strategie verfolgt. Deren Ziel ist eine Balance von Eingemeindung und Verfremdung, von Verständnislosigkeit gegenüber etwas grundsätzlich Fremdem und Wiedererkennen eines fernen Vertrauten.

Am Endpunkt seiner Überlegungen ist Wilhelm aber erst dort angelangt, wo er die Überzeugung andeutet, dass alle unterschiedlichen kulturellen und sprachlichen Ausdrucksformen letztlich doch auf ein gemeinsames, ein *anthropologisches* Substrat zurückzubeziehen wären. Erst aus dieser Grundauffassung leitet sich, so scheint mir, sein bei aller Relativierung doch immer spürbarer Übersetzungs- und Verstehensoptimismus ab. Wenn er zur Erklärung des „Wu-wei" die Bibel, Goethe, Spinoza, Nietzsche und das *Lun Yü* heranzieht, um den Begriff im *Daodejing* zu bestimmen, dann setzt er voraus, dass all diese unterschiedlichen Texte letztlich aus dem einen, verbindenden Grundgedanken — oder: einer menschheitlichen Grunderfahrung — ableitbar seien, die man mit dem Wort „Mystik“ zusammenfassen kann.

Diese Gewissheit eines überzeitlich-allgemeinen Substrats des menschlichen Denkens und religiösen Erlebens entspricht dem (an den ungenannt bleibenden Herder erinnernden) Kommentarsatz. Der Satz lautet, die religiösen Anschauungen der Völker zeigen, dalle Völker zeigten „Entwicklungsstufen des menschlichen Bewußtseins in seiner Erkenntnis des Göttlichen“. Dem entspricht auch der Schlusssatz der Einleitung: „Es ist ein Zeichen für die Höhe des Standpunkts von Laotse, daß er sich auf Andeutungen des Unaussprechlichen beschränkt, dessen Verfolg jedem einzelnen überlassen bleiben mag.“

„Jedem einzelnen“ — das kann Goethe sein oder die Vielstimmigkeit der Bibel, Luther, Herder, Hegel, Nietzsche oder Richard Wilhelm oder Sie oder ich. Es gibt, so glaiubt Wilhelm zuversichtlich, einen gemeinsamen Grund, alles andere sind differierende kulturelle und sprachliche Ausformungen. Damit formuliert Wilhelm die Fortsetzung des hermeneutischen (mit Hans-Georg Gadamers Lieblingsmetapher:) „Gesprächs“, das in seiner Übersetzung begonnen hat, als *Auftrag* an die Leser — im Sinne Herders, Schleiermachers und Goethes. Das lässt sich lesen als ein Auftrag an uns, uns jeweils unsere eigene Version aus der Vielstimmigkeit der Texte zu erarbeiten, deren vorläufige Übersetzung er vorgelegt hat. Der so oft zitiert Goethe hatte 1801 geschrieben, „daß es keine patriotische Kunst und patriotische Wissenschaft gebe. Beide gehören der ganzen Welt an und können nur durch allgemeine, freie Wechselwirkung aller zugleich Lebenden, in steter Rücksicht auf das was uns vom Vergangenen übrig und bekannt ist, gefördert werden.“

Kann man das noch einfacher sagen? Ja, und Goethe macht es selber vor: „National-Literatur will jetzt nicht viel sagen, die Epoche der Welt-Literatur ist an der Zeit und jeder muß jetzt dazu wirken, diese Epoche zu beschleunigen.“ Im Goetheschen Sinne des Wortes *Welt-Literatur* erzeugt Richard Wilhelm weder eine bloß eingemeindende noch eine strikt verfremdende Übersetzung, sondern er erzeugt eine Wechselbewegung, in der beides miteinander im Widerstreit liegt, damit die beteiligten Sprachen und Kulturen miteinander ins Gespräch kommen. Nur unter dieser Voraussetzung, glaube ich, konnte diese Übersetzung denn auch so erfolgreich werden, dass so unterschiedliche deutsche Leser wie der jüdische Mystiker Martin Buber, wie Franz Kafka, wie Bertolt Brecht, wie Alfred Döblin, wie Klabund und Hermann Hesse und so viele andere in ein- und demselben Texte jeweils ihre eigenen Sprechweisen, Denkweisen, kulturellen Horizonte wiederzuerkennen meinten.

So hat Richard Wilhelms Übersetzung dazu beigetragen, tatsächlich die eigene, die deutsche Kultur zu verändern, sie durch die umsichtige, spannungsvolle Integration des

Fremden umzugestalten. Das ist sein Beitrag zur Weltliteratur als einem dynamischen Prozess, zum nie abschließbaren hermeneutischen Gespräch zwischen den Kulturen. Dank Richard Wilhelm ist es auch auf Deutsch weitergeführt worden, bis heute.

Ich danke Ihnen!

试论赞克的《文选》德译本中对“赋”的翻译理念

北京大学　林　琳　北京外国语大学　罗　静

摘要：《文选》学自隋唐以来已成为中国古代传统学科之一，在东亚中国文学研究传统中占有重要的位置。赞克是近代欧美最早大规模翻译《文选》的汉学家。他的德语译本在康达维的英语译本出版前是影响最大的《文选》译本，至今在《文选》学界仍备受推崇。本文对《文选》中“赋”的篇题翻译进行分析，尝试理解并总结赞克的翻译理念和策略。本文认为，赞克的翻译体现了他对中国文化的理解、语文学的专业训练以及自然科学方面的知识积淀。赞克在20世纪初通过翻译将《文选》及中国文化介绍给欧美学界，对《文选》学和汉学的发展贡献卓著。

关键词：赞克；翻译策略；《文选》德译本；赋

《文选》学自隋唐以来已成为中国古代传统学科之一，在东亚中国文学研究传统中占有重要的位置，但在西方汉学界却未受到足够的重视。直至20世纪初，西方研究者方了解到了《文选》，早期研究以翻译为主。《文选》中的文体可从整体上分为赋和诗两个部分。我国古代文学体裁中诗、词、曲大抵可以在西方语言中找到一一对应的单词，而赋本身的概念就众说纷纭（郭建勋，钟达锋，1—6）：有人用“rhyme-prose”（即“押韵的散文”，多为“汉赋”的翻译），有人用“song”（多为“诗”的翻译，也见于对“楚辞”的翻译），有人用“enumeration”（较少见）等。西方汉学家在面对“赋”这种文体的时候，很难在翻译目标语的对应文化中找到一个类似的对应的概念，将“赋”与之完全对应。因此，在处理“赋”这个字的时候，大多数汉学家往往写成“fu”、“fuh”或“fou”。文选学知名学者康达维教授（David R. Knechtges）的翻译中使用的是“rhapsody”（参见 *Wen xuan or Selections of refined literature*），这个词在诗歌文化中一般用来指古代希腊适于一次吟诵的史诗片断或是史诗性叙事诗。但近年来，康达维教授也在讲座中表达过就用“fu”更为恰当的意思，只是其《文选》译本中赋都用“rhapsody”这个词，学界也已达成共识。近代欧美最早大规模翻译《文选》的汉学家赞克（Erwin Ritter von Zach，1872—1942）从1926年起就陆续从事《文选》翻译工作，第一篇翻译《鲁灵光殿赋》发表于当年的《亚洲学刊》（*Asia Major*）。汉学家方志彤（Achilles Fang）把赞克的诗歌翻译与卫礼贤（Richard Wilhelm）的古典经书翻译、福兰阁（Otto Franke）的历史著作、佛尔克（Alfred Forke）对哲学家的研究并称为20世纪初德国汉学的“奥林匹斯”（傅熊，204），可见赞克在西方汉学界有着不一般的崇高地位。但是，我们在赞克的德语《文选》译本中检验他对“赋”

这个文体对应译名的时候，发现赞克并不像其他汉学家那样，将所有的赋中的“赋”这个字都翻译成同一个词：在赞克翻译的41篇赋中，它们的篇名中的“赋”大多数(25篇)没有出现在译文的篇题中(即“不译”)，剩余的分别被翻译成了“诗意的描写(poetische Beschreibung，共11篇)”、“描写(Beschreibung，共2篇)”和“FU(fu，共3篇)”。

1. 德语中“赋”的对应词

在德语对于文体类词汇的表达中，与英语对“赋”的翻译从词源上来说最为接近的是“Rapsodie”，一般用于表达强烈情感的文章。不难看出，Rapsodie和“赋”并不是非常吻合，而赞克在他对“赋”的翻译中，完全没有出现这个词。再以和英语翻译中较多使用的“prose”和“song”相对应的德语词Prosa和Lied为例。Prosa特指散文，其突出特征是没有Reim(押韵，可以是头韵、韵脚或者屈折韵等)、Verse(诗“节”，如段落等有规定形式和韵脚的诗的段落)和Rhythmus(节律，指通过音节的长短、是否重读和韵律变化等将字句进行有规则的划分)这三种限制的文章。用这个词来翻译“赋”是很不合适的：因为“赋”又常被称为“散文诗”，是介于散文和诗之间的一种有韵的文体，与Prosa所指称的文体有着非常明显的差别。再说Lied这个词，一般在文体学上有两种意义，一个指的是“epische Dichtung”，即“叙事诗”；另一个指的是《旧约》中的诗篇，或是《旧约》的代称，又称为“hohes Lied(神圣的诗)”。后一种明显与“赋”相去甚远，而前一种“叙事诗”只能涵盖“赋”的内容的一小部分：“赋”中与叙事相关的只有郊祀、耕藉、田猎、纪行和游览这五种内容，其他如京都、物色、鸟兽、哀伤等内容都不包括在“叙事”之列，更何况“赋”多有借景抒情、劝百讽一的特点，因而用Lied来翻译“赋”也不是很好的选择。其他的选择诸如Schrift(理论性论文)、Verse(诗)、Gedicht(诗歌)、Essay(小品文、杂文)、Arbeit(学位论文)等都与“赋”有或多或少的区别，而如果用Aufsatz(作文)或者Artikel(文章)这样的较为概括的文体术语的话，“赋”的文体特色也就随着翻译的术语石沉大海了。

赞克没有采用以上任何一个术语，而是另起炉灶，一方面可以理解为赞克主观上想要对汉语的文体和西方语言的文体进行区分对待，即不用西方的文体术语翻译汉语的文体，其目的可以推测为以免西方读者将“赋”与特定的西方文体有所混淆，保持汉语文体的独特性；另一方面也可能是因为赞克对中西方文学的各种文体特征有非常深刻的研究，认为西方的文体中找不出一种可以用来表现“赋”的“形”和“神”的术语，因而另辟蹊径，用自己独到的方式来将“赋”介绍给西方读者。

2. 赞克对“赋”的翻译策略

在赞克的翻译中，用得比较多的翻译则是“peotische Beschreibung”，即“诗意的描写”。经过统计，我们将赞克所翻译的全部《文选》“赋”篇目大致总结为以下几类：

第一，使用“……诗意的描写(peotische Beschreibung…)”的篇目有：张衡《西京赋》《东京赋》《南都赋》、左思《三都赋序》《蜀都赋》《吴都赋》《魏都赋》，以及司马相如《上林赋》、扬雄《羽猎赋》、何晏《景福殿赋》和谢庄《月赋》。共11篇，分别属于京都、田猎、宫殿、物色这四个类别。

第二，使用“……描写(Beschreibung…)”的篇目有：班彪《北征赋》、曹大家《东征赋》。共2篇，均属于纪行。

第三，篇题直接使用“fu”的篇目有：扬雄《甘泉赋》、潘岳《藉田赋》和司马相如《子虚赋》。共3篇，分属郊祀、耕藉、田猎。

第四，其他以名词(词组)或动名词为篇题，“赋”这个字在翻译中没有体现，共25篇。

如果我们从赋具体的分类如京都、郊祀、耕藉、田猎、纪行、游览、宫殿、江海、物色、鸟兽、志、哀伤、音乐等来分析赞克翻译的规律，我们很难发现其中的逻辑，可能会得出结论：虽然赞克对“赋”的文体特殊性有一定的认识，但是他依然没有使用统一的翻译术语；如果我们尝试从具体作品翻译时间先后来探讨赞克是否随着时间的推移对赋的认识在不断变化，我们虽然找不到这方面的证据，但是不难发现的是，赞克在一些年份翻译的赋中，对于“赋”这个字的翻译在不同篇目中是有所区别的：例如《子虚赋》、《上林赋》的翻译是于1928年在同期杂志上发表的，但是前者中的“赋”直接译为“fu”，后者则是“poetische Beschreibung”，这两篇“赋”虽非一时一地之作，但结构类似，内容上前后相接，因此司马迁在《史记》里将它们视为一篇，称之为《天子游猎赋》。常理论之，将这两篇中的“赋”翻译成同一个词完全合情合理。然而事实并非如此。按照赞克对于翻译的严格程度的逻辑推断，这种区分不是偶然为之或者随手之作，而是有目的的、思考后的结果。

对第一类使用“……诗意的描写(peotische Beschreibung…)”的篇目进行进一步分析后，不难发现，这些篇目中除了《景福殿赋》和《月赋》以外都可以被列入“大赋”的范畴。“大赋”，又称为“汉大赋”，起于西汉时期，一般篇幅较长，多用于描述华丽奢靡的皇家生活，如都城、游猎等；结构上讲究“劝百讽一”，即“靡丽之赋，劝百讽一，犹驰骋郑卫之音，曲终奏雅”(《汉书·司马相如传》)；艺术上它铺排、夸饰，讲究声音美和字型的排列美，铺张扬厉，颇有“poetisch”的韵味。与之相对的是“小赋”：篇幅短小，多用韵文，句式多样，侧重于抒写个人心志、托物言志、咏物抒情、针砭现实；采用铺排手法，语言较汉大赋朴素(如第二类中使用“Beschreibung…”的班彪《北征赋》、曹大家《东征赋》)。参照这个标准，《景福殿赋》虽然不是汉代的作品，但是描写的也是都城中一座宫殿的奢华景象，而且赞克还特地在篇题的翻译中注明了景福殿的所在地——当时的都城许昌。此外，大赋“劝百讽一”的结构自班固的《两都赋》开始有所改变，变成了一比一的比例；《景福殿赋》的时代虽晚，却继承了大赋的结构，铺张描绘的部分比重极大。种种证据在列，我们有理由推测赞克根据自己对作品的了解，认为《景福殿赋》更像大赋。就《月赋》而言，谢庄先写曹植因为思念过世不久的应玚、刘桢两位文友，便在一个月夜宴请王粲作赋。王粲在赋中极写月亮的变幻精灵，预示人事的顺逆。月亮的清辉照亮皇宫时，君王为月色所陶醉；照到旅者时，会触动游子愁思；它还能使相隔千里的情人共仰明月。而当月亮下山时，所有人怅然若失。在赋的最后，王粲慨叹月没岁暮，规劝君王珍惜佳期。全文的结构非常类似《上林赋》，在体式上，采用问答的方式，开头先通过一段简短的叙事引出后面的对话，然后在对话中进行大段描写，结尾具有讽谏的意味；从内容上说，在月亮的发展过程中穷形尽相地表现事物的各种不同形态，以展现其变化之丰富，就像刘熙载所说“赋取穷物之变，如山川草木，虽各具本等意态，而随时异观，则存乎阴阳晦明风雨也”；从文字特点上分析，句式以骈偶为主，又杂以散句，显得整齐而富有变化，篇末的两首诗既总结全篇，又与篇首“沉吟齐章，殷勤陈篇”相呼应，反映了此赋结构的精巧完整，也呈现了南朝赋在总体上走向诗化的趋势。由此可见，《月赋》虽非汉代的赋作，但颇得大赋精髓。

与此形成对比的是《子虚赋》。虽然它与《上林赋》一样，都是司马相如的作品，结构上也颇为相似，且在内容上有承接的关系，但是这篇“赋”的翻译却“草草”用了“fu”来解决。唯一有可能的解释只能是内容上的差别：《上林赋》的描述对象是帝王，而《子虚赋》中的描写对象是诸侯。汉武帝时期，经历了文景之治的“休养生息”政策后，国有余粮，军威大振，诸侯实力逐渐削弱，中央集权现象越发明显。推尊天子、贬抑诸侯的倾向与当时的经济政治形势一致，《子虚赋》也不能幸免，因而尽管形式上属于“大赋”，但是从内容上被赞克排除在“poetische Beschreibung”之外，司马相如自己也说《子虚赋》“然此乃诸侯之事，未足观”。赞克用“fu”来翻译“赋”的另外两篇《甘泉赋》和《藉田赋》，前者的结构与描写宫殿的“poetische Beschreibung”《景福殿赋》不同：前半部分描写了甘泉宫的富丽堂皇，后半部分不是对帝王的劝谏，而是对想象中内容的描述；后者记述的是帝王的祭祀活动，全文对晋武帝躬耕之事大唱赞歌，没有任何劝谏之意。我们由此也可以得出一个合理的推测：赞克的“fu”代表着该篇目要么在内容上和帝王无关（例如《子虚赋》），要么对帝王没有劝谏之意（例如《甘泉赋》和《藉田赋》）。

类似地，第四类以动名词或名词为篇题的赋的特征也比较好归纳，即既不描绘与帝王相关的景象、事物，也不对帝王进行劝谏。比如《海赋》中大量的对海里各种生物的铺张描绘，以及《芜城赋》中对江陵城热闹繁盛的往昔与如今遭遇屠城后破败惨淡的对比描写。可以作为例证的是赞克将潘岳的《西征赋》中的赋也归为第四类翻译：第一，《西征赋》不是写景，而是论史，以引经据典为主，缺乏对景物的铺张描写；第二，潘岳在文中一方面讴歌了周代开国之初的盛世景象和汉代刘邦政权的不朽业绩，而另一方面又无情地鞭挞了诸如周幽王、秦始皇、王莽等暴君佞臣的累累罪行，最后说“土无常俗，而教有定式”，“如其礼乐，以俟来哲”，结合潘岳写这篇赋时的经历以及他对当时帝王的失望之情，与其说这篇意在劝谏帝王，不如说是潘岳在表明自己的政治志向；第三，篇幅宏大，不像《北征赋》和《东征赋》那样简短，这在一个侧面也验证了赞克用“Beschreibung...”来翻译“小赋”的观点。

3. 赞克对篇题的翻译策略

赞克的翻译在当时得到了学界的广泛关注，也收到了很多批评。在批评赞克“对语言学之外都不感兴趣”(傅熊，205)的同时，另一种对他的攻击完全站在了这个言论的对立面，即认为赞克的《文选》翻译不够“直译”，翻译出的作品让人分不清哪里是原文、哪里是注释。比如威利(Arthur Waley)指出了赞克翻译的五种问题：(1)没有确认所用的作品是否可靠；(2)本来直译就可理解的地方却加以发挥；(3)对不懂的词语就略过；(4)不恰当地使用李善注；(5)不懂中国音乐却选了专业文章来翻译(Waley，383—384)。戴闻达也非常直接地表示：“(赞克的)翻译从总体上说很好很精确，但并不是没有错误的。必须要指出的是，尽管有些地方比较晦涩，在一些地方(赞克)把批注翻译了出来，并且放进了(原文的)翻译中去了。也许这些文中没用这么多字来描述，但是没准有这些意思。我觉得这种方法不好。7世纪的唐代学者李善的批注不应该和几百年前的原文混为一体。译者(赞克)也许会反驳说，有些地方没有注释根本无法理解，如果只是用脚注的话也只是多了一些对中文表达逐字逐句的理解而已。尽管他在序言里说，他的翻译主要是面向学生的，但是这样(原文和批注分开)也不会有太大损失，而且对学生来说也是一个学术公正性的展示。与此同时，(这样的方式)也能保证在每处都有详细的训诂批注(语文学批注)。而如今(赞克这样的处理)使得括号中的批注没有怎么(以批注的方式)保留下来，而且大量的训诂材料也没有被用到”(Duyvendak，166—167)。这些学者对此的批评完全符合事实。即使仅仅从对原篇目的篇题翻译来看，赞克《文选》赋的篇目中至少有补充信息的：《上林赋》《羽猎赋》《长杨赋》《东征赋》及《景福殿赋》。

《上林赋》译为“Peotische Beschreibung des kaiserlichen Jagdparkes”，即“对皇家狩猎园的诗意描写”，是赞克加上了“上林”这个名称的“功用”，阐明了它具体是一个什么样的事物，用给出名类的方式进行了解释。《羽猎赋》译为“Peotische Beschreibung des vom Kaiser mit der Yü-lin-Garde veranstalteten Jagd”，即“对一次由皇帝组织的在羽林军陪伴下狩猎的诗意描写”，但纵观《羽猎赋》李善注并没有提到羽林卫，因而我们认为，这是赞克在了解全文内容后，思考后在篇题上体现出羽林在这场狩猎中的参与度。《长杨赋》译为“Die Jagd im Wildpark des Ch'ang-yang-Schlosses”，即“在长杨宫的苑囿狩猎”，增加对“长杨”的名物的分类：“长杨”是宫殿，这首赋描写的不是宫殿如何金碧辉煌，而是在这个宫殿的苑囿中进行的狩猎活动。可以推测这个信息的真假来自李善注“善曰：明年，谓作《羽猎赋》之明年，即校猎之年也。班欲叙作赋之明年。《汉书·成纪》曰：“元延二年冬，幸长杨宫，纵胡客大校猎，是也。”《东征赋》译为“Beschreibung meiner und meines Sohnes Reise nach Osten”，即“对我和儿子东方之旅的描述”，增加了东征的这个动作或者事件的主体，以这样的方式避免可能的对于“东征”的误解(如“十字军东征”)。这里增加的动作主体的信息应该是来自于《东征赋》的第一句“惟永初之有七兮，余随子乎东征”。《景福殿赋》译为“Peotische Beschreibung des Ching-fu-Palastes in Hsü-ch’ang”，即为“许昌景福宫的诗意描写”，增加了景福宫这个名词的空间信息，即景福宫位于当时的首都许昌，这也在一定程度上为赞克为什么将这首赋篇题中的赋翻译为“Poetische Beschreibung”，可以为目标读者的理解提供有参考意义的线索。这个信息也很有可能来自于李善注“《洛阳宫殿簿》曰：许昌宫景福殿七间”。由此可知，赞克为篇目增加的信息，根据不同篇题的句法特征，增加相应的信息，使得篇题更能反映赋的内容。比如，若篇题的中心词是事件，就会提供行为主体的信息；若中心词是事物，则给出一些对事物进行修饰或者限定的内容，如给出该名物的所在地等。这些信息不是在篇题中透露的：既有来自赋自身文本的，也有来自李善注的，当然还有赖于赞克的专业背景以及他本人对赋的篇题及内容的理解和判断。又如他将《思玄赋》的篇题译为“对神秘远方的向往(Sehnsucht nach dunklen Fernen)”。事实上，《思玄赋》中“玄”，六臣注解为“玄，道也，德也”。赞克看过《道德经》，还写过批评文章，不可能不懂“玄”的意思。但他却在翻译这个篇题时完全抛弃了“玄”，另辟蹊径，在篇题中概括了这篇赋的内容。选择忠于内容而非篇题本身，其中的考量可能是为了避免篇题过长或是过于晦涩，吓退潜在读者。我们无法绝对判断这样的翻译是否应当推崇，或者应在什么样的范围内进行推广，但是可以肯定的是，赞克的译法是经过精读全文，考虑过文章的难度和读者的接受度后，审慎做出的选择。

4. 赞克文化释义的翻译策略

美国翻译理论家奈达(Eugene Nida)认为翻译是用最恰当、自然和对等的语言从语义到文体再现源语言的信息，即“信、达、雅”中的“达”。若源语言(source language)表达的内容在目标语言(target language)中存在较为接近的对应词或表达时，则可以用对应词进行“直译”(Nida，Taber，12—13)。赞克翻译中大量采用了直译。

首先，从名物的对译上来看，赞克尽量找到对应的词汇。如物色赋中涉及一些中国的动物：《赭白马赋》中的“赭白马”，译为“Der kaiserliche Scheck（御用的黑花纹马）”，李善注“刘芳《毛诗义证》曰：彤白杂毛曰駮。彤，赤也。即赭白也。”而Scheck在德语中是黑花纹马的意思。尽管没法显示花纹是“赭白”，但这种译法已尽可能地用最接近的对应词来让目标读者了解这种动物了。再比如《琴赋》中的“琴”，译为“Die Laute”，在德语中是鲁特琴的意思。嵇康所谓的“琴”应当属古琴，而鲁特琴是一种曲颈拨弦乐器，一般是指中世纪到巴洛克时代欧洲使用的一类古乐器的总称。鲁特琴与古琴都属于拨弦乐器，且鲁特琴在赞克当时看来也是欧洲的“古琴”，可见赞克为了达到精确直译的效果应当下过很多工夫。又如《鷦鷯赋》中的“鷦鷯”，译为“Der Schneidervogel(缝叶莺)”。缝叶莺为鹟科莺亚科鸟类。而鷦鷯，李善注为“微小黄雀”。二者均属雀形目而分属不同科，有一定的外形差别，但赞克的翻译已经比只给出大的总称“鸟类”形象、贴切多了，可以认为是德国常见的鸟类中外形最接近的了。奈达认为源语言与目标语言的意义不必完全相同，但可以用不同形式表达相同意义。从这个方面看，赞克的翻译较为成功地实现了这一点。

除此之外，赞克对于选词十分考究，充分体现了一位语文学家在训诂训练上的专业性。如《洛神赋》译为“Die Nixe des Lo-Flusses”，即“洛水女神”。在德语中“Die Nixe”来自于古高地德语（750—1050）名词 nicchessa，在中古高地德语（1050—1350）中为 nickese，意思是“水中女神”。赞克用这个词区别于《神女赋》中的神女：“Die Fee”（“Fee”所指的女神主要是有法力的女神，来源于拉丁语，在拉丁语中是“命运女神”之意）。洛神在李善注中“《汉书 · 音义》如淳曰：宓妃，宓羲氏之女，溺死洛水，为神”。赞克的“Die Nixe des Lo-Flusses”与《洛神赋》复古而神秘的味道结合起来，又用“Nixe”与“Fee”区分水中女神与神女二词，其准确性不得不令人折服。而《江赋》译为“Der Grosse Strom”，没有直接译为“长江（Yangtze）”，而是将形容词 groß 的首字母大写，用以构成一个专有名词（类似于“长城”的英语翻译 the Great Wall，德语翻译 die Große Mauer）。这是由于用“长江”这个词来指代这篇赋中的长江是不恰当的，因为“长江”这个词是晋朝以后才逐渐开始使用的，而 Strom“河流”这个词带有“汇流入海的大河”的意思在其中，所以赞克在这里的处理尤为得当。另外一个能够体现赞克翻译功力的典型例子是对《幽通赋》的翻译：“Die Begegnung mit dem Geiste”，即“与（精）神的遇见”。李善注云：“幽通，谓与神遇也。”赞克通过李善注理解了篇名的意义并准确地用德语表达了出来。正如拉脱维亚大学教授弗兰克 · 克劳斯哈尔（Frank Kraushaar）从一个译者的角度对赞克的翻译逻辑的理解（Kraushaar，562—565）：“对文本本身的忠诚塑造了赞克个人翻译的特征。无论是抽象理论还是任何其他形式的美学或语言学上的影响都不能使西方读者与中国读者有足够相似的语言经验知识。赞克的作品代表了一种无所畏惧的尝试，即将优秀作者甚至整个时期（如《文选》翻译）的完整作品以直白准确的形式呈现……赞克翻译散文却并不遵循中国文本经常出现的复杂的节奏及格律结构，无法达到更高的审美要求，将文字的意义与诗人的个人意图相结合。相反，他通过追溯其语源来描述诗歌语言。”

5. 结语

从以上对赞克对《文选》中的“赋”的篇题的翻译可以看出，赞克的翻译不是呆板的逐字翻译：仅仅是他对篇题中“赋”这一个字的翻译，就体现出了他在中国文字、历史、典故等方面的造诣。这一方面体现了赞克对于翻译的近乎不能实现的严苛标准和要求，另一方面也给予了抨击他这位语文学家“对语言学之外都不感兴趣”的看法一个强有力的回击。除此之外，赞克还对篇题的翻译进行了信息上的补充和文化上的靠近，使得《文选》中的“赋”更加贴近西方读者的眼界，更加能够引起他们阅读的兴趣。可以说，赞克对“赋”在术语上的处理，为他的篇题翻译奠定了语言学与文化相结合的基调，也为他的《文选》译本受到西方汉学界的推崇打下了牢固的基础，同时也是术语翻译的优秀范例，值得我们学习和借鉴。

参考文献

[1]郭建勋、钟达锋. 赋与狂诗——从赋的译名看赋的世界性与民族性[J]. 中山大学学报（社会科学版），2014(5).

[2]Knechtges, D. Wen Xuan or Selections of Refined Literature[M], Princeton: Princeton University Press, 1982-1996.

[3]英]傅熊、王艳、儒丹墨. 忘与亡：奥地利汉学史[M]. 上海：华东师范大学出版社，2011.

[4]Waley, A. Review of Die chinesische Anthologie: Übersetzungen aus dem Wen hsüan von Erwin von Zach（1872-1942）[J]. Bulletin of the School of Oriental and African Studies, 1959.

[5]Duyvendak, J. Review of Übersetzungen aus dem Wen hüsan von Erwin von Zach[J]. Sinologische Beiträge, 1935.

[6]Nida, E. & Taber, C. The Theory and Practice of Translation[M]. Leiden: E. J. Brill, 1982.

[7]Kraushaar, F. Review of Li T'ai-po: Gesammelte Gedichte [J]. China Review International, 2001.

附表：赞克对《文选》中的“赋”的翻译

编号	赞克收录	作者	德文篇名	中文名
1	否	班固		西都赋
2	否	班固		东都赋
3	是	张衡	Peotische Beschreibung der westlichen Hauptstadt	西京赋
4	是	张衡	Peotische Beschreibung der östlichen Hauputstadt	东京赋
5	是	张衡	Peotische Beschreibung der südlichen Hauptstadt	南都赋
6	是	左思	Peotische Beschreibung der drei Hauptstädte Einleitung	三都赋序
7	是	左思	Peotische Beschreibung der Hauputstadt von Shu	蜀都赋
8	是	左思	Peotische Beschreibung der Hauputstadt von Wu	吴都赋
9	是	左思	Peotische Beschreibung der Hauptstadt von Wei	魏都赋
10	是	扬雄	Kan-ch'üan-fu	甘泉赋
11	是	潘岳	Chi-t'ien-fu	藉田赋
12	是	司马相如	Tzu-hsü-fu	子虚赋

续表

编号	赞克收录	作者	德文篇名	中文名
13	是	司马相如	Peotische Beschreibung des kaiserlichen Jagdparkes	上林赋
14	是	扬雄	Peotische Beschreibung der vom Kaiser mit der Yü-lin-Garde veranstalteten Jagd	羽猎赋
15	是	扬雄	Die Jagd im Wildpark des Ch'ang-yang-Schlosses	长杨赋
16	否	潘岳		射雉赋
17	是	班彪	Beschreibung meiner Reise nach Norden	北征赋
18	是	曹大家	Beschreibung meiner und meines Sohnes Reise nach Osten	东征赋
19	是	潘岳	Die Reise nach Westen	西征赋
20	否	王粲		登楼赋
21	是	孙绰	Die Wanderung über den T'ien-t'ai-Berg	游天台山赋
22	是	鲍照	Die verfallene Stadt	芜城赋
23	是	王延寿	Der Ling-kuang-Palast im Lande Lu	鲁灵光殿赋
24	是	何晏	Poetische Beschreibung des Ching-fu-Palast in Hsü-ch'ang	景福殿赋
25	是	木华	Das Meer	海赋
26	是	郭璞	Der Grosse Strom	江赋
27	否	宋玉		风赋
28	是	潘岳	Herbststimmung	秋兴赋
29	是	谢惠连	Der Schnee	雪赋
30	是	谢庄	Die Poetische Beschreibung des Mondes	月赋
31	否	贾谊		鹏鸟赋
32	否	祢衡		鹦鹉赋
33	是	张华	Der Schneidervogel	鹪鹩赋
34	是	颜延之	Der Kaiserliche Scheck	赭白马赋
35	是	鲍照	Die tanzenden Kraniche	舞鹤赋
36	是	班固	Die Begegnung mit dem Geiste	幽通赋
37	是	张衡	Sehnsucht nach dunklen Fernen	思玄赋
38	否	张衡		归田赋
39	是	潘岳	Mein Leben als Privatmann	闲居赋
40	是	司马相如	Der Ch'ang-men-Palast	长门赋
41	是	向秀	Erinnerung an alte Freunde	思旧赋

续表

编号	赞克收录	作者	德文篇名	中文名
42	是	陆机	Klage über den Tod	叹逝赋
43	是	潘岳	In Erinnerung an alte Freunde	怀旧赋
44	是	潘岳	Die Witwe	寡妇赋
45	否	江淹		恨赋
46	否	江淹		别赋
47	否	陆机		文赋
48	否	王褒		洞箫赋
49	是	傅毅	Der Tanz	舞赋
50	否	马融		长笛赋
51	是	嵇康	Die Laute	琴赋
52	否	潘岳		笙赋
53	是	成公绥	Das Pfeifen	啸赋
54	否	宋玉		高唐赋
55	是	宋玉	Die Fee	神女赋
56	否	宋玉		登徒子好色赋
57	是	曹植	Die Nixe des Lo-Flusses	洛神赋

“窈窕淑女”的意象侨易之旅
——《德国文学中的中国女性形象》序言①

同济大学　叶　隽

中西交通史的研究可谓现代学术中之显学，当初方豪著《中西交通史》乃是颇为厚重之作，而向达之同名作《中西交通史》还属发凡起例，其贡献更在专题深入的《唐代长安与西域文明》，张星烺之《欧化东渐史》试图别出蹊径，但其所编的数卷《中西交通史料汇编》更具史料基础性价值。文化关系的研究乃是一个急不得的工作，需要静下心来以平常心待之，因为在我看来，无处不侨，无处非易，那么文化的接触、交流、互动就始终处在一种周而复始的运动状态之中。而就更具体的中外文学关系史研究来说，则本土学者之贡献值得重视，譬如早期的海外博士论文系列，陈受颐《十八世纪英国文化的中国影响》(芝加哥大学)、方重《十八世纪英国文学中的中国》(斯坦福大学)、范存忠《中国文化在英国：从威廉·坦普尔到奥列佛·哥尔斯密斯》(哈佛大学)、钱锺书《十七、十八世纪英国文学中的中国》(牛津大学)等；20 世纪 80 年代以来经比较文学学者的努力，若干大型丛书相继问世，如《中国文学在国外丛书》、21 世纪初《外国作家与中国文化丛书》等，试图集大成的著作，如钱林森、周宁教授联袂主编的《中外文学交流史》17 卷，显出一览无余的设计气魄，但就学术实质推进而言则很难达到“名实相副”。相比此类求全责备的大工程，我还是更倾向于先立定脚跟，脚踏实地做一些具体而扎实的个案研究，在此基础上徐图渐进，设若如此则双边文学关系史的专题处理就成为必要。

在中德文学关系史领域，则德国学者尤其拔得头筹，有 Ursula Aurich《中国在十八世纪德国文学中的反映》(*China im Spiegel der deutschen Literatur des* 18. *Jahrhunderts*. Berlin，1935)，Horst von Tscharner《至古典主义德国文学中的中国》(*China in der deutschen Dichtung bis zur Klassik*. München，1939)等。而陈铨先生的博士论文《德国文学中的中国纯文学》则可谓是中国学者开辟性的著作，其德文本绪论中的第一句话是中文本里所没有的：“中国拥有一种极为壮观、博大的文学，其涉猎范围涵盖了所有重大的知识领域及人生问题。”②作者对自己研究的目的性有很明确的设定，即“说明中

---

① 本文曾作为序言发表在《德国文学中的中国女性形象》(武汉大学出版社，2017 年)一书中。

② 德文原文为：“China besitzt eine außerordentlich umfangreiche Literatur über alle großen Wissensgebiete und Lebensprobleme.”见基尔大学哲学系博士论文 Chen，Chuan，*Die chinesische schöne Literatur im deutschen Schrifttum*，Inaugural-Dissertation zur Erlangung der Doktorwürde der Hohen Philosophischen Fakultät der Christian-Albrecht-Universität zu Kiel，vorgelegt von Chuan Chen aus Fu Schün in China，1933，S. 1.

国纯文学对德国文学影响的程序”、“就中国文学史的立场来判断德国翻译和仿效作品的价值”。[①] 此后杨武能、卫茂平、方维规教授等陆续加入此行列，均颇有贡献；当然对于中国学者的研究，也有需要值得注意的倾向，按照夏瑞春教授的说法则是：“在过去的二十五年间，虽然有很多中国的日耳曼学者在德国学习和获得博士学位，但遗憾的是，他们中的绝大部分人或多或少都研究了类似的题目，诸如布莱希特、德布林、歌德、克拉邦德、黑塞(或许是最引人注目的)及其与中国的关系，尤其是像席勒、海涅和茨威格，总是不断地被重复研究。其结果就是，封面各自不同，但其知识水平却始终如一”。[②] 谭渊教授致力于此领域之研究，但又别出蹊径，主要聚焦于历史上的“中国女性”的“德国形象”，即经由德国作家再描摹之后的“英雄造像”。他在德国哥廷根大学获得博士学位的论文乃是《德国文学中的中国人——以席勒、德布林与布莱希特著作中的中国人形象为重点的考察》[③]；前些年又出版了《歌德席勒笔下的“中国公主”与“中国女诗人”——1800 年前后中国文化软实力对德影响研究》[④]；最近鼓其余勇，完成这部《德国文学中的中国女性形象》，确实可以说是有其学术发展的惯性延续，值得充分肯定。

从性别主义的角度来看，当然会强调“女性”的特点和视角，但我还是更喜欢用一种天然的审美眼光而超越简单的“权力叙事”，所以曾写过一篇《风仪贵兮，美人绰约——席勒戏剧中的女性》的文章，就是关注到席勒笔下的女性实在有着太可向慕和书写的风景，而谭渊教授美其名曰“探寻中国‘她者’的足迹”，一语双关，将“他者”和“她者”巧妙地互文相应，其背后的理论意识豁然显焉；当然更重要的是，这种学术理论关注是多方面的，他强调“在研究德语文学中的中国女性形象时必须由中国素材的传播轨迹入手，从译介学、文学关系史料学、文学形象学、变异学、侨易学的角度开展对德语文学中的中国女性形象的全面梳理，从而在更为广阔的背景上对中德文学间的相互作用和世界文学的发展方式进行探索，对‘世界文学’图谱中的中德文学互动关系进行建设性的解读”。这无疑是一种颇为理想化的描述，让人读来心向往之，但如何能做好，却大是值得考究和商榷。一则理论建构本身就相当艰难而复杂，也涉及一个如何博采众长、化用资源、创生自我的过程，这其中不仅有面对理论海洋的阅读和理解性挑战，也有一个资源内部本身的众声喧哗、博弈相竞的问题；仅就侨易学而论，我也期待谭渊教授能有更加细致的个案深入和反思意识的相关发覆，因为它本身就在构建过程中，其理论空间的可开发性还是相当之大的。

当然谭渊所拥有的显然不仅是对理论的关注热情，而且也有扎实的史料功夫。他将

---

① 陈铨：《中德文学研究》，沈阳：辽宁教育出版社，1997 年，第 4 页。

② 夏瑞春：《双重转型视域里的“德国精神在中国”》，载《文汇读书周报》2016 年 4 月 25 日。

③ Tan, Yuan. *Der Chinese in der deutschen Literatur — Unter besonderer Berücksichtigung chinesischer Figuren in den Werken von Schiller*[M]. Döblin und Brecht, Göttingen: Cuvillier Verlag, 2007.

④ 谭渊：《歌德席勒笔下的“中国公主”与“中国女诗人”——1800 年前后中国文化软实力对德影响研究》，中国社会科学出版社，2013 年。

德语文学的中国叙述追溯到13世纪初，就是用史料来说话。他揭示的另一个现象也同样值得关注，即德语文学家中极少有人踏足中国，他认为：“作家们在借助传教士报告、游记、丝绸、瓷器了解这个对他们而言充满神秘色彩的国度时，各种各样的想象、误读、渴望也被叠加在中国形象之上，这些真真假假的‘中国知识’共同构成西方作家塑造中国‘他者’形象的创作源泉。”在这里，书面文字记录和实物器具等同样进入考察视野，不仅显示了作者关注的广度和理论的兴趣，而且也意味着必须有对实证史料的扎实把握，在这个方面，作者虽是日耳曼学出身，但对德国汉学研究成果也是不陌生的。

任何一种研究，都必须以学术史意识作为必要前提，否则很容易流于自说自话。说到底，学术研究必须在特定的知识空间产生“对话辩难”，否则意义终究是有限的。就此来说，在本学科学者里，谭渊显然可谓佼佼者，他对中德文学关系研究的学术史谱系梳理，自有其特色，可以为后来人提供基本线索。如果能更具学术史眼光和代际谱系意识，乃至自身的架构设置，那么其对学术推进的意义则可更上层楼。

观赏经由德国作家之手而重塑的中国女性图卷，确实感慨良多。从17世纪巴洛克小说中的“中国亚马孙人”到18世纪的“中国风尚”与席勒笔下的“中国公主”，再到19世纪东学西渐与歌德对“中国女诗人”的塑造，20世纪德国文学中的“中国女强人”——从上海女织工到四川女强人，作者给我们勾勒出一幅绚丽多彩而千变万化的“中国女性”帙卷，至于所附嘉庆十年版《百美新咏》插图及诗文、奥托·冯·比尔鲍姆《褒家的漂亮姑娘》译文等材料，更是让我们对“窈窕淑女，君子好逑”的表述心生向往。其实《好逑传》早就有穆尔(Christoph Gottlieb von Murr，1733—1811)的德译本，译者还曾向席勒寄赠，由此使得席勒、歌德等人对这部中国小说有细致的了解。歌德对《百美新咏》也是情有独钟，譬如一则关于梅妃的故事，原诗相当白描：“桂叶双眉久不描，残妆和泪湿红绡。长门尽日无梳洗，何必珍珠慰寂寥。”作为明皇宠妃的梅妃的孤寂冷宫的美人凄凉，或许使歌德生出一种同情，所以中间虽经汤姆斯(Peter Perring Thoms)英译中介①，但歌德的德译诗仍然很精彩：

> Du sendest Schätze, mich zu schmücken!
> Den Spiegel hab' ich längst nicht angeblickt:
> Seit ich entfernt von deinen Blicken,
> Weiß ich nicht mehr, was ziert und schmückt.
> 君赠珠羞饰我容，影子凋零铜镜中。

① 英译文是这样的：“The eyes of the *Kwei* flower, have been long unadorned: / Being forsaken my girdle has been wet with tear so fregret. / Since residing in other apartments, I have refused to dress, / How think by a present of pearls, to restore peace to my mind?” Thoms, Peter Perring: *Chinese Courtship — in verse*. London: Parbury, Allen, and Kinsbury; Marco: The Honorable East India Company's Press, 1824: 254.

红颜不能悦君意，何必脂粉熏香笼。①

我们回译成中文，好像完全是另一首诗了，这或许就是文学的魅力、翻译的神奇。中国女性形象的再诗话，确实是文化史上的一个上佳命题，有各类精英参与的这一旅程，饶有趣味。而这一过程我们或许正可视作一意象侨易之旅，其所涉及的“物质位移，精神质变”的关系则更意味深长，值得细加开掘。

大体说来，学术研究是一个着急不得的过程，按照钱锺书先生的说法，更是“大抵学问是荒江野老屋中二三素心人商量培养之事，朝市之显必成俗学”。但随着技术的高度发展，资本的绝对驱动，人性的天赋弱点，似乎这种理想主义越来越成为明日黄花。大家追逐的，似乎更是张爱玲所谓“成名要快”的那种逻辑。可我想，无论时代怎样变化，有些根本的东西是不会变的，这或许就是《易经》的伟大之处，在“变—常”之间寻找到一种合适平衡张力，既看到万事万物的“迁变”之像，又始终不忘背后有“常道”存焉。所以，言行合一，心向大道，坚守底线，或正是吾辈学人当守之基本学术伦理，亦承古士人君子之风骨也。陈寅恪先生谓：“考自古世局之转移，往往起于前人一时学术趋向之细微。迨至后来，遂若惊雷破柱、怒涛振海之不可御遏。”这种对于学术与大势关系的判断，背后更是对学人职责的自觉承担意识，值得后来者认真思量。谭渊君正值盛年，在中德文学关系研究领域耕耘颇久，积累亦丰，若能排除外在的各类“诱惑”干扰，静心治学，其成就与贡献当深可期待。

参考文献

[1]陈铨. 中德文学研究[M]. 沈阳：辽宁教育出版社，1997.

[2]谭渊. 歌德席勒笔下的“中国公主”与“中国女诗人”——1800年前后中国文化软实力对德影响研究[M]. 北京：中国社会科学出版社，2013.

[3]夏瑞春. 双重转型视域里的“德国精神在中国”[J]. 文汇读书周报，2016(4).

[4]卫礼贤. 歌德与中国文化[M]. 温晋韩译. 载宗白华编《歌德之认识》，南京：钟山书局，1933.

[5]张威廉. 梅妃答明皇赠珠一诗的译文评比[M]. 载张威廉《德语教学随笔》，南京：南京大学出版社，2000.

[6]Chen, Chuan. Die chinesische schöne Literatur im deutschen Schrifttum[J]. Inaugural-

① 引自陈铨：《中德文学研究》，第96页。此处中文为作者自译。关于这首梅妃诗翻译的比较评论，参见《梅妃答明皇赠珠一诗的译文评比》，载张威廉：《德语教学随笔》，南京：南京大学出版社，2000年，第140-143页。卫礼贤(Richard Wilhelm)也曾将歌德的德译文回译为中文：“承君相爱赠珠翠，我妆台久未复临，自去君旁不相见，何曾知怎样梳妆斗艳辉。”卫礼贤：《歌德与中国文化》，温晋韩译，载宗白华编《歌德之认识》，南京：钟山书局，1933年，第268页。

Dissertation zur Erlangung der Doktorwürde der Hohen Philosophischen Fakultät der Christian-Albrecht-Universität zu Kiel, 1933.

[7] Tan, Yuan. Der Chinese in der deutschen Literatur-Unter besonderer Berücksichtigung chinesischer Figuren in den Werken von Schiller[M]. Döblin und Brecht, Göttingen: Cuvillier Verlag, 2007.

[8] Thoms, Peter Perring. Chinese Courtship — in verse[M]. London: Parbury, Allen, and Kinsbury; Marco: The Honorable East India Company's Press, 1824.

语言与文化

瑞士语言教育政策探析

华中科技大学　程　曦　张建伟

摘要：瑞士作为多语制国家一直在探索制定并实施适宜的语言教育政策。本文评介和分析了联邦政府协调性教育机构——瑞士联邦州教育部长联席会议(EDK)在制定语言教育政策时的作用，梳理了EDK1970年至2011年制定的几个义务教育阶段的语言教育政策，同时分析了社会和经济发展对瑞士语言教育政策的影响，并以苏黎世州为例，探讨语言教育政策的特点及其具体实施情况，力求从政策制定和执行两个方面阐释瑞士语言教育政策。

关键词：瑞士；语言教育政策；制定；修订

语言教育政策是国家教育政策的重要组成部分，也是国家语言政策中不可或缺的分支。瑞士是一个多民族国家，其语言教育政策不仅直接关系到青年的语言知识能力，还会影响到社会的稳定和发展。

瑞士自1798年被拿破仑军队占领，建立海尔维第共和国以来，逐渐成为一个多语制联邦国家，成为德语、法语和意大利语三大欧洲语言文化交叉点。1999年颁布的瑞士联邦宪法(*Bundesverfassung der Schweizerischen Eidgenossenschaft*)规定瑞士民族语言为德语、法语、意大利语和拉丁罗曼语；其中德语、法语和意大利语为官方语言，拉丁罗曼语在与罗曼什人交流时也被视为官方语言。此外，该宪法还赋予了联邦州自主选择官方语言的权利，于是瑞士26个州依据语言分为：17个德语州、4个法语州、1个意大利语州、3个德法双语州和1个三语州。复杂的多语制国情促使瑞士在不停地探索本国语言教育政策时，有机地融合德语、法语和意大利语的语言文化特色，其目的是通过制定和实施语言教育政策将使用各种语言的瑞士人统一起来，互相学习，融为一体，建立起多语言和多元文化的和谐社会。

1. 瑞士语言教育政策制定机构及其作用

瑞士是一个联邦制国家，没有设立国家教育部，教育立法权依据联邦宪法属于联邦和州政府共同所有。义务教育阶段事务主要由26个州负责，继续学习阶段事务则由联邦和州政府共同负责。联邦州在发展教育事业上拥有很大自主性，能够充分考虑到各州实际情况制定出适宜的教育政策；然而这种自主性也导致了各州教育资源、水平和发展存在差异，不仅影响了联邦政府对中小学教育的统一管理，而且制约了联邦义务教育整体发展。联邦政府为了更好地管理联邦义务教育，协调各州义务教育发展，确保其质量，均衡其水平，成立了瑞士联邦州教育部长联席会议(Die Schweizerische Konferenz der Kantonalen Erziehungsdirektoren，简称 EDK)，EDK 作为联邦一级的教育机构主要负责义务教育阶段事务。职业教育和大学教育事务由联邦教科创新署(das Staatssekretariat für Bildung, Forschung und Innovation，简称 SBFI)负责。

1) 瑞士联邦州教育部长联席会议(EDK)成立于 1897 年，其职责是协调各州文化教育事务，以解决当时各州文化教育发展不平衡现象。EDK 作为联邦教育最高决策机构，由 26 个州教育部长组成。成立之初，EDK 只是注重各州文化教育交流；20 世纪后，其关注点为教育政策的制定和实施，因而对教育的影响力越来越大。EDK 在 1970 年制定的《学校统一协定》(*das Schulkonkordat*)成为各州教育部门合作的法律依据。除《学校统一协定》外，EDK 制定的州际协议也具有法律效力。现在，EDK 已成为瑞士义务教育阶段制定政策的最重要机构，制定和颁布了教育包括语言教育的重要政策。如《义务教育语言教学的共同战略》(2004)和《关于统一义务教育的州际协议》(2007)，对瑞士 21 世纪教育改革产生了很大影响。由于瑞士本身复杂的语言分布情况，EDK 下设两大分部：CIIP(Conférence intercantonale de l'Instruction publique de la Suisseromande et du Ticino 瑞士法语区和提契诺州公共教育区域会议)分管瑞士西部的八个法语州；① D-EDK(Deutschschweitzer Erziehungsdirektoren-Konferenz 德语区教育部长会议)分管瑞士德语区以及伯尔尼州、弗里堡州、格劳宾登州和瓦莱州；其中 D-EDK 还按地理位置再细分为三个小分部：瑞士中部教育部长会议，瑞士东部和列支敦士登教育部长会议以及瑞士西北部教育部长会议。在不违反 EDK 制定的统一政策的基础上，各分部根据自己实际情况再将政策进行调整和细化。EDK 作为联邦教育协调机构与各州协作，为瑞士提供高质量、高渗透性和流动性教育；同时，在非义务教育阶段(职业培训和大学)又与联邦政府相互合作，使联邦教育的发展适应社会经济发展的需求。

2)联邦教科创新署(SBFI)隶属于瑞士联邦经济事务部(Eidgenössisches Departement für Wirtschaft, Bildung und Forschung，简称 WBF)，2012 年由联邦科教处(Staatssekretariats für Bildung und Forschung，简称 SBF)和联邦职业教育和科技部门(Bundesamtes für Berufsbildung und Technologie 简称 BBT)合并而成。SBFI 侧重于职业教育与培训、高等教育以及研究和创新的国际合作。作为协调机构，SBFI 不仅需要为瑞士的教育、科研和创新领域制定发展战略，帮助联邦政府进行教育资源规划，还致力于提供多样化的教

① 2018 年 10 月 26 日，瑞士中部，瑞士东部和列支敦士登以及瑞士西北部教育部长联席会议通过了德语区教育部长会议(Deutschschweitzer Erziehungsdirektoren-Konferenz)于 2018 年 12 月 31 日解散的决议。其主要原因是：由 21 个州和列支敦士登参与的 Lehrplan 21 项目已经完成，统一教材也已经由跨州教材中心(Interkantonalen Lehrmittelzentrale)负责。瑞士中部教育部长会议，瑞士东部和列支敦士登教育部长会议以及瑞士西北部教育部长会议还继续保留。

育机会和良好的教育质量，满足就业市场的需求；更要使瑞士的教育融入欧洲和世界。例如，瑞士联邦经济事务部和联邦教科创新署的一项重要任务就是为“瑞士国家研究项目”(Das Nationale Forschungsprogramm)选择研究方向和主题。在2002年，瑞士开展了第56号国家研究项目——《瑞士语言的多样性和国民语言能力》(*Sprachenvielfalt und Sprachkompetenz in der Schweiz*)。这个历时五年的研究为瑞士制定出符合国情的语言教育政策起到了指导性的作用。经过多次重组、合并，现在的联邦教科创新署成为了瑞士政治、社会和经济之间的纽带，负责组织和实施具有国家和国际影响力的教育研究和创新政策。

由此可见，瑞士已形成一套由负责义务教育阶段的EDK和负责继续学习阶段的SBFI组成的较为完整的体系来辅助联邦政府管理和发展教育事业，而各州教育部依然在教育事业上拥有自主权和决定权。EDK制定语言政策时将特殊性和普遍性相结合，以便所有州和语言区可以在不违反统一语言政策的基础上，对政策进一步细化和补充。这既保证了州政府在教育事业上的权利，又有利于联邦政府管理和统筹整个瑞士教育事业，提升瑞士教育的国际竞争力。EDK从20世纪就一直努力协调瑞士联邦语言教育事业，从萌芽到探索已逐步形成一套完整的体系，其决议起到了非常重要的作用。EDK关于语言教育政策的几个重要决议将在下面逐一分析。

2. 瑞士语言教育政策的演变过程

1)萌芽阶段——《关于义务教育阶段所有学生第二语言教学的引进、改革和协调的建议和决定》(*Empfehlungen und Beschlüsse betreffend Einführung, Reform und Koordinationdes Unterrichts in der zweiten Landessprache für alle Schüler während der obligatorischen Schulzeit*)

20世纪50年代后期，瑞士经济蓬勃发展，瑞士人对教育资源的需求也不断提高，各州希望形成一种现代化和开放的跨州合作的教育制度和体系。① 1969年初，农民、工人和公民党的青年派发起了一项宪法倡议，要求联邦政府协调学校制度和促进教育发展。(Moritz Arnet, 2000)EDK为了适应社会对教育发展的需求，于1970年10月颁布了《统一学校教育协议》(*Konkordatüber die Schulkoordination*)，该协议规定了儿童入学年龄以及义务教育阶段的时长等学校教学和管理制度。这是瑞士第一次以协议的形式对联邦州教育事业进行了详细的规定，该协议没有涉及外语教学，但成为后来瑞士教育政策的基础。在《统一学校教育协议》生效后，各州决定发布联合倡议，以此来响应EDK的政策，促进联邦教育事业的协调发展。② 由于第二语言(民族语言：德语、法语、意

---

① 参见 MoritzArnet: Das Schulkonkordatvom 29. Oktober 1970- Entstehung Geschichte Kommentar, https://www.zrk.ch/dms/dokument/dokument_bericht_id_108_rnd7986.pdf, accessed 2018/11/25, S.17。

② 参见 EDK: Empfehlungen und Beschlüsse betreffend Einführung, Reform und Koordination des Unterrichts in der zweiten Landessprache für alle Schüler während der obligatorischen Schulzeit, https://edudoc.ch/record/24416/files/D36A.pdf, accessed 2018/02/14, S. 23。

大利语和拉丁罗曼语)对所有瑞士人来说具有重要的政治、文化、民族和传统意义，于是外语教学则成第一个试验对象(EDK, 1975)。为响应欧洲委员会国家教育部长在1961年推行的欧洲文化政策，并且将学习外语作为教育目标，EDK于1975年颁布了《关于义务教育阶段所有学生第二语言教学的引进，改革和协调的建议和决定》(简称《建议和决定》)，以语言区为划分标准，规定了不同语言区的学生所要学习的第一外语和第二外语：法语区第一外语是德语，德语区第一外语是法语，提契诺州第一外语是法语(在高级中学德语是第一外语)等。另外还设立了第二语言课程不晚于4年级或5年级的目标。对不同语言区选择第二语言的重视体现了对不同民族语言的平等对待和同样尊重，因瑞士是四种民族语言并存共用的多语言国家，不同语言区的人们应相互学习其他民族语言，以达到彼此交流的目的。因语言是人们互相理解的媒介工具，是人们相互沟通的桥梁纽带，不同语言区的人们只有通过语言文字的表达交流才能明白对方的思想和行为，达到和谐相处。

《建议和决定》首次将外语教学提高到联邦层面上，不仅规定了所有学生都必须学习第一外语课程，还对学科目标、学习计划和课本编写做了具体要求，因为只有高标准严要求，才能使学生更好地学习外语知识，掌握外语本领，才能更有效地推广外语教学和扩大学生外语技能。

2)探索阶段——英语是否作为外语课程

20世纪中后期，英语不只是作为联合国官方语言使用，更是作为国际商务、国际会议和国际赛事的指定语言在世界各国和各领域广泛使用，逐渐成为了世界性的交际语言。随着欧洲和全球一体化发展，瑞士与欧洲和世界的经济文化的联系也越来越紧密；由于瑞士境内来自其他国家的移民越来越多，移民语言远远不止四种民族语言，有不少移民孩子来自英语国家，他们就读瑞士中小学，首先遇到的问题就是语言障碍，因为他们听不懂用德语或法语或意大利语进行的课堂教学。于是，是否将英语引进瑞士中小学课堂受到民众和政府的关注。1989年瑞士联邦委员会公布的《四种语言的瑞士之现状和将来》(*Zustand und Zukunft der viersprachigen Schweiz*)报告指出：英语成了瑞士四种民族语言和谐共存的潜在威胁，但同时又给出了一个方向性建议：[①] 从学习四门民族语言转向学习两门民族语言外加一门英语(林冬华，22)。报告公布之后，瑞士部分州成了先行者，将英语列为外语教学选择的语种之一。从20世纪90年代中期开始，是否开设英语课程的讨论有了新进展，其中以1997年苏黎世州是否在7年级开设英语课程的讨论最为激烈，引起教育界和社会各界的高度关注。面对愈发激烈的讨论，1998年8月，EDK公布了报告《在义务教育阶段瑞士学生应该学习哪种语言?》(*WelcheSprachensollen die Schülerinnen und Schüler der Schweiz während der obligatorischen Schulzeitlernen*? 简称《总体语言纲领》)。在此报告中EDK对瑞士各州义务教育阶段语言(包括外语)教育提

① 转引自林东华：《二十世纪八十年代末以来瑞士语言教育政策研究》，华南师范大学，2007年，第22页。

出了建设性意见：除母语外，所有州的学生至少学习第二民族语言和英语，最迟分别在2年级和5年级开始，7年级学习第三门外语，但没有明确指定第二民族语言和第三外语的语种。这份报告里建议瑞士学生应学习英语，并规定了对英语学习的要求，其要求约低于对第二民族语言的要求。这份报告具有非常特殊的意义——不仅是对英语是否纳入瑞士学校外语课程教学做出了肯定的回应，而且成为具有持久影响力的语言教学大纲。

EDK建议在5年级开设英语课程，也就是将英语列为与第二民族语言几乎相等的地位，这不是一个普通简单的建议，而是顺应时代变化和社会经济发展的战略方针，为瑞士学校外语教学指明了方向，鼓励各个学校开设英语课程，让瑞士学生从小学习英语，丰富英语文化知识，更好地与国际接轨。因为英语不只是在英国，在欧洲，在北美洲，同样在亚洲，在非洲，在南美洲广泛使用，让中学生掌握英语知识，就是储备英语语言文化知识技能，为日后在国际交往中使用，可谓具有战略眼光，这体现了EDK对外语，特别是英语的重视，其目的是培养具有扎实英语功底的专业人才，以应对社会经济的发展对掌握外语知识的专业人才更大的需求。

3）确立阶段——《义务教育语言教学共同战略》和《HarmoS协议》

2001年是欧洲语言年，欧洲语言档案袋在欧洲启动，同年3月瑞士州教育部委员会宣布启动《年轻人和成人欧洲语言档案袋》来支持欧洲语言档案袋；欧洲理事会也通过了《欧洲语言学习、教育与评估共同纲领》。除了国际大环境的影响外，还有一个促使瑞士制定语言教学战略的重要原因是：瑞士在PISA2000测试中仅处于中游位置，这样的测试结果对一向重视教育的瑞士来说是一个巨大的打击，严重地挫伤了瑞士人的自尊心，对教育的高投入收获的却是低分数，初衷与结果形成极大反差，不只是让社会人士吃惊和担忧，更是引起社会各界深思和重视。在内外环境的驱使下，EDK于2004年3月25日颁布了《义务教育语言教学共同战略》（*Sprachenunterricht in der obligatorischen Schule: Strategie der EDK Und Arbeitsplan für die Gesamtschweizerische Koordination*，简称《语言教学战略》）。[①]《语言教学战略》要求学生应从幼儿园开始学习母语——第一民族语言，最迟在5年级之前至少学习两门外语，其中至少包括一门国家语言。第一外语最迟从3年级开始。第二外语最迟从5年级开始，英语最迟从7年级开始，外语的教学顺序可以由区域协调。在义务教育结束时，要达到国家所规定的能力标准（EDK，2004）。《语言教学战略》是瑞士第一次以协议的形式规定了瑞士现代外语课程，并且上升为国家战略，成为瑞士所有语言教育政策的基础。这不仅是针对2000年PISA测试结果所采取的应对措施，而且是响应欧洲语言档案袋项目的对策，同时还引发了EDK关于瑞士第二民族语言与英语的地位以及两种语言之间关系的持续讨论，争论的焦点是英

---

① 参见EDK，Sprachenunterricht in der obligatorischen Schule：Strategie der EDK und Arbeitsplan für die gesamtschweizerische Koordination，https://edudoc.ch/record/30008/files/Sprachen_d.pdf，accessed 2017/08/31，S. 2,3,5。

语在学校外语教学中的地位，也就是英语到底是否能与第二民族语言平起平坐，享有同等的地位，换句话说，英语是否与第二民族语言同等重要。双方站在不同的角度阐述自己的观点，都有理有据，难以说服对方。各州对此也观点不一。卢塞恩，沙夫豪森，图尔古，祖格和苏黎世五个州认为学习两种外语对许多学生来说是不小的挑战，因此提出倡议："小学只学一种外语。"其理由是，只学一门外语没有再增加小学生的学习负担，心里没有学习第二外语的压力，学习起来就会轻松一点，感觉愉悦一点，相应就会取得更好的学习效果。

《语言教学战略》实施将近三年后的 2007 年，EDK 又颁布了《统一义务教育协议》（*Harmonisierung der obligatorischen Schule——Konkordat*，简称"HarmoS 协议"），《HarmoS 协议》目的是①协调瑞士各州义务教育阶段的课程和学校结构，从而保证教学质量。协议对各州均有约束力（EDK，2007），最重要的内容是将幼儿园教育纳入义务教育阶段，以示对幼儿园教育的重视，使幼儿园教育更加规范化和系统化，使幼儿园教育能有序发展，使学前教育与小学教育更顺畅地衔接起来，为小学教育打下良好的基础；还对瑞士义务教育阶段各个课程要求也做了规定，这样就使整个联邦课程教学有一个统一的标准，有利于各州修正和完善课程要求，以达到联邦统一的课程教学质量。关于语言教学，协议沿用了《语言教学战略》（2004 年）提出的 3/5 模式（因把幼儿园划入到义务教育阶段，所以该模式又被称为 HarmoS 5/7 模式）。到 2015 年，经过公投，26 个州有 15 个州（占瑞士人口的 76%）同意，7 个州拒绝，4 个州还未决定实施该协定。《HarmoS 协议》将协调课程的范围扩展到义务教育阶段各个课程领域，包括语言、数学和自然科学，社会科学和人文科学以及音乐美术等。这表明了瑞士力求全面地去统一各州的教学课程设置，为瑞士的教育设定一个较为统一的标准。

2004 年的《语言教学战略》和 2007 年的《HarmoS 协议》里的语言课程内容的规定表明瑞士这个多语言国家对语言的角色和功能的重视。通过挖掘学生早期语言学习的潜力，培养学生多语言的能力，希望从整体上提高学生在欧洲国家内的竞争力。

4）完善阶段——《国家教育标准》

瑞士虽然已经基本确定外语教育战略和政策，但仍然对其进行补充和完善，推广现代外语教学方法，开设了一批新课程，并采用了新教材；在德语区 7—11 年级中采用评估工具 Lingualevel 来检测学生的外语学习水平。将语言实际运用为基础，以达到学生能进行口头和书面交流的目的。EDK 在 2011 年 6 月 16 日全体会议上批准了首个义务教育阶段《国家教育标准》（*Grundkompetenzen*，简称《标准》）。《标准》描述了学生在外语、数学和自然科学方面应具备的基本能力。在学生的外语能力方面，EDK 以《欧洲语言框架》为基础，分别制定了民族语言作为第一外语和第二外语在 8 年级末和 11 年级末时在听、说、读和写四个方面所要达到的标准。《标准》继续沿用了《HarmoS 协议》中对语言

---

① EDK, Interkantonale Vereinbarung über die Harmonisierung der obligatorischen Schule（HarmoS-Konkordat）, https://edudoc.ch/record/24711/files/HarmoS_d.pdf, accessed2017/09/06, S.1.

能力的要求，但它与《HarmoS 协议》的区别体现在语言科目的检测上：第 8 学年检测第一外语和第二外语(至少学习 4 年和 2 年所要达到的水平)和在第 11 学年再次检测第一外语和第二外语(至少学习 7 年或 5 年所要达到的水平)。《标准》目的不仅是培养学生基本的语言能力，也十分重视语言习得方法以及跨文化知识的掌握。为了顺利实施《标准》，瑞士更注重培养语言教学领域的专家和来自不同语言区域的各个语种教师。引入《标准》可以理解为进一步强化和发展社会教育政策，特别是对以下三个方面重视：① 教育政策的国际化、新公共管理原则在教育中的应用以及对遵循循证原则制定教育政策观点的改变(Lucien Criblez, 5—6)。《标准》的颁布，不仅使瑞士教育向一个统一标准的方向发展，使整个联邦教学质量呈现上升趋势，而且使瑞士教育水平和学校文凭在国际上承认度更高。

3. 语言教育政策的实施——以苏黎世州为例

苏黎世州位于瑞士北部，属于德语区。虽然苏黎世州官方语言是德语，但据 2000 年的瑞士人口普查显示，11%常住人口的母语并非德语，并且随着移民人口的增多，这个比例越来越高。苏黎世州共有 93 所中小学(48 所位于首府苏黎世)，其中 80 多所学校有超过 70%学生的母语并非德语。鉴于这种特殊情况，苏黎世州将语言教育政策的重点放在两个方面：一是帮助有移民背景的儿童学习德语；二是培养学生掌握更多外语。

在 2004 年《义务教育语言教学的共同战略》和 2007 年《HarmoS 协议》的基础上，苏黎世州执行《LehrPlan 21》教学政策。苏黎世州教育部规定小学 3 年级学习第一外语英语，小学 5 年级学习第二外语法语。此外，学生可以在 9 年级选修第三外语意大利语。苏黎世州为何将英语和法语作为第一和第二外语？更多地考虑到的是经济原因：英语在国际政治、国际贸易和数字媒体中发挥着重要作用，社会经济的发展对熟练掌握英语的人才的需求在不断增长。在苏黎世州，特别是中小企业领域，为了对外贸易的发展，需要越来越多的熟练运用法语的专业人才。苏黎世州规定，在小学 3~4 年级，英语课每周三课时，5~6 年级英语课每周 2 课时。同样的，法语课在最初学习的 5~6 年级也是每周三课时。

为更好地落实教育计划，实现教育目标，苏黎世州更新了外语课程教材。就英语课来说，针对义务教育阶段低中高三个层次，苏黎世州投入使用了三种不同教材：3 年级学生使用《第一选择》(*Firstchoice*)，4~6 年级使用英语教材《探索者》(*Explorers*)，7~8 年级使用英语教材《声音》(*Voices* 和 *Voices Basic*)。这三本教材遵循相同的教学方法，既能为学生提供连续性课程体验，又能减轻跨年级英语课程难度。苏黎世州使用的法语教材为 *DIS DONC*，分为小学和初中两种教材。该新教材充分体现了校园生活，给学生

① 参见 Lucien Criblez, Zur Einführung von Bildungsstandards in der Schweiz - Kontexte, Stand der Diskussion und Perspektiven, Zürich: vpod-Bildungspolitik, 2010。

提供基本的语言知识和技能，让学生尽可能在日常生活中掌握法语知识。除了语言本身的教学，苏黎世州还非常注重地理、文化和生活方面等主题，也针对性地将语法和词汇练习纳入课程之中。

苏黎世州以欧洲共同语言框架为标准，在2011年《国家教育标准》的基础上对学生要达到的语言水平作了要求：在8年级(小学6年级)结束时，英语和法语都要至少达到A.1.2。为使不同年级的学生达到相对应的语言水平，苏黎世州有两套体系来检测学生的语言水平。一套体系是入学考试：学生在小学6年级毕业时，会根据自己的选择参加不同类型中学的入学考试。选择是双向性的，一是学生以自身的意愿、能力和条件选择心仪类型的学校；二是学校以培养所需人才为目的挑选学生。双向选择充分体现了无论是学生，还是学校，都有相当大的自主性和自由性，同时又体现出公平性。学生想要直接升入长期文理中学，入学考试只需要考数学和德语，想要在9年级后之后深入短期文理中学就要考数学德语和法语。另一套体系是评估体系"Lingualevel"，苏黎世州从5年级开始对学生的语言水平——听力、阅读、口语和写作四个能力上进行检测。"Lingualevel"是一种改进法语和英语课程教学实践的工具，不仅优化课堂学习，使学习进度具有可比性和可衡量性，还可以支持教师和教育管理者提高外语教学质量和效率。借助"Lingualevel"评估体系来检测学生语言水平，以此来强调评价的科学性和客观性，从而获得评价的真实结果，有益于学校准确地选择适宜于培养目标的学生。两套体系一个偏重于主观的意愿，一个倾向于客观的标准，二者虽各自独立，但又互为补充，弥补各自的不足，其目的就是更合理地挑选适合本校办学方针的学生，以便更好地针对学生相应的语言水平实施行之有效的外语教学。

除此之外，苏黎世州还开发了很多语言项目来更好的培养学生的语言能力。苏黎世州共有119所学校参与了QUIMS计划(多元文化学校的质量)，为那些在校学生中普通移民和外语家庭的人数比例高于平均水平(40%)的学校提供支持。QUIMS学校力求达到与州平均水平一致的水平；努力确保所有学生，无论其社会和语言背景如何，都能平等地获得良好的教育机会并帮助其融入社会。语言教学和培养一直是QUIMS计划的要点，2019年至2022年的工作重点放在了"评判和推广，专注于语言"上。再如针对有移民背景的学生，苏黎世州专门设立的HSK(Heimatliche Sprache und Kultur 故乡语言和文化)项目，双语移民儿童能够巩固和加深其母语技能，用其母语(第一语言)参加HSK课程。在更为广泛的德语非母语的孩子中，开设了DAZ(Deutsch als Zweitsprache 德语作为第二语言)课程，从幼儿园就开始为德语非第一语言的孩子提供德语课程。除此之外，苏黎世州还有文化和语言交流项目，可以整个班级或者单个学生去交流，不仅有利于学生运用在学校学习到的语言知识，还能更深入地了解瑞士不同民族的文化。

4. 结语

由上述可见，由EDK制定的义务教育阶段语言教育政策在瑞士维护和推广多语言文化中发挥了核心作用。

从1975年的《关于义务教育阶段所有学生第二语言教学的引进，改革和协调的建议和决定》到2011年的《国家教育标准》，瑞士的语言教育政策随着时代的发展而不断地变化。但变化并不意味着完全废弃先前的政策，而是在原有的基础上进行修改和增添与时俱进的新内容。另外，从具体实施情况中也不难发现，各州需要在总体上遵循EDK制定的语言政策，但是可以根据自己的实际情况加以补充或完善，这表明了瑞士语言教育政策具有灵活性。瑞士语言教育政策的制定和实施在一定程度上受到了经济和政治的影响，例如全球化和人口流动性。这就是瑞士为什么在已经拥有四门国家语言的情况下，还要求学生学习"第五国家语言"——英语。社会经济的变化促使瑞士一直在语言教育政策上探索，而语言教育政策为瑞士培养了拥有多种外语能力的人才，又促进了瑞士经济的发展。

一言以蔽之，瑞士语言教育政策不仅具有延续性，而且具有灵活性，既重视民族语言的基础地位，又强调英语教育的重要性。

参考文献

[1] MoritzArnet, Das Schulkonkordatvom 29. Oktober 1970- Entstehung Geschichte Kommentar[OL], https://www.zrk.ch/dms/dokument/dokument_bericht_id_108_rnd7986.pdf, accessed 2018/11/25.

[2] EDK, Empfehlungen und Beschlüsse betreffend Einführung, Reform und Koordination des Unterrichts in der zweiten Landessprache für alle Schüler während der obligatorischen Schulzeit [OL], https://edudoc.ch/record/24416/files/D36A.pdf, accessed 2018/02/14.

[3] 林冬华.二十世纪八十年代末以来瑞士语言教育政策研究[D].华南师范大学，2007.

[4] EDK, Sprachenunterricht in der obligatorischen Schule: Strategie der EDK und Arbeitsplan für die gesamtschweizerische Koordination [OL], https://edudoc.ch/record/30008/files/Sprachen_d.pdf, accessed 2017/08/31.

[5] EDK, Interkantonale Vereinbarung über die Harmonisierung der obligatorischen Schule (HarmoS-Konkordat) [OL], https://edudoc.ch/record/24711/files/HarmoS_d.pdf, accessed 2017/09/06.

[6] Lucien Criblez, Zur Einführung von Bildungsstandards in der Schweiz - Kontexte, Stand der Diskussion und Perspektiven [J]. Zürich: vpod-Bildungspolitik, 2010.

德国历史语境中"Bürger"语义的演变[①]

华东师范大学　童　欣

摘要："Bürger"（市民/公民），是贯穿中古及近现代德国历史的重要概念。它起源于希腊古典时期"城邦市民"概念，在中世纪指摆脱了土地依附的"城市居民"。到了近代，启蒙运动在德国催生了自力更生、自尊自信的市民精神，法国大革命的影响和德意志人对统一的追求使"Bürger"发展出"国家公民"的含义，而马克思主义的诞生和发展又将其派生词"bürgerlich"与"资产阶级"紧密联系在一起。考察"Bürger"一词在德国历史语境中发展和演化，可以看出该词的含义和感情色彩的流变与德国社会各阶级、集团在不同时期的相互博弈，以及与力量升降的密切关系。

关键词：市民；资产阶级；概念史；德国历史

德语中的"Bürger"（及其派生词"bürgerlich"、"Bürgertum"、"Bürgerrecht"和"Bourgeois"等）是德国社会史中的核心概念，但这些词的用法却极为独特和复杂，以至于《关键词》一书的作者雷蒙·威廉斯感叹"bürgerlich"很难被准确地翻译成英语或法语，更不用说中文了。[②] 在上千年的历史中，"Bürger"这个概念在不同语境下被使用着，内涵、外延和感情色彩都一直在随着时代和使用者的侧重点而变化。它到底在指"市民阶级"还是在说"资产阶级"（或者这两者就是一回事）？使用者是在称赞还是在嘲弄其笔下的"Bürger"？不先澄清这些问题，就不可能弄清使用者的本意，很多德国近现代史的讨论也就无法展开。

鉴于国内从概念史角度讨论"Bürger"的文献尚不多见，[③] 本文的目的不在于单纯

---

① 本论文为国家社会科学基金重点项目"德国史专题研究"（项目批准号：13AZD041）的阶段性成果。

② 关于"bürgerlich"的翻译之难，见 Raymond Williams, *Keywords: A Vocabulary of Culture and Society*, New York: Oxford University Press, 1983, p. 46。这本国内比较流行的概念史著作也有"Bourgeois"的词条，但基本上只讨论了这一系列词语在英语世界中的使用情况。

③ 中文文献中有不少从哲学角度讨论"市民社会"的论文，如罗朝慧：《从经济自由到政治自由——论黑格尔"市民社会"概念的两个自由层次》，《武汉大学学报：哲学社会科学版》，2012 年第 5 期，第 32-37 页；也有一些讨论"德国市民"的历史角色的论文，如哈全安：《论中世纪德国"市民城市"商品经济与法律地位的关系》，《世界历史》，1989 年第 6 期，第 65-73 页；张冠增：《论德国宗教改革中的城市与市民》，《社会科学》，1994 年第 3 期，第 54-57 页。但很少看到从概念史角度，将"市民"概念的演变与其所指代对象的发展结合起来讨论的文章。

考察词汇演变词源学(onomasiology)研究，而是更多地从语义学(semasiology)视角出发，考察“Bürger”这一概念在不同时代和不同语境下的不同含义。① 因此，本文将主要根据德国概念史学者莱因哈特·考泽莱克(Reinhart Koselleck)所提供的线索，集中分析此概念在德国历史上的使用方式，梳理“Bürger”一词在不同时代的含义和所针对的对立面，然后讨论其感情色彩的演变以及与德国社会不同集团力量升降之间的关系。

1. “Bürger”一词的本义

“Bürger”并非是德语所独有的词汇，而是一个欧洲词汇。考泽莱克认为，欧洲各国所使用的“市民”一词(德语中的“Bürger”、英语中的“citizen”、法语中的“citoyen”)皆源于希腊语中的“πόλίιηζ”，与“城市”(πόλτζ)一词相关。在亚里士多德之后，这个词与政治有了紧密的联系。“古典的‘市民’是土地所有者和战士，其生活方式一直遵循农业的贵族社会的规范。”商人、手工业者、奴隶、外乡人都不算市民。② 可以说，希腊语中的“市民”指的就是有投票权的人，即政治意义上的“公民”。而古典时期的希腊又多由城邦国家构成，所以“市民”与“公民”的身份是合一的。受其影响，到了古罗马时代，“罗马公民(Civis Romanus)也指的是城市的和为乡村所环抱的城邦的市民”。③ 受惠于罗马皇帝查士丁尼一世于公元六世纪下令编纂的《民法大全》(*Corpus Juris*)，相对于亚洲大陆上的众多专制国家的民众而言，这些罗马公民的私有财产受到了更好的保护。虽然在西罗马帝国灭亡之后，其以公民权为基石的法律体系也随之崩溃，但这些法典又在1080年前后被重新发现，并于中世纪晚期传遍欧洲西部，而且“在所到之地掀起了一场大规模的理性化浪潮”。④

然而，近代“市民阶级”并不是简单地“复兴”了希腊、罗马时期的城邦市民。事实上，如果没有中世纪欧洲的封建等级制度和基督教文化的影响，就无所谓我们所要谈论的“市民”。

基督教文化中的身份归属自成一套系统，与“公民权”这样世俗的或“属世的”概念两不相干。“按照圣经—基督教的观念，公民权(Bürgerrecht，πόλίιενμα)当收归于天国。”⑤基督徒都是被放逐者，也不可能在尘世中有公民权，他们没有固定的国家，而在

① 李宏图:《概念史与历史的选择》,《史学理论研究》, 2012年第1期，第5页。

② *Geschichtliche Grundbegriffe: Historisches Lexikon zur politisch-sozialen Sprache in Deutschland*, Herausgegeben von Otto Brunner, Werner Conze, Reinhart Koselleck, Band 1, Stuttgart: Ernst Klett Verlag, 1974, S. 672-673.

③ Ebenda, S. 674.

④ Heinrich August Winkler, *Zerbricht der Westen? Über die gegenwärtige Krise in Europa und Amerika*, C. H. Beck, München 2017, S. 15.

⑤ *Geschichtliche Grundbegriffe*, S. 675.

寻求进入未来之国，这个国的居民彼此间都是属于上帝的神圣的弟兄。正如《圣经》中耶稣基督本人对彼拉多所解说的："我的国不属这世界；我的国若属这世界，我的臣仆必要争战，使我不至于被交给犹太人；只是我的国不属这世界。"①不过，"恺撒的物当归给恺撒，神的物当归给神"这样的分权原则，也为中世纪的西方注入了一股打破权力垄断的二元主义精神，为世俗统治中君王与各阶层人士之间的分权的宪法雏形树立了范例，包含着"市民社会的萌芽"。②

日耳曼传统所带来的封建制度，让希腊语中的"πόλίιηζ"以一种新的方式在现世得以复活。领主与封臣之间相互交换誓言的关系使上位者并无绝对的权柄，由此而带来了德国历史学家奥托·欣策(Otto Hintze)所言的"西方国家的分权宪法中所带有的二元精神"③，它使得城市能与领主讨价还价，并且能用金钱"赎买"自己的诸多封建义务并由此而获得自治权。德语中的"Bürger"与"城堡"(Burg)相关，原指"城堡中的人"，后来慢慢用来指"城市中的市民"。"自 11 世纪开始，在农村占统治地位的社会中，一些城市作为自由人(也即"市民")的联合体针对乡村统治的世界有力地建立起了自己的权利。"④

在封建时代，"Bürger"的核心内涵是"(在很大程度上)摆脱了封建义务的自由人"。在那个"没有无领主的土地，也没有无土地的领主"的时代，这是一批真正让个人身份与土地脱离关系的人。这时的市民主要是商人和手工业者，他们以转卖商品和出售服务为生，所以能摆脱对土地的依赖，并因此而摆脱了附着在土地所有权关系上的人身依附。⑤ 他们既不是农民，也不是任何一级领主，于是不在中世纪的三等级(教士、贵族和农民)当中。

但这"自由"既不是绝对的，更不是无代价的，它是城市居民组成的共同体愿意承担自由所带来的风险，并坚持与封建领主们进行长期斗争的结果。财富是市民们力量的源泉，遥远的皇帝则是他们对抗周边领主的同盟。在神圣罗马帝国，所谓的"帝国自由城市(又称帝国直辖城市)"只是不受制于当地的领主而直辖于皇帝，而且也依然有向皇帝纳税的义务。同时，市民也必须向所在城市缴纳"年金"，才能享受市民权利，城市

---

① 《新约·约翰福音》18：36，《圣经》(和合本)，上海：中国基督教三自爱国运动委员会、中国基督教协会，1989 年，第 200 页。

② Heinrich August Winkler, *Zerbricht der Westen? Über die gegenwärtige Krise in Europa und Amerika*, S. 15.

③ Otto Hintze, *Weltgeschichtliche Bedingungen der Repräsentativverfassung* (1931), in: ders., Staat und Verfassung. Gesammelte Abhandlungen zur allgemeinen Verfassungsgeschichte (Gesammelte Abhandlungen, Bd. 1), Göttingen 1970, S. 169. 转引自 Heinrich August Winkler, *Zerbricht der Westen? Über die gegenwärtige Krise in Europa und Amerika*, S. 16。

④ *Geschichtliche Grundbegriffe*, S. 676.

⑤ 哈全安：《论中世纪德国"市民城市"商品经济与法律地位的关系》，《世界历史》，1989 年第 6 期，第 65-73 页，引文在第 67 页。

则用这些资金组织自身的武装。所以，使人自由的并非是“城市的空气”，而是不依赖于土地的手工业和工商业的利润所支撑起来的，足以与周围的领主相对抗的暴力手段。在付出了这些代价之后，这些商人、工匠、医生和开各类店铺的小老板，就能获得市民权利(Bürgerrecht)。他们唯臣服于皇帝，但那时“天高皇帝远”。这些市民们在一定程度上摆脱了封建依附的束缚之后，也变得更加自信，并有更大的机会去拥有自己的精神世界——这为日后“市民文化”的诞生奠定了基础。

2. “Bürger”意涵在近代的变化

在12世纪到16世纪初的这段时间里，帝国自由城市犹如复生了的希腊城邦：它们高度自治，城市共同体中的成员有参与市政的权利。可以说，“Bürger”一词所包含的“市民”与“公民”的双重含义在此时依然是合一的。

16世纪，就在德意志的帝国自由城市还在继续着自己最后的辉煌时，它们终将没落的命运已经被一个法国人揭示出来。“博丹的主权理论试图将传统的‘上位者’(Obrigkeit)提升到‘国家政权’(Staatsgewalt)的高度，并把它当作一切权利的来源……通过臣服于统治者的主权(Herschersouveränität，summa potestasimperii)，原来拥有统治权市民(Bürger，civis)不仅变成了‘被统治者’(Untertan)，而且也同时也被降格为城市居民(Stadtbürger，civisurbanus，bourgeois)。这是博丹理论中真正的新东西；作为‘国家’(Staat)成员的城市居民(bourgeois)不同于作为城市共同体成员的市民”。[①] 最先领教博丹这套理论的，是位于阿尔萨斯的帝国城市。当法国在1681年夺得了阿尔萨斯之后，这一地区的自由城市的自治权就在绝对主义王权的威逼下越缩越小，直至荡然无存。在此地，与在其他法国城市一样，“城市居民”(bourgeois)与“公民”(citoyen)之间的区别变得鲜明起来：“市民”指向的是居住地点、经济地位和文化；“公民”指向政治权利和义务。

然而，博丹的这套现代国家理论在德意志的土地上却遇到了许多困难。乡村贵族与帝国的政治体系中的其他阶层从中作梗，阻碍绝对主义的推行，传统的市民概念依然深入人心。直到19世纪初，神圣罗马帝国境内尚有51个自由城市，而它们在法国的同类早已在法国大革命爆发后被剥夺了一切自治特权。正是在这个背景之下，德语与法语中的“市民”一词的含义差异越来越大。1792年，生活在普鲁士布列斯劳的哲学家兼翻译家克里斯蒂安·加尔弗(Christian Garve)明确指出，德语中的“Bürger”同时包含了法语中“市民”(bourgeois)与“公民”(citoyen)两者的意思，既可以指公民社会(bürgerliche Gesellschaft)中的每一个成员(也即英语之中的citizens)，又可以指那些居住于城市之中

① *Geschichtliche Grundbegriffe*, S. 678.

的非贵族居民。[①] 加尔弗所总结出的这一分野一直保留到了今天，杜登词典据此书写了"Bürger"一词的释义。[②]

必须注意，在加尔弗所生活的时代，德意志地区的统治者眼中的"Bürger"显然指的是后一种意思，与近代意义上的"公民"依然有本质区别。比如按照《1794年普鲁士一般邦法》[③]第八章第一条第一款的定义："拥有市民身份者(Der Bürgerstand)指的是：所有那些生活在本国内，从出生上看既非贵族又非农民，并且出生后也未归入这两种身份的人。"[④]该法典还规定，拥有市民身份的人即便因故(例如公务员因工作需要)需居住于乡村，仍可保留其市民身份。也就是说，与封建时代一样，市民身份是一种与贵族身份、农民身份并列的身份，市民权利(Bürgerrecht)并非全体公民的权利，而仅为拥有市民身份者所专有。这种身份(Stand)区分实际上是中世纪社会的遗迹。

但出自法国的绝对主义王权的思想毕竟已经在猛烈地冲击着德意志地区的旧体制，并且也吸引了弗里德里希大王这样的效仿者。人们同样可以从《1794年普鲁士一般邦法》中看到，"出生"并非是认定"身份"的唯一途径。比起"贵族身份"，"市民身份"的获得要相对容易得多。中央集权的需要创造了大量"公务员"(Beamte)岗位，此外还远超过从前的法官、教师和工程师(军事和建设需要)。市民阶层本身的繁荣带来了更多的机会，越来越多的城外之人成为了学徒、小商贩、药剂师、音乐家。于是，18世纪"Bürger"在德语中的意思实际上是不断扩大，并逐渐等同于"公民"(并且出现了更精确的概念"Staatsbürger")，或更准确地说是等同于"臣民"(被统治者)。

18世纪末，美国独立战争的胜利让代议制民主和"人民主权"学说在欧洲逐渐深入人心，[⑤] 法国大革命的风暴最终导致了神圣罗马帝国的解体，德意志地区的"Bürger"观念也随之迎来剧变。在大革命的语言中citoyen(Bürger)涵盖了所有人，《人权宣言》将"bürgerlichen Rechten"(公民权)赋予了所有国民，而卢梭还曾经建议在现代语言中废掉

---

① Christian Garve, *Versuche über verschiedene Gegenstände aus der Moral, der Literatur und dem gesellschaftlichen Leben*, Bd. 1, Breslau 1792, S. 302f. 转引自 Jürgen Kocka, *Bürger und Bürgerlichkeit im Wandel*, 14. 2. 2008 http://www.bpb.de/apuz/31372/buerger-und-buergerlichkeit-im-wandel? p=all，访问日期：2018年8月18日。该文的中文翻译见：尤尔根·柯卡、谈薇：《市民阶层与市民性——欧洲关于德国特殊道路的讨论》，《北大史学》(16)，2011年，第295-304页。

② https://www.duden.de/rechtschreibung/Buerger，访问日期：2018年8月19日。

③ 《1794年普鲁士一般邦法》(Allgemeinen Landrecht für die Preußischen Staaten, ALR)中既包括宪法、行政法、刑法，也包括民法、商法。在公法方面，它体现出绝对主义的思想，在私法方面却包含着市民阶层自由主义的思想。

④ http://ra.smixx.de/Links-F-R/PrALR/PrALR-II-8.pdf，访问日期：2018年8月19日。"Der Bürgerstand begreift alle Einwohner des Staats unter sich, welche, ihrer Geburt nach, weder zum Adel, noch zum Bauernstande gerechnet werden können, und auch nachher keinem dieser Stände einverleibt sind."

⑤ 关于美国独立战争与代议制民主之间的关系，参见李剑鸣：《"人民"的定义与美国早期的国家建构》，《历史研究》，2009年第1期，第110-133页。

citoyen，直接用 bourgeois 代指“人类”。① 在法国，无论是在“旧制度”中占有一席之地的旧贵族，还是因追随拿破仑而获封的新贵族，都已不再是中世纪的封建领主了，而仅是一群皇权的附庸。这样一来，作为封建领主对应物的“市民”也就同时失去了自身独特的身份标志，任何一个赞同《人权宣言》且对自身的政治权利有所觉悟的人都可以声称自己属于“第三等级”。

与以前一样，这股来自西方的风潮在德意志地区遭遇到了特殊的阻力。在绝对主义发展较晚的德意志地区，乡间领主贵族的生活方式不但保存完好，而且还被当作模仿的对象，要求维护传统的力量远强于法国。但也有许多德国人希望追随来自法国的变化，其中歌德和席勒发挥的影响很大。席勒认为市民在面对贵族的特权时不用太自惭形秽，因为那种在外表上无可争议的统治特权，其实在内里中并不一定有教养和素质的支撑。② 而歌德则让他笔下的剧中人这么教育一个市民：“他不许问‘你是什么(身份)’，而只能问‘你有什么？有什么见解、什么知识、什么能力、多少财富？’当一个贵族展现了他的身份就等于拿出了一切的时候，市民并不通过他的身份展现什么，而且其身份不应该展现什么。”③在歌德时代，“Bürger”一词或是指经济上独立自主的人(die Besitze 或者说 die Wirtschaftsbürger)，或是受过某种专门的知识训练的人(Bildungsbürger)，许多人还兼有两者。

与此同时，同样由法国大革命带来的民族主义也感染了德意志人。摆脱封建束缚，也意味着脱离封建领主的保护。这些以“自由、平等”为口号的“新市民”，也迫切需要一个新的共同体来保障和伸张自己的“市民权利”。随着 19 世纪初德意志地区封建秩序的退场和“新市民”人数的不断增加，“现代民族国家”逐渐成为市民阶层心目中最理想的政治架构。当德意志人在 1848 年想用自己的革命来建立起一个德意志民族国家时，有些保守党人想将市民和人民(Volk)或大众(Mass)中的“无法自立者”区分开。针对这些人，贝特霍尔德·奥尔巴赫(Berthold Auerbach)在法兰克福预备议会(Vorparlamnt)上呼吁：“绝不允许蒙昧和恶意进行任何分裂，他们要把市民阶层与人民对立起来。就像德国要统一一样，德国人民也要统一，而且所谓的市民(Bourgeoisie)与人民(Volk)之间不可能有任何区别。”④奥尔巴赫的声音得到了多数与会者的响应，《法兰克福宪法》第一章第 132 条规定，每个德国人都拥有德国公民权(Reichsbürgerrecht)。⑤ 尽管法兰克福立

---

① *Geschichtliche Grundbegriffe*, 689.

② Ebenda.

③ Goethe, *Wilhelm Meisters Lehrjahre* 5, 3. HA Bd. 7 (1950), S. 281, aus Geschichtliche Grundbegriffe: Historisches Lexikon zur politisch-sozialen Sprache in Deutschland, 1974, S. 700. (Er darf nicht fragen: „Was bist du?“, sondern nur: „Was hast du? Welche Einsicht, welche Kenntnis, welche Fähigkeit, wieviel Vermögen?“ Wenn der Edelmann durch die Darstellung seiner Person alles gibt, so gibt der Bürger durch seine Persönlichkeit nichts, und soll nichts geben.)

④ *Geschichtliche Grundbegriffe*, S. 723.

⑤ Ebenda.

宪会议最终失败了，但这部宪法依然显示出：德国人在迟到了半个多世纪之后，终于快要在对“公民权”的理解方面赶上法国人的步伐了。

可法国的情况早已发生了变化。从19世纪中期开始，“布尔乔亚”(Bourgeois，又译作“资产阶级”)所指代的人群不再是所有在城市中生活的人，而是特指那些拥有财富和体面生活的上流市民，或是力图仿效这些上流人士生活格调的中产阶级。这是因为：一方面，19世纪突飞猛进的工业化已经瓦解了昔日的市民群体，使他们日益分化为资产阶级和无产阶级；另一方面，尽管“市民”这个中世纪概念所指代实体的边界在渐渐消失，但这个称呼却并没有像“骑士”那样在语言中淡出。

归根结底，这还是因为“市民”这个词汇在领主们退出历史舞台之后又有了新的对立面。新涌进城来的无产阶级既没有占有什么财产，也没有受过多少教育，所以用“老市民”们的眼光看，他们算不上“市民”，因此更应该把Bourgeois这个传统词汇留给自己，而将citoyen(公民)拿出来共享。在德意志地区，情况更为复杂，因为Bourgeois与Bürger有着词源上的亲近关系，而且法语中Bourgeois所体现出的那一套生活样式，德语中也以Bürgertum名之。

除了来自法国的影响，来自苏格兰启蒙运动的思想也在德语“市民”的概念史中留下痕迹。亚当·弗格森(Adam Ferguson)于1767年出版的《市民社会史》(*An Essay on the History of Civil Society*)①，立刻就以“Versuch über die Geschichte der bürgerlichen Gesellschaft”为书名被译成德文并于次年出版于莱比锡，② 使德语中“市民社会”(bürgerliche Gesellschaft)概念从此流行开来。受此概念启发，黑格尔在1821年出版《法哲学原理》③，在自己的哲学体系中加入了“市民社会”的概念：“他把人类社会共同体的基础或联系纽带分为三种：感觉的、知性(Verstand)的和理性的，并依此区分了人类社会结合的三种形式：家庭、市民社会和国家。”④要特别注意的是，黑格尔的“市民社会”其实是一种比他所说的“国家”要低一级的国家形态，所以他认为美国还不是一个国家，而只是一个纯粹为了个人利益而结合起来的“市民社会”。只有当个人在“市民社会”的生活实践中“逐渐会认识到自己不是孤立的个人，而是社会的存在物”之后，他才能“认识到个人的权利和自由与社会整体利益的一致性”，从而扬弃“市民社会”而使社会结合

---

① 《市民社会史》，又译作《文明社会史论》，弗格森在书中阐释了“市民的”美德，或者说“文明社会”的美德，是一个共同体生生不息的精神支柱。参见亚当·弗格森：《文明社会史论》(林本椿、王绍祥译)，杭州：浙江大学出版社，2010年。

② Adam Ferguson, *Versuch über die Geschichte der bürgerlichen Gesellschaft*, Leipzig: Johann Friedrich Junius, 1768.

③ Georg Wilhelm Friedrich Hegel, *Grundlinien der Philosophie des Rechts*, Berlin: Nicolai'schen Buchhandlung, 1821.

④ 丛日云：《论黑格尔的“市民社会”概念》，《哲学研究》，2008年第10期，第92-98页，引文在第93页。

到达受“理性”支配的“国家”阶段。[①] 这一套带有浓厚“黑格尔气息”的思辨概念本来很难影响到一般民众的生活，但在经过了马克思的吸收与批判之后，“bürgerliche Gesellschaft”在不久之后成为了一个不但解释世界，而且还改变世界的概念。

1848年革命是德国市民政治行动的高峰，革命失败后，德国的市民迅速开始分化。在那之前，德国“市民”们一般都是“向上”“争自由”、“争平等”的，他们不能忍受那些贵族和皇亲国戚仅仅凭借出生就享有各种特权。按照民族国家的想象，拥有平等公民权的人应该越来越多，直至覆盖整个民族。可是当大量无产阶级伴随工业革命的进程而进入城市时，许多市民不愿意与这些人为伍，开始试图用“财产”和“知识”，乃至“格调”和“教养”将自身与他们区别开来。换句话说，他们的眼睛已经开始“向下看”，对于“自由”、“平等”这样的口号也变得犹豫起来，而对于“博爱”(Brüderlichkeit，或者说是“兄弟之爱”)更不愿奢谈。

一部分公务员和职员成为皇权和大资本的迎合者，当作为1848年革命“遗嘱执行人”的俾斯麦完成德国人统一的愿望却没有实践真正的自由时，这些部分市民放弃了歌德时代市民精神中“自由”和“自立”的内核，转而追求德意志帝国的“积极自由”，与威廉二世一同憧憬“阳光下的地盘”。他们追随继承了封建领主衣钵的容克贵族，力主用对外扩张来解决日益严峻的社会问题。

可是，另一些原本出生于市民阶层的人，决心将这些口号贯彻到底，而且他们还认定要实现这个目标，需要依靠的正是人数在快速增长的无产阶级。律师之子卡尔·马克思和商人之子弗里德里希·恩格斯一起于1848年发表了《共产党宣言》，预言无产阶级将在未来挣脱“锁链”，获得解放，赢得“整个世界”。马克思认为，不能像黑格尔那样，指望所谓从属于“理性”的“国家”来解决“市民社会”中存在的矛盾，“市民社会”中的矛盾只能靠被“市民社会”排斥在外的“无产阶级”来解决。[②] 同时，国家公民(Staatsbürger)和市民(Bürger)都概括不了将要承担解放任务的“无产阶级”的对立面，它的对立面应该是“有产阶级”(die besitzende Klasse)或者叫“资产阶级”(die Bourgeoisie)。[③]《共产党宣言》的作者认为本来存在多个阶级的社会已经日益分化为两个对立的阶级，占有了生产资料的“die Bourgeoisie”在大工业和世界市场建立之后已经变成了代议制国家中的统治阶级。尽管该宣言将“资产阶级”的起源追溯到封建社会中的领主城堡周围的市民(Pfahlbürger)[④]，但整篇《共产党宣言》中“Bürger”这个词仅出现

---

① 丛日云：《论黑格尔的“市民社会”概念》，《哲学研究》，2008年第10期，第98页。

② 韩立新：《从国家到市民社会：马克思思想的重要转变——以马克思〈黑格尔法哲学批判〉为研究中心》，《河北学刊》，2009年第1期，第14-24页。

③ *GeschichtlicheGrundbegriffe*, S. 717.

④ 陈望道在翻译《共产党宣言》时，将“die Bourgeoisie”译为“有产阶级”，将“Pfahlbürger”译为“都市底特许市民”。参见 https：//www. marxists. org/chinese/marx/mia-chinese-marx-184002f-cwd. htm. 访问时间：2018年9月3日。关于现代汉语中“资产阶级”一词的来源问题，参见徐天娜：《近代中国的“资本家”——以其概念之生成、演变为中心》，《江苏社会科学》，2016年第3期，第186-195页。

了两次，而且都是以“die Bürger des Mittelalters(中世纪的市民)”这样的形式出现，其含义与把“小市民的伤感”(spießbürgerlichen Wehmut)窒息在利己主义的冰水之中的“资产阶级”截然不同。[①] 显然，这里的“Bourgeoisie”一词不能再作“市民”或“公民”来理解，而指向那些在阶级分化之后成为资本家[②]的那个阶级。不过，在使用“Bürger”的形容词派生词“bürgerlich”时，《共产党宣言》又并未与“Bourgeoisie”的意思进行明确区分(正因为如此，英译本和中译本都把这两个词译成一个词)。而此后的社会主义者的文献中，大多也是在“资产阶级”的意义上使用“bürgerlich”这个派生词的。到了19世纪末叶，在许多德国人，尤其是在德国社会民主党的口中，“市民阶级”和“资产阶级”几乎成了同义词。

还有一些市民阶层出生的人致力于推进市民的社会改革(bürgerliche Sozialreform)，比如德国经济学家维尔纳·桑巴特(Werner Sombart)。这些人认识到了社会问题的严峻性，部分认同马克思对市民社会的分析，并认为纯粹自由主义的市场经济已经不能解决这些问题，但还是希望借用国家福利加议会制度的方法，让意欲颠覆整个社会秩序的社会主义者温和下来。这批人在威廉帝国时期遭受了当局的打压，在一战结束之后则积极参与了魏玛共和国的建设(如马克斯·韦伯)。

到了20世纪，随着市民阶层人数的不断增加，意见不断分化，“市民阶层”作为一个社会学概念的用处越来越小了：在它内部涵盖了太多彼此冲突的思想和人物。在魏玛共和国时代，作为国家柱石的古斯塔夫·施特雷泽曼(Gustav Stresemann)与意欲颠覆共和国的阿道夫·希特勒都可以说是出生于市民阶层。二战结束后，“Bürgertum”事实上已经成为一个历史名词。在联邦德国(西德)，除了在1968年学生运动中和在部分法兰克福学派的批判中之外，“Bürger”已经和英美语汇中的“citizen”对等。在民主德国(东德)，为了和苏联保持一致，“Bürgertum”和“布尔乔亚”(Bourgeois)一词对等，都是指无产阶级的对立面。两德统一之后，西德对“Bürger”的使用方式成为今日德语中的标准方式，哪怕是工人，也是“Bürger”(公民)。正因为如此，当人们要描述处于政府与私人之外的各种社会组织、社团和社区团体(即英语中的“Civil Society”)时，越来越多的德国人在用“Zivilgesellschaft”来代替原来的“Bürgergesellschaft”。[③]

3. “Bürger”一词在感情色彩上的变化

前文已经谈到，摆脱了封建义务的自由是“Bürger”一词的核心内涵。当文艺复兴之后的人文主义的思潮传到德意志地区之后，“市民的自由”有了新的内涵。那就是不再

---

① 马克思、恩格斯：《共产党宣言》，上海：上海外语教学出版社，2010年，第41-42页。

② 《共产党宣言》没有对 die Bourgeoisie 与 die Kapitalisten 进行特别明确的区分，主要的分别在于 die Kapitalisten 更多指的是现代的、工业的“资本家”。

③ Jürgen Kocka, *Bürger und Bürgerlichkeit im Wandel*, 14. 2. 2008.

盲目服从各种"自古以来的权威"，而"敢于运用自己的理性"(康德语)。一种新的，崇尚理性和科学的文化开始在德国市民阶层中传播开来。以历史学为例，德国历史学家尤尔根·柯卡认为"现代历史学是一种市民现象。而同时应注意的是，市民文化的特性已经打上了启蒙运动和新人文主义的烙印，受此影响，市民处理历史的方式，主要不是神话式、传奇式或宗教式的，而是首先必遵循科学的途径"。①

对市民而言，现在"自由"不仅意味着在物质和身体上摆脱封建义务，也意味着精神上的独立和自主。16世纪初教会还是德意志精神生活的绝对统治者，所以撕破这层权威而让自己能直接经《圣经》而信仰上帝的宗教改革运动就受到了大批市民的拥护，以科隆为代表的许多城市发生了市民暴动，1525年科隆市民们"占领了行会和城门，同时书写了40条抗议书，矛头直指教会的堕落及市当局在税金问题上的不公正"。②

精神上的独立和自主给予市民的是自身道德和人格上的自信。在中世纪，愿意到城市中生活固然意味着更多的机会，在思想和行为方面拥有更多的自由，但同时也意味着失去领主的庇护，自愿在人身安全和财产方面承担更大的风险。他们的出身往往不值一提，要在城内赢得一席之地只能靠自己的工作成绩。③ 正如柯卡所总结的，"在城市市民阶层的文化中，工作和成就比在贵族文化中受到更多重视"。④ 市民们还总结出了自身的种种美德：勤勉、审慎、节俭等。但其中最为重要的，还是他们对于自身理性的自信，使他们敢于质疑一切企图愚弄他们的权威或理论，勇于开拓进取，"无情地斩断了把人们缠系于天然尊长的形形色色的封建羁绊"⑤。而且，市民们的"理性主义精神还推动了其他科学和艺术的进步……只有在西方，才诞生了市民阶层(Bürgertum)，无数敢于冒险的商人和企业家由此涌现出来"。⑥ 这些敢于肯定自身理性的人，也为自己的身份而骄傲。

在歌德时代，"市民"毫无疑问是褒义词，而且"市民"(Bürger)就是"文化人"的代名词，是一个与蛮横的贵族和愚昧的农民不同的，有理想和追求，有真挚的爱情的社会阶层。费希特在谈及中世纪以来德意志市民阶层时说："德国的历史，即德意志的政治史、德意志的企业和发明史以及德意志的古迹和精神史，在这一时期都不外是这些城市

---

① Jürgen Kocka (Hrsg.): *Bürger und Bürgerlichkeit im 19. Jahrhundert*. Vandenhoeck & Ruprecht, Göttingen, 1987, S. 19-20.

② 张冠增：《论德国宗教改革中的城市与市民》，《社会科学》，1994年第3期，第54-57页，引文在第56页。

③ Wim Blockmans, *Urbanisation in the European Middle Ages. Phases of openness and occlusion*, http://www.rmoa.unina.it/192/1/RM-Blockmans-Urbanisation.pdf, 访问日期：2018年9月6日。

④ Jürgen Kocka, *Bürger und Bürgerlichkeit im Wandel*, 14.2.2008 http://www.bpb.de/apuz/31372/buerger-und-buergerlichkeit-im-wandel? p=all, 引用日期：2018年8月18日。

⑤ 马克思、恩格斯：《共产党宣言》，上海：上海外语教学出版社，2010年，第42页。

⑥ Heinrich August Winkler, *Zerbricht der Westen? Über die gegenwärtige Krise in Europa und Amerika*, S. 18.

的历史……这个实际上占支配地位的市民阶层，对于德意志帝国体制的发展，对于教会的改革，对于那时代表德意志民族，并且由此发展到国外的一切卓越东西都有决定性影响，它不论在哪里都是一目了然的。可以证明，所有现今在德意志人当中仍令人崇敬的东西，是在这个阶层中产生的。”①

歌德还有这么一句箴言：

“如果没有市民，
哪里来最优美的文化？
如果骑士和农民碰一起，
他们只会把市民的皮来剐。”②
(Wo käm die schöneste Bildung her,
Und wenn sie nicht von Bürger wär;
Wenn aber sich Ritter und Bauern verbinden;
Da werden sie freilich die Bürger schinken.)

然而，到了19世纪下半叶，该世纪初期附着在“市民”头衔上的那些荣誉光环：比如“白手起家”、“自立自强”、“爱好知识与文化”等“市民的美德”都在19世纪末渐渐褪色了。“市民”这个称呼也变得越来带有贬义和藐视的意味，“和Spießbürger(市侩、小市民)结下不解之缘”,③“市民阶级的道德”(或“资产阶级的道德”)，就意味着一种虚伪的、不自然的、没有活力的道德体系。“勤俭节约”变成了“贪财吝啬”，“遵法守时”变成了“平庸乏味”。总之，原来的优点都被受浪漫主义思潮影响的新一代人视为缺陷。

起先，这种贬义化还仅仅发生在市民阶级外部，是贵族们由来已久的藐视和无产阶级新近觉醒的憎恨。而到了世纪之交，伴随着市民阶层的分化，对“市民”一词的贬义化已经渗透到了市民阶级内部。发生于1896年的“候鸟运动”就是以一群中产阶级的子弟为主体的革新运动。④ 这些年轻人感受到家长的压力，学业的压力，没有时间和空间

① 费希特：《对德意志民族的演讲》，梁志学、沈真、李理译，北京：商务印书馆，2010年，第99页。

② Goethe, Zahme Xenien IX, Züricher Gedankeausgeb [Artemis], hrsg. von Enste Beutler. Band II, S. 412. 转引自黄燎宇，《布登勃洛克一家——市民阶级的心灵史》，《外国文学评论》，2004年第2期，第89页。原文中的翻译是“若非市民家，何处有文化。骑士会农民，市民遭活剐”。精练优美，但恐怕漏掉的那些信息会招致误解。

③ 黄燎宇：《布登勃洛克一家——市民阶级的心灵史》，《外国文学评论》，2004年第2期，第83页。

④ 童欣：《青年与现代性——从19世纪末德国的“候鸟运动”谈起》，载《当代青年研究》，2011年第3期，第1-6页。

去发展自我。"到目前为止只是老一代的附庸，被排除在公共生活之外，被老师们安放在一个被动的角色上的青年们……现在已经开始觉醒。他们尝试着塑造自己的生活，要脱离老一辈的习惯和丑陋的传统，他们追求着一种符合年轻人本性的生活方式，而同时这种方式又提供一种可能性，使他们的声音能够被严肃地倾听，并作为一种特别的要素加入到一半文化的构建中去。"①运动的矛头直接指向当时的"布尔乔亚社会"(Borgoesie Gesellschaft)。参加运动的青年们讨厌工业文明带来的压抑和沉闷，讨厌现代社会的秩序感和平庸感，更讨厌资产阶级道德的虚伪和做作。

这种贬斥，既被帝国时代之后魏玛共和国里的"文化批评者们"所继承，也被再之后的纳粹宣传部所继承。特别值得一提的是，这些在魏玛时代掀起"保守主义革命"(Konservative Revolution)的明星们，也几乎出身于市民阶层：《第三帝国》的作者阿图尔·缪勒·凡·登·布鲁克(Arthur Moeller van den Bruck)出生于普鲁士的一个建筑官员家庭；后来成为纳粹"桂冠法学家"的卡尔·施密特(Carl Schmitt)是一位医疗保险经理的儿子；《西方的没落》的作者奥斯瓦尔德·斯宾格勒(Oswald Spengler)出身于邮政官员的家庭；堪称此次"保守主义革命"旗手的埃德加·尤里乌斯·容(Edgar Julius Jung)出身于大商人家庭。这些人的观念不尽相同，但都排斥"平庸"的市民精神，强烈反对魏玛共和国的大众民主，而强调保守民族的"内在价值"。到了纳粹主义的思想中，市民精神中那种对自身理性的自信已经扭曲变形。一方面，原来的质疑精神几乎已经荡然无存，整个体制陷入了一种对"卡里斯玛"领袖的盲目崇拜；另一方面，市民精神中那种对"自私"的肯定转化为了一种"民族共同体"的自私，为此目的可以无视一切人道法治，以工具理性干出了种族灭绝的罪行。②

4. 结论

通过考察"Bürger"一词在德国历史发展和演化，会发现该词的用法与其所指代对象的社会角色有着密切的关系。在中世纪，德国的"市民"只是普遍存在的封建关系中的一种例外状态，因此其使用也主要局限于说明这一"边缘人群"的法律身份。到了地理大发现、文艺复兴和启蒙运动的影响波及德国之后，贸易范围的扩大和手工业、工商业的勃兴，使"市民"人群的数量和力量猛增。尽管与英、法的市民阶级相比，德意志地区的"市民"还是要弱小得多，"顺服"得多，但他们依然开始越来越积极地登上政治舞台并且越来越自信地肯定自身的权利。歌德等人对"市民精神"的歌颂反映了这个时期发生于德国市民阶层内部的乐观态度。

---

① Christinae Völpel, *Hermann Hesse und die deutsche Jugendbewegung, Eine Untersuchung über die Beziehung zwischen dem Wandervogel und Hermann Hesses Frühwerk*, Bonn: Bouvier Verlag Herbert Grundmann, 1977, S. 17.

② 齐格蒙·鲍曼:《现代性与大屠杀》，杨渝东、史建华译，上海：译林出版社，2002年。

19世纪初，美国独立战争①、法国大革命的影响，让代议制民主、“人民主权”学说和现代民族主义在欧洲逐渐深入人心，中世纪仅由“市民”享有的自由权利由此被推向全体国民，也使得德语中“市民”的含义向“公民”转化。由此一国之内的原有的“市民”与国家之间的法律关系，又增加了一层“公民”与国家之间的政治关系。从而更让德国的市民阶层登上政治舞台，乃至通过代议制民主主导政治进程，变得名正言顺。

然而，德国市民阶层的努力在1848年半路夭折了。还没有等他们从保守派的打击中缓过劲来，受到社会主义学说感召的无产阶级已经要从后面赶上来了。这时，这个被社会主义者们命名为“资产阶级”的社会力量，只能走上德意志的“特殊道路”了：放弃一部分关于“自由、民主”的政治要求，与保守势力合作确保财产私有的制度不受侵犯。这样一种因挫折而导致的暧昧局面使得19世纪末20世纪初的德国市民阶层政见极为分裂，既有愿意向前走的，也有想维持现状的，又有要退回中世纪的。歌德时代那种积极昂扬的“市民精神”早已褪去亮色，“布尔乔亚”的称谓也逐渐带上了讽刺和嘲弄的色彩。

概括来说，是16世纪以来德国市民经济力量和政治力量的增长带动了自身“市民意识”的增长，富有积极意涵的“市民精神”也成了德国市民阶层向封建统治者伸张权利的文化武器。这样一个过程在19世纪中叶达到顶峰，随着无产阶级运动的兴起、市民阶级本身的扩展和分裂，德语中的“市民社会”越来越经常地被“资产阶级社会”的意涵所覆盖，而且还在阶级斗争的过程中受到来自不同方向的批判。二战后，当西德社会逐渐趋于平静，“Bürger”及其派生词又一次退出了批判斗争的旋涡，重新成了一系列历史词汇和法律词汇。

参考文献

[1]丛日云. 论黑格尔的“市民社会”概念[J]. 哲学研究，2008(10).

[2]费希特. 对德意志民族的演讲[M]. 梁志学、沈真、李理译. 北京：商务印书馆，2010.

[3]哈全安. 论中世纪德国“市民城市”商品经济与法律地位的关系[J]. 世界历史，1989(6).

[4]韩立新. 从国家到市民社会：马克思思想的重要转变——以马克思〈黑格尔法哲学批判〉为研究中心[J]. 河北学刊，2009(1).

[5]黄燎宇. 布登勃洛克一家——市民阶级的心灵史[J]. 外国文学评论，2004(2).

[6]李宏图. 概念史与历史的选择[J]. 史学理论研究，2012(1).

[7]李剑鸣. “人民”的定义与美国早期的国家建构[J]. 历史研究，2009(1).

[8]马克思、恩格斯. 共产党宣言[M]. 上海：上海外语教学出版社，2010.

---

① 关于美国独立战争与代议制民主之间的关系，参见李剑鸣：《“人民”的定义与美国早期的国家建构》，《历史研究》，2009年第1期，第110-133页。

[9]齐格蒙·鲍曼. 现代性与大屠杀[M]. 杨渝东、史建华译. 上海：译林出版社，2002.

[10]童欣. 青年与现代性——从19世纪末德国的“候鸟运动”谈起[J]. 当代青年研究，2011(3).

[11]徐天娜. 近代中国的“资本家”——以其概念之生成、演变为中心[J]. 江苏社会科学，2016(3).

[12]尤尔根·柯卡、谈薇. 市民阶层与市民性——欧洲关于德国特殊道路的讨论[J]. 北大史学(16)，2011.

[13]亚当·弗格森. 文明社会史论[M]. 林本椿、王绍祥译. 杭州：浙江大学出版社，2010.

[14]张冠增. 论德国宗教改革中的城市与市民[J]. 社会科学，1994(3).

[15]新约·约翰福音[M].《圣经》(和合本). 上海：中国基督教三自爱国运动委员会、中国基督教协会，1989.

[16] Adam Ferguson. Versuch über die Geschichte der bürgerlichen Gesellschaft [M]. Leipzig: Johann Friedrich Junius, 1768.

[17] Christian Garve. Versuche über verschiedene Gegenstände aus der Moral [J]. der Literatur und demgesellschaftlichen Leben. Breslau: Bd. 1, 1792.

[18] Christinae Völpel.Hermann Hesse und die deutsche Jugendbewegung, Eine Untersuchung über die Beziehung zwischen dem Wandervogel und Hermann Hesses Frühwerk [M]. Bonn: Bouvier Verlag Herbert Grundmann, 1977.

[19] Georg Wilhelm Friedrich Hegel. Grundlinien der Philosophie des Rechts [M]. Berlin: Nicolai'schen Buchhandlung, 1821.

[20] Heinrich August Winkler. Zerbricht der Westen? Über die gegenwärtige Krise in Europa und Amerika [M]. München: C. H. Beck, 2017.

[21] Jürgen Kocka. Bürger und Bürgerlichkeit im Wandel, 14.2.2008 http://www. bpb. de/apuz/31372/buerger-und-buergerlichkeit-im-wandel? p = all, accessed2018/08/18.

[22] Jürgen Kocka (Hrsg.). Bürger und Bürgerlichkeit im 19 [M]. Jahrhundert. Göttingen: Vandenhoeck & Ruprecht, 1987.

[23] Otto Hintze. Weltgeschichtliche Bedingungen der Repräsentativverfassung (1931). in: ders., Staat und Verfassung. Gesammelte Abhandlungen zur allgemeinen Verfassungsgeschichte (Gesammelte Abhandlungen, Bd. 1). Göttingen, 1970.

[24] Raymond Williams. Keywords: A Vocabulary of Culture and Society [M]. New York: Oxford University Press, 1983.

[25] Wim Blockmans. Urbanisation in the European Middle Ages. Phases of openness and occlusion, http://www. rmoa. unina. it/192/1/RM-Blockmans-Urbanisation. pdf,

accessed 2018/09/06.

[26] Historisches Lexikon zur politisch-sozialen Sprache in Deutschland.Herausgegeben von Otto Brunner, Werner Conze, Reinhart Koselleck, Band 1, Stuttgart: Ernst Klett Verlag, 1974.

[27] https://www.duden.de/rechtschreibung/Buerger, accessed2018/08/19.

[28] http://ra.smixx.de/Links-F-R/PrALR/PrALR-II-8.pdf, accessed2018/08/19.

[29] http://www.bpb.de/apuz/31372/buerger-und-buergerlichkeit-im-wandel? p = all, accessed2018/08/18.

[30] https://www.marxists.org/chinese/marx/mia-chinese-marx-184002f-cwd.htm, accessed 2018/09/03.

Erinnerungen im preußischen Berlin und in Brandenburg an China durch kognitive und materielle Erinnerungsobjekte

——von den Anfängen bis zum Ersten Weltkrieg

Ulrich van der Heyden

摘要：在德国首都柏林和勃兰登堡州，搜寻可见的物质记忆载体，以此追溯历史上的普鲁士王国与中国长达数个世纪的关系史。除了柏林国家图书馆馆藏的中文书、柏林人类学博物馆的中国文物、波茨坦无忧宫的中国茶亭、东勃兰登堡州的桑树大道，始自勃兰登堡大选帝侯腓特烈·威廉时期的德中关系在这一区域留下的诸多可见的物质印记，也体现着两国在经济、技艺、精神等层面上虽然持续却零星自发的交往状态。直至19世纪末胶州湾成为德国殖民地以后，中国才更为瞩目地进入德国公众视野，该地区一些与中国有关的建筑及街道名称充当着殖民时期德中关系的重要见证。

关键词：记忆文化；德中历史关系；普鲁士王国

Zur Geschichte der deutsch-chinesischen Beziehungen gibt es in Deutschland eine lange Liste an Literatur, nicht zuletzt über die gegenseitigen Beeinflussungen zwischen China und Deutschland zur Zeit der Existenz der „Musterkolonie“ Kiautschou vom Ende des 19. Jahrhunderts bis zum Ersten Weltkrieg.① Dieses globalgeschichtliche Ereignis soll jedoch nicht im Mittelpunkt der folgenden Ausführungen stehen, sondern der Aufsatz wird auf einige Erinnerungsorte in einer bestimmten geografischen Region in ihrem historischen Kontext aufmerksam machen. Im Mittelpunkt stehen die Bundesländer Brandenburg und das von diesem eingeschlossene Gebiet der deutschen Hauptstadt Berlin.

Zu den historischen Beziehungen anderer deutscher Orte und Bundesländern zu China

---

① Mühlhahn Klaus, *Herrschaft und Widerstand in der „Musterkolonie“ Kiautschou. Interaktionen zwischen China und Deutschland* 1897-1914 (München, 2000) sowie die erste deutschsprachige kolonialkritische Analyse von Stoecker Helmuth, *Deutschland und China im* 19. *Jahrhundert. Das Eindringen des deutschen Kolonialismus* (Berlin, 1958).

existieren bereits einige Aufsätze.① Auch zu den historischen Beziehungen Preußens, zu dem das vormalige Kurfürstentum Brandenburg, welches seit 1701 zu Preußen gehörte, und dem Reich der Mitte existieren einige Bücher in deutscher Sprache.②

Im Folgenden sollen jedoch nicht Aspekte der Geschichte der deutsch-chinesischen Beziehungen im Mittelpunkt stehen, sondern die erhalten gebliebenen sichtbaren Zeugnisse aus der jahrhundertelangen Beziehungsgeschichte in den deutschen Bundesländern Berlin und Brandenburg.

Die Anfänge

Die ersten, noch weniger politischen Charakter tragenden Kontakte zwischen dem Kurfürstentum Brandenburg und dem chinesischen Kaiserreich reichen nachweislich mehr als dreieinhalb Jahrhunderte zurück.

Es war gegen Ende des Dreißigjährigen Krieges von 1618 bis 1648, der weite Teile Europas verwüstet hatte. Der spätere Herrscher des Kurfürstentums Brandenburg, Friedrich Wilhelm (1620-1688), befand sich in seiner Jugend nicht in seiner kriegsgeplagten Heimat, sondern er erhielt seine Ausbildung in den Niederlanden. Im Juli 1634 war er von seinem Vater an den Hof des Stadthalters der Vereinigten Niederlande, Friedrich Heinrich von Oranien, in Arnsheim gesandt worden. Dort blieb er vier Jahre, besuchte die Universität Leiden und lernte in Amsterdam das Schiffsbauhandwerk. Nachdem er am 1. Dezember 1640 die Nachfolge seines Vaters als Kurfürst angetreten hatte, sammelte er um sich Berater und ehemalige Lehrer, die ihm helfen sollten, einen Überseehandel und die dafür notwendige Flotte aufzubauen. Zu diesen gehörte auch der niederländische Admiral Arnold Gijsels van Lier (1593-1676). Jener war an den Hof des brandenburgischen Herrschers, der als Großer Kurfürst bekannt ist, gekommen, um hier als Berater für den Aufbau einer Flotte zum Erwerb von Handelskolonien nach Südostasien zu fungieren. Friedrich Wilhelm war überhaupt der

---

① Wippich Rolf-Harald, *Oldenburg und Ostasien. Der Schiffs- und Handelsverkehr eines norddeutschen Kleinstaates im Chinesischen Meer in der Mitte des 19. Jahrhunderts*, in: *Jahrbuch für Europäische Überseegeschichte*, *Bd.* 4 (Wiesbaden, 2004), S. 33-62; Eberstein Bernd, *Hamburg-China. Geschichte einer Partnerschaft* (Hamburg, 1988); Hesse Johannes, *Niedersachsen und China. Gestern und Heute* (Seelze, 1987); Pützstück Lothar, *Düsseldorf und China. Politische und kulturelle Bezüge im Kaiserreich*, in: van der Heyden Ulrich/Zeller Joachim (Hrsg.), *Kolonialismus hierzulande. Eine Spurensuche in Deutschland* (Erfurt, 2007), S. 48-53.

② Eberstein Bernd, *Preußen und China. Eine Geschichte schwieriger Beziehungen* (Berlin, 2007); Leutner Mechthild/Steen Andreas/Kai Xu/Jian Xu/Klosterhuis Jürgen/Wanglin Hu/Zhongliang Hu (Hrsg.), *Preußen, Deutschland und China. Entwicklungslinien und Akteure* (1842-1910) (Berlin, 2014).

erste brandenburgische Herrscher, der Kontakte zu China herstellte. Er galt als Bewunderer der chinesischen Kultur. Schon als Student hatte er seinen Eltern Produkte des ostasiatischen Kunstgewerbes zum Geschenk gemacht, wie aus seinen Briefen hervorgeht. Seine „Kunstkammer“ enthielt Waffen, Gewänder, „Seegewächse“, kunsthandwerkliche Objekte, Gefäße aus Rhinozeroshorn, Speckstein und Jade und anderes mehr. Die Erwerbungen des Großen Kurfürsten bildeten später den Grundstock für das Ostasiatische Museum in Berlin, dessen wertvollste Sammlungen jedoch zu den Verlusten des Zweiten Weltkrieges zählen. Einige Überreste befinden sich noch heute dort sowie im Berliner Ethnologischen Museum.

Auch im Kurfürstentum Brandenburg konnte man schon damals, wie auch an anderen adligen Höfen und bei den Gelehrten eine „Sinomania“, also eine Chinabegeisterung, beobachten.①

Als mit dem Westfälischen Frieden 1648 der Dreißigjährige Krieg in Europa beendet worden war, hatte Kurfürst Friedrich Wilhelm zwar neue Landgebiete hinzugewonnen, aber diese waren zerstört, Felder lagen brach, Gebäude waren zerstört, die Bevölkerung war durch Krieg, Seuchen und Flucht dezimiert. Er wollte sein Land zu einer blühenden Landschaft verwandeln. Da er den Seehandel der Niederländer bewundert hatte, versuchte er sich an dem Überseehandel zu beteiligen. Nach dem Motto „Seefahrt und Handlung [Handel] sind die fürnehmsten [vornehmsten] Säulen eines Estats [Staates], wodurch die Untertanen beides zu Wasser, als auch durch die Manufakturen zu Lande ihre Nahrung und Unterhalt erlangen.“ Er begann, eine Flotte aufzubauen und richtete sein Augenmerk zunächst nach Asien, vor allem nach Ostindien und China. Doch der erste Versuch, eine Brandenburgisch-Ostindische Handelskompanie aufzubauen, um dorthin zu gelangen, scheiterte schon 1653 an fehlenden Investoren. Allerdings liefen auch noch im folgenden Jahrhundert mindestens zwei Schiffe pro Jahr nach China aus, um Handelsware zu transportieren.②

Der Belesenheit und dem wissenschaftlichen Interesse von Admiral Gijsels van Lier ist es zu verdanken, dass alte Bücher in chinesischer Sprache in den 1670er-Jahren nach Berlin gelangten. Er hatte sie seinem neuen Landesherrn verkauft. Mit dem Ankauf dieser Bücher aus dem Besitz des Admirals, der an dem Fluss Elbe die Burg Lenzen geschenkt bekommen hatte, wollte der Kurfürst die Errichtung der Ostindischen Handelskompagnie intellektuell befördern. Der mit dem Buchankauf beauftragte kurfürstliche Bibliothekar Andreas Müller berichtete seinem Herrn, dass der Ex-Admiral fast nur Bücher in chinesischer Sprache auf

---

① Steinmetz George, *The Devil' s Handwirting. Precoloniality and the German colonial State in Qingdao, Samoa, and Southwest Africa*, (Chicago/London, 2007), S. 367 ff.

② Wagner Daniel Ernst, *Allgemeine Weltgeschichte von der Schöpfung an bis auf gegenwärtige Zeit*, 14 Bd., 3. Bd. (Leipzig, 1777), S. 170.

seiner Burg in den Regalen zu stehen habe. Sie waren vornehmlich von jesuitischen Missionaren verfasst worden. Ein Teil von diesen Büchern befand sich dennoch in schlechtem Zustand.① Ein großer Teil der in der heutigen Staatsbibliothek zu Berlin vorhandenen chinesischen Literatur stammt aus diesem Ankauf.②

Die heute recht umfangreiche Sammlung chinesischer Bücher in der Staatsbibliothek zu Berlin blickt also auf eine lange Geschichte zurück. Es hatten sich so viele Schriften in chinesischer Schrift angesammelt, dass für Kurfürst Friedrich Wilhelm bereits um 1683 ein erster Katalog der chinesischen Titel zusammengestellt und gedruckt wurde, der 25 Einträge umfasste. Bis 1912 wurden insgesamt 1.603 Signaturen von chinesischen Büchern vergeben, bis 1945 kamen weitere 2.049 Signaturen hinzu. In beiden Signaturengruppen finden sich auch zahlreiche mandschurische Titel, auf deren Bedeutung für die Sammlung schon Julius Klaproth (1783-1835), der Autor des 1822 erschienen gedruckten Berliner China-Kataloges, hingewiesen hat. Von den fast 70.000 chinesischen und mandschurischen Bänden, die im Zweiten Weltkrieg ausgelagert wurden, sind heute jedoch nur noch etwa ein Drittel im Bestand der Staatsbibliothek zu Berlin vorhanden. Die anderen sind Kriegsverlust.

Mit den Büchern in chinesischer Sprache existieren vermutlich die ältesten Spuren über China in Berlin und Brandenburg, sieht man von einigen Kunstgegenständen im Berliner Ethnologischen Museum und einigen kleineren Museen ab. Einen Einblick in die vorhandenen Exponate erlaubte die im Jahre 2017 gemeinsam mit dem Shanghai Museum gezeigte Sonderausstellung „China und Ägypten. Wiegen der Welt“.③ Jedoch auch einige Exponate des Museums für Asiatische Kunst, die in der großen Sonderausstellung „Gesichter Chinas. Chinesische Portraitmalerei der Ming- und Qing-Dynastie (1368-1912)“④ im Jahre 2017 in der deutschen Hauptstadt gezeigt wurden, können als Belege für Jahrhunderte lange Beziehungen zwischen Deutschland und China Zeugnis ablegen.

Chinoiserie

Chinoiserie ist eine an chinesischen Vorbildern orientierte Strömung in der europäischen Kunstgeschichte, die recht populär war und auf die vermeintlich heile Welt der Chinesen

---

① Geheimes Staatsarchiv Preußischer Kulturbesitz, Berlin: Rep. 47 Tit. B 4, Bd. 15.

② Noack Lothar/Splett Jürgen, *Bio-Bibliographischen. Brandenburgische Gelehrte der Frühen Neuzeit. Berlin-Cölln* 1640-1688, *Bd.* 1 (Berlin, 1997), S. 276.

③ Seyfruedm Friederick, Jung Mariana (Hrsg.), *China und Ägypten. Wiegen der Welt* (München, 2017).

④ Staatliche Museen zu Berlin - Museum für Asiatische Kunst/Ruitenbeek Klaas, *Gesichter Chinas. Portraitmalerei der Ming- und Qing-Dynastie* (1368-1912) (Petersberg, 2017).

verweisen sollte. Die China-Begeisterung, die in Brandenburg vor allem beim Adel ab etwa Mitte des 17. Jahrhunderts zu beobachten war, hatte seine Ursachen sowohl im Exotismus als auch aus der Vorstellung heraus, dass es sich im Reich der Mitte um ein friedliches Riesenreich handele, dessen zahlreiche Bevölkerung bis in die einfachen sozialen Schichten literarisch und philosophisch gebildet wäre. Diese Vorstellung hatte indes nicht nur Einfluss im Adel, sondern auch im deutschen Bildungsbürgertum. Die europaweite Chinoiserie-Mode war geprägt von einer Traumwelt aus Porzellan, Lackarbeiten, Seide und Papiertapeten nach mehr oder minder fiktiven Vorbildern aus China, wenn dann keine Originale zur Verfügung standen.

Porzellanküchen, Spiegel- und Lackkabinette von chinesischen Handwerkern oder entsprechende Arbeiten von diesen nachgestellten Objekte waren insbesondere bevorzugter Ausdruck der Chinoiserie am Hof des brandenburgischen Kurfürsten. Die Kurfürstin Louise Henriette (1627-1667) führte diese Mode in Brandenburg-Preußen ein und etablierte sie für vier Generationen im Lande. Sie stattete im Jahre 1663 im Nahe von Berlin gelegenen Oranienburg, im dortigen Schloss, das erste Porzellankabinett mit vielen chinesischen künstlerischen Produkten aus.

Der erste preußische König Friedrich I. (1657-1713) ließ das Schloss Oranienburg nach dem Tod seiner Frau renovieren und ein neues prächtiges Porzellankabinett einrichten. Die Wohnung Sophie Charlottes (1668-1705), seine zweite Frau, erhielt auch im Berliner Schloss Charlottenburg ein kleines Porzellankabinett sowie ein Lackkabinett mit originalen Lackpaneelen aus Ostasien.

Unter Friedrich I. und Sophie Charlotte erlangte die Herstellung von Lackmöbeln in Brandenburg-Preußen eine bedeutende Rolle. Es wurden immer wieder Lackrezepturen und Imitationen nach dem Vorbild ostasiatischer Lackdekore entwickelt und schmückten so manches feudale Herrenhaus in Brandenburg.

China in Potsdam-Sanssouci

Ein sichtbares Zeugnis vom großen Einfluss chinesischer Kunst auf Brandenburg-Preußen befindet sich in der Landeshauptstadt Potsdam. Im Schlosspark Sanssouci steht ein „Chinesischer Pavillon", der auch als „Chinesisches Teehaus" bekannt ist. Dieser wurde zwischen 1755 und 1764 erbaut und ist ein hervorragendes Beispiel für die Chinoiserie.

Das zwar nicht in Brandenburg, jedoch im benachbarten Sachsen gelegene Schloss in Pillnitz ist wohl in Mitteleuropa am deutlichsten im „chinesischen Stil" erbaut worden. In Brandenburg wurden kleinere Parkschlösser und Pavillons nach diesem Vorbild errichtet. So existiert in der Nähe der Stadt Dessau, nicht weit entfernt von der Grenze zu Brandenburg, eine Pagode und ein Teehaus in einem chinesischen Garten. Ältere sowie erst in jüngerer Zeit errichtete chinesische Gärten gibt es übrigens in ganz Deutschland, auch einen im Berliner Stadtbezirk Marzahn als Bestandteil der großflächigen Gartenanlage „Gärten der Welt“. Wer sich mit der Thematik vertiefend beschäftigen will, wird eine ganze Reihe von einschlägiger Literatur in deutscher und anderen europäischen Sprachen zum Einfluss der chinesischen auf die europäische Garten- und Handwerkskunst finden.①

Der bekannteste und auch größte Bau dieser Stilrichtung im Bundesland Brandenburg ist der erwähnte „Chinesische Pavillon“ im Park Sanssouci in Potsdam.② Da das Gebäude seiner Zeit außer als glanzvoll schmückendes Kleinod im königlichen Garten auch als exotische Kulisse für kleinere Festlichkeiten diente, ordnete der König an, wenige Meter entfernt eine „chinesische Küche“ zu bauen. Nach einem Umbau des Gebäudes im Jahre 1789 erinnern nur noch die sechseckigen Fenster an den ostasiatischen Charakter des ehemaligen Küchengebäudes.

Mit Wandbemalungen, die eine vermeintlich heile Welt der Chinesen darstellen, Porzellan auf Wandkonsolen und kleinen Möbeln im chinesischen Stil wurden ganze Räume in den beiden Gebäuden ausgeschmückt. In den Gartenanlagen entstanden kleinere Pavillons und Pagoden, die nicht unbedingt ein bestimmtes chinesisches Gebäude zum Vorbild hatten, sondern oft nur durch geschwungene Dachformen und Figuren aus der chinesischen Kultur eine ostasiatische Bauweise suggerieren sollten. Den Entwürfen für das Figurenensemble der essenden, trinkenden und musizierenden Chinesen im „Chinesischen Pavillon“ standen den Bildhauern Menschen aus der brandenburgischen Region Modell, woraus sich die europäischen Gesichtszüge der Figuren erklären. Ein Tambour, der dem Dach aufgesetzt ist, wird von der vergoldeten Figur eines Mandarins mit aufgespanntem Sonnenschirm und Caduceus (ein Stab mit zwei Flügeln, der von zwei Schlangen mit einander zugewandten Köpfen umschlungen wird) gekrönt.

Neben dem „Chinesischen Haus“ steht auf der Wiese ein hohes Räuchergefäß mit der Inschrift. Von rechts nach links zu lesen ergibt das: „Daqing Yongzheng yuannian-zhi“, übersetzt: „Hergestellt im 1. Regierungsjahr des Kaisers Yongzheng“, also im Jahr 1723. Da in Ostasien Kunstobjekte oft zurückdatiert wurden, um sie wertvoller zu machen, könnte das Gefäß auch später hergestellt worden sein.

Im „Amtlichen Führer“, einer Art Katalog, zu diesem Bau im chinesischen Stil heißt es, dass das Räuchergefäß als Geschenk des Königs von Siam Chulalongkorn 1897 nach

---

① Gruber Alain, *Chinoiserie. Der Einfluss Chinas auf die europäische Kunst*, 17. *bis* 19. *Jahrhundert* (Bern, 1984).

② Giersberg Hans-Joachim/Nicht Jutta/Dreger Marion, *Das Chinesische Haus im Park von Sanssouci* (Berlin, 1998).

Potsdam gekommen war① und bis 1955 im ehemaligen Rosengarten am Neuen Palais gestanden hat, was demzufolge bedeutet, dass ein vermutlich thailändisches Kunstobjekt als ein chinesisches ausgegeben worden ist, als nämlich eine kleine siamesische Delegation in Berlin und Potsdam weilte.

Ebenfalls unter dem Einfluss der Chinoiserie wurde einige Jahre später am nördlichen Rand des Parks Sanssouci das „Drachenhaus" in der Form einer chinesischen Pagode errichtet. Das Gebäude erhielt diesen Namen wegen der Drachenfiguren an der Spitze der geschwungenen Dächer. Als Vorbild für das Potsdamer „Drachenhaus" soll die mehrgeschossige Ta-Ho-Pagode in der Nähe der südchinesischen Stadt Guangzhou gedient haben. Das Drachenhaus besteht aus vier Geschossen, die sich nach oben verjüngen. Im breiter gelagerten Erdgeschoss, mit konkav einschwingenden Wänden, waren ein Flur, zwei Zimmer und eine Küche untergebracht. An den Wänden sind kleine Blumensträuße gemalt und über die Fensterbögen Köpfe von Chinesen. Seit 1934 wird das „Drachenhaus" gastronomisch genutzt.

Geistige und politische Beziehungen

Insgesamt betrachtet existierten zwar in der hier behandelten Zeit wirtschaftliche, vor allem Handelsbeziehungen zwischen dem seit 1701 existierenden Preußen, welches als Kerngebiet das Kurfürstentum Brandenburg hatte, jedoch blieb die chinesische Kultur den Europäern fremd, wenngleich es durchaus ein intellektuelles Interesse daran gab. Denn die ostasiatischen Philosophen hatten große Aufmerksamkeit in der europäischen Aufklärung geweckt. Bedeutende Gelehrte wie der deutsche Universalgelehrte Gottfried Wilhelm Leibniz (1646-1716), der im Jahre 1700 die Königlich-Preußische Akademie der Wissenschaften in Berlin gründete und deren erster Präsident wurde, setzten sich intensiv mit der chinesischen Philosophie auseinander. Aber der Bewunderung für die künstlerischen und technischen Leistungen der chinesischen Kunst und Philosophie stand die eurozentrische Arroganz gegenüber. Deshalb blieb die Chinoiserie fast ausschließlich auf Philosophie und Medizin sowie in der materiellen Sphäre auf Luxusgegenstände begrenzt.

Ein wichtiges materielles Produkt, welches die historischen Beziehungen zwischen Brandenburg bzw. Preußen und China verdeutlicht, ist die Seide. Es ist bis heute unklar, wie die Seidenraupe nach Europa gelangt ist. Die am häufigsten diskutierte Variante besagt, dass zwei Mönche im Jahr 522 nach Byzanz gewandert seien und Maulbeerbaumsamen sowie die

---

① Manalapanacharoen Suphot, *König Chulalongkorn und die Stadt Berlin*, in: van der Heyden Ulrich, Zeller Joachim (Hrsg.), „... *Macht und Anteil an der Weltherrschaft*". *Berlin und der deutsche Kolonialismus* (Münster, 2005), S. 251-256.

Eier des Seidenspinners in ihren Spazierstöcken geschmuggelt hätten. Damit soll die Seidenraupenzucht im Mittelmeerraum begonnen haben. Das chinesische Monopol der Seidenherstellung war damit zwar gebrochen, aber die Qualität der Chinaseide war noch lange Zeit unübertroffen.

Vor allem deutsche Könige und Fürsten gefielen sich in seidener Kleidung. Zunächst kauften sie teure luxuriöse französische und italienische Seidenstoffe, die den chinesischen Produkten am nächsten kamen. Der Preußenkönig Friedrich II. (1712-1786) wollte es billiger haben. Er ließ im Land Maulbeerplantagen und Seidenraupen-Zuchtanlagen anlegen. Er konnte in seinem Land auf Erfahrungen bei der Seidenraupenzucht zurückgreifen. Denn schon 1663 hatte sein Vorgänger, Friedrich Wilhelm I. (1688-1740) die Seidenraupenzucht in kleinerem Maßstab eingeführt. Man hatte in Brandenburg begonnen den weißen Maulbeerbaum anzupflanzen und holte sachverständige Auswanderer aus Frankreich, die Hugenotten, ins Land. Friedrich II. subventionierte die Seidenproduktion und ließ Maulbeerbäume dreimillionenfach anpflanzen. Doch trotz aller Anstrengungen blieb die Seidenproduktion wenig ertragreich. Kühles Klima und die arbeitsintensive Pflege der Raupen sowie der Tod Friedrichs II. im Jahre 1786 ließ den Industriezweig wieder verschwinden. Die einzige brandenburgische Maulbeerallee ist in dem im östlichen Brandenburg gelegenen Dorf Zernikow mit mehr als 250 Jahre alten, denkmalgeschützten Maulbeerbäumen erhalten geblieben und gilt als touristische Attraktion.

Erwähnt werden muss noch, dass in den Bundesländern Berlin und Brandenburg noch andere Schätze vorhanden sind, die die historischen deutsch-chinesischen Beziehungen zu dokumentieren vermögen, wie die darüber Auskunft geben könnenden Akten im Geheimen Staatsarchiv Preußischer Kulturbesitz in Berlin-Dahlem sowie im Bundesarchiv in Berlin-Lichterfelde. Hier befinden sich zum Teil noch unausgewertete Akten, die beispielsweise genau Auskunft geben könnten über den Schiffsverkehr und die Handelsbeziehungen zwischen Preußen und China, über chinesische Studenten in Deutschland, insbesondere in Preußen vor dem Ersten Weltkrieg, über deutsche Reisende und naturwissenschaftliche Expeditionen nach Ostasien, über eine deutsche Medizinschule in Shanghai, über an Deutsche verliehene chinesische Orden und Ehrenzeichen, über den Einsatz von deutschen Militärinstrukteuren, über Waffenhandel und zu Fragen der christlichen Missionstätigkeit in China. Oft findet man Hinweise auf einen erträglichen Handel mit Partnern in Shanghai, ebenso wie über dortige Kontakte zwischen chinesischen und preußischen Personen und Institutionen.① In der Regel handelt es sich um vor dem Ersten Weltkrieg angefertigte Schriftstücke.

---

① *Preußen - Deutschland - China. Ein Inventar zu Akten des Geheimen Staatsarchivs Preußischer Kulturbesitz und des Bundesarchivs*, *Abteilung Reich* (Berlin).

Deutsch-chinesische Kontakte in der Erinnerung arbeitender Menschen

Jedoch nicht nur in der Kunst, von denen noch heute viele Gegenstände sichtbar in der Architektur sowie in Museen in künstlerischen Exponaten erhalten sind, sondern in der politischen und Alltagskultur lassen sich Spuren der brandenburgisch/preußisch-chinesischen Beziehungen feststellen. So im Zuge einer im Jahre 1907 in der deutschen Gesellschaft geführten Debatte um die Kolonialpolitik des deutschen Kaiserreichs, die in der Geschichtsschreibung als Hottentottenwahl① bezeichnet wird.

Damals wurde von der Sozialdemokratischen Partei (SPD) davor gewarnt, dass die preußischen Großgrundbesitzer den Plan verfolgen würden, chinesische Landarbeiter anzuwerben, um diese auf den Feldern arbeiten zu lassen. Wenngleich die politischen Dispute vornehmlich in den östlichen Provinzen Preußens geführt wurden, hatten die vorgetragenen Ängste über eine mögliche „Arbeiterkonkurrenz" Auswirkungen bis Berlin/Brandenburg, wo sich in den Archiven und Museen noch einige relevante Flugblätter, die vor der „chinesischen Gefahr warnen sollten" finden lassen.②

Es gibt einen weiteren Bezugspunkt. Schon seit 1890 arbeiteten tatsächlich einige chinesische Einwanderer in Preußen.③ Es war in der Landwirtschaft ein Arbeitskräftemangel spürbar geworden, vor allem verursacht durch eine allgemeine Landflucht und die Zunahme des arbeitsintensiven Hackfruchtanbaus. Da man nicht noch mehr polnische Landarbeiter im Lande haben wollte, war man - so der damalige Ausdruck - auf die „nationalpolitisch unbedenklich(en)" Chinesen gestoßen. Sie galten als „ein nüchterner und fleißiger Volksstamm". Letztlich konnte die Idee einer massenhaften Einwanderung nicht umgesetzt werden. Nur einige wenige Chinesen, die schon in Bremen oder Hamburg wohnten, die als Seeleute und Angestellte von Handelshäusern dorthin gekommen waren,④ oder deren

① Van der Heyden Ulrich, *Die „Hottentottenwahlen" von* 1907, in: Zimmerer Jürgen/Zeller Joachim (Hrsg.), *Völkermord in Deutsch-Südwestafrika. Der Kolonialkrieg* (1904-1908) *in Namibia und seine Folgen* (Berlin, 2003), S. 97-102.

② Sobich Frank Oliver/Bischoff Sebastian, *„Chinesenpest" in Ostpreußen. Wie die Sozialdemokraten bei den „Hottentotten-Wahlen"* 1907 *in den östlichen Provinzen um Stimmen warben.* in: van der Heyden Ulrich/Zeller Joachim (Hrsg.), *Kolonialismus hierzulande...*, a.a.O. S. 190-194.

③ Conrad Sebastian, *„Die Sehnsucht nach Chinesen". Chinesische Arbeiten in der preußischen Landwirtschaft*, in: van der Heyden Ulrich/Zeller Joachim, *„... Macht und Anteil an der Weltherrschaft". Berlin und der deutsche Kolonialismus* (Münster, 2005), S. 215-221.

④ Gütinger Erich, *Die Geschichte der Chinesen in Deutschland. Ein Überblick über die ersten* 100 *Jahre ab* 1822 (Münster, 2005).

Angehörige ließen sich als Landarbeiter, zumeist nur temporär, auf preußischen Großgrundbesitz nieder. Materielle Spuren davon sind kaum erhalten. Vielleicht sind manche der in Heimat- und Regionalmuseen zu findenden Artefakte nicht nur Mitbringsel von Reisenden und Matrosen, sondern auch der chinesischen Alltagskultur. In jedem Fall war die Anwesenheit von chinesischen Landarbeitern eher gering und bleibt eine Marginalie in den deutsch-chinesischen Beziehungen.

Geistige Interaktionen

Ein weiteres materielles Erinnerungsobjekt existiert in Berlin-Friedrichshain. Hier steht das Haus der Berliner Missionsgesellschaft, heute Sitz des Berliner Missionswerks.

An dieser Stelle war schon im Jahre 1882 beschlossen worden, evangelische Missionare nach China zu entsenden. Schon bald darauf wurden die ersten deutschen Missionare ins Reich der Mitte entsandt. Die Arbeit der Berliner Missionare stand vor neuen, bislang unbekannten Herausforderungen. Zum einen betraf das neue Arbeitsfeld eine Kultur, die weit entwickeltere technologische, medizinische und philosophische Voraussetzungen aufwies, als die bisherigen Arbeitsfelder im Osten und Süden Afrikas. Zum anderen wirkten hier schon einige andere europäische Missionsgesellschaften aus Europa, ganz zu schweigen von katholischen Missionsorden. Die Berliner konzentrierten sich deshalb in der Missionsarbeit auf die Unterstützung von Schulen, wobei der Unterricht mit der Vorbereitung der christlichen Lehre verknüpft war; außerdem auf die medizinische Versorgung von armen Menschen. Zudem wurde ein Waisenhaus in Hongkong unterhalten.

In dem Gebäude in der Berliner Georgenkirchstraße wohnte schon 1868 ein junger Chinese namens Tschan A-si. So kamen die zum Missionar auszubildenden deutschen Bewohner des Berliner Missionshauses mit einem Chinesen oft zum ersten Mal in Kontakt. Dieser arbeitete später in Nam Yung. Weitere chinesische junge Männer wohnten und lernten dann auch später in dem Missionshaus.①

Seit jener Zeit gibt es Verbindungen - allerdings in unterschiedlicher Intensität - zwischen dieser Institution in Berlin und chinesischen Menschen.② Eine Vielzahl von ins Chinesische übersetzte bzw. geschrieben Broschüren, sogenannte Traktate, in der Bibliothek des Hauses der Berliner Missionsgesellschaft sowie einige materielle Zeugnisse, vor allem von den Missionaren mitgebrachte kulturelle Gegenstände oder Geschenke von Chinesen künden heute

---

① Lehmann Hellmut, 150 *Jahre Berliner Mission* (Erlangen, 1974), S. 81.

② Allgemein zu den Interaktionen zwischen europäischen Missionaren und chinesischen Menschen bei Widmer Paul (Hrsg.), *Europe in China. Mission as a vehicle to cultural dialogue* (Stuttgart, 2012).

von den historischen Beziehungen. Einige davon sind in einer kleinen musealen Ausstellung zu besichtigen.

Einen weiteren wichtigen Knotenpunkt der preußisch-chinesischen Erinnerungskultur stellt das 1887 gegründete Seminar für Orientalische Sprachen in Berlin dar. Das war eine vom Staat sowie der Berliner Universität gemeinsam verwaltete Hochschule. Diese sollte hauptsächlich angesichts der Notwendigkeit von sprachkundigen Kolonialbeamten und -militärs sowie von weiteren interessierten Institutionen vor allem Sprachunterricht in asiatischen und afrikanischen Verkehrssprachen, darunter auch Chinesisch, erteilen.① Hier waren chinesische Muttersprachler als Lektoren tätig.

Dies war etwa in der Zeit, als eine chinesische diplomatische Gesandtschaft in Deutschland, für die in Berlin ein Gebäude errichtet worden war, die zwischenstaatlichen Beziehungen verstetigte. In einem Thesenbericht der Qing-Regierung aus dem Jahre 1887 hieß es u. a.: „Preußen heißt nun Deutschland, und es hat auch einen Gesandten in Peking."② Der erste chinesische Gesandte im seit 1871 vereinigten Deutschland hieß Liu Xihong.③ Auf politischer Ebene waren die angegangenen Kontakte bisher eher sporadisch geblieben. Erst ab etwa Mitte des 19. Jahrhunderts war der erste Freundschafts- und Handelsvertrag vom Deutschen Zollverein mit dem chinesischen Kaiserreich abgeschlossen worden. Jedoch existierten Kontakte im Rahmen der Entsendung von deutschen Militärinstrukteure nach China, worüber in Deutschland bis heute recht wenig bekannt ist④ und sich heute auch nicht in sichtbaren Orten erinnern lässt.

Dennoch blieben in den letzten drei Jahrzehnten des 19. Jahrhunderts die Kontakte existent, jedoch oft sporadisch. Der deutsche China-Spezialist Herbert Franke urteilte: „Insgesamt... wird man zugeben müssen, daß China im öffentlichen Bewußtsein der Deutschen zunächst eine eher marginale Rolle spielte."⑤ So blieb auch der Besuch des chinesischen Staatsmannes Li Hongzhang (1823-1901) bei dem deutschen Reichskanzler Otto von Bismarck in Berlin im Jahre 1896 eine Episode.

---

① Stoecker Holger, *Das Seminar für orientalische Sprachen*, in: van der Heyden Ulrich/Zeller Joachim (Hrsg.), *Kolonialmetropole Berlin. Eine Spurensuche* (Berlin, 2002), S. 115-121.

② *Zongshu Zoudi Huiding*, 3 Bde., Bd. 1:11 (Peking, 2003).

③ Zhongliang Hu, *Liu Xihong. Der erste chinesische Gesandte in Deutschland*, in: Leutner Mechthild, Steen Andreas u. a. (Hrsg.), *Preußen, Deutschland und China...*, a.a.O., S. 161-194.

④ Kaske Elisabeth, *Bismarks Missionäre. Deutsche Militärinstrukteure in China* 1884-1890 (Wiesbaden, 2002).

⑤ Franke Herbert, *Die Beschäftigung mit der chinesisch-deutschen Geschichte*, in: Hinz Hans-Martin/Lind Christoph (Hrsg.), *Tsingtau. Ein Kapitel deutscher Kolonialgeschichte in China* 1897-1914 (Berlin, 1998), S. 10-12.

Auch die Entsendung chinesischer Studenten nach Deutschland zu jener Zeit hatte Einfluss auf den Kulturaustausch zwischen beiden Ländern. Ein Teil der Studenten studierte in militärisch relevanten Disziplinen in Berlin. Vier von ihnen wurden dem 4. Infanterie-Regiment in Berlin-Spandau zugeteilt.① Insgesamt hielten sich um die Jahrhundertwende um die einhundert chinesische Studenten verstreut über ganz Deutschland auf. Jedoch auch chinesische Studenten, die zivile Studien betrieben, hielten sich in Berlin auf.

Koloniale Kontakte

Letztlich waren die bisher angeführten Kontakte zwischen Chinesen und Deutschen kaum der direkten Art. Nur vereinzelte hatten in Brandenburg/Preußen geborene Deutsche persönliche Beziehungen zu chinesischen Bürgern. Dies geschah allerdings ab dem Jahr 1897, als Deutschland das Pachtgebiet Tsingtau in sein Kolonialreich eingliederte.

Mit der Umsetzung der kolonialen Pläne Deutschlands rückten China und die Chinesen stärker ins öffentliche Bewusstsein der Deutschen. „Seit der Jahrhundertwende“, so resümiert Herbert Franke, entdeckte auch „das geistige Deutschland, was China und seine Kultur zu bieten hatten. Nachdichtungen chinesischer Lyrik erschienen in größerer Zahl und erschlossen dem deutschen Lesepublikum den Blick auf eine neue dichterische Welt. Das wirkte sich auch auf die Musik aus.“②

Von diesen Einflüssen existieren jedoch für die Öffentlichkeit wahrnehmbare materielle Zeugnisse nur in Bibliotheken und Archiven. Sichtbar gewordene Zeugnisse der Erinnerungskultur existieren vor allem durch Gebäude und Straßennamen, die Bezug zu China aufweisen. Denn die Verwaltung des Pachtgebiets Tsingtau oblag dem Reichsmarineamt, welches in Berlin die Funktion eines Ministeriums für die deutsche Marine ausübte und nicht, wie oft angenommen wird, das ansonsten für die Kolonien zuständige Reichskolonialamt. Das Reichsmarineamt hatte im Zentrum der deutschen Hauptstadt am Leipziger Platz seinen eigenen Sitz und wechselte ihn mehrfach. Hier arbeiteten Chinesen als Dolmetscher. Auch wenn nicht alle Gebäude erhalten geblieben sind, kann man zumindest von einem imaginären Ort der deutsch-chinesischen Erinnerungskultur sprechen, auch wenn damit durch die blutige Niederschlagung des sogenannten Boxeraufstands diese einen negativen Anstoß bietet.③

---

① Jian Xu, *Die offizielle Entsendung chinesischer Studenten nach Deutschland in der späten Qing-Zeit*, 1876-1911, in: Leutner Mechthild/Steen Andreas u. a. (Hrsg.), *Preußen, Deutschland und China...*, a.a.O., S. 195-229.

② Franke Herbert, *Die Beschäftigung mit der chinesisch-deutschen Geschichte...*, a.a.O., S. 11.

③ Zur Aufarbeitung dieser Thematik vor allem Leutner Mechthild/Mühlhahn Klaus (Hrsg.), *Kolonialkrieg in China. Die Niederschlagung der Boxerbewegung* 1900-1901 (Berlin, 2007).

Sichtbare materielle Zeugnisse aus dieser Zeit sind vor allem in regionalen Museen befindliche „Mitbringsel“ von heimgekehrten deutschen Soldaten, die zuweilen bis zum heutigen Tag noch nicht als solche erkannt, geschweige denn erschlossen worden sind. An einer aufwendigen Provenienzforschung wird in Berlin-Brandenburg zurzeit gearbeitet, die auch die Herkunft und die Art und Weise der Erwerbung dieser Exponate einschließen wird.

In den größeren, aber auch kleineren Archiven der beiden hier im Mittelpunkt stehenden deutschen Bundesländer befinden sich nicht wenige persönliche Briefe und Postkarten von deutschen Teilnehmern des Boxeraufstands, die eine spezifische historische Quellenkategorie darstellen.①

Anders sieht es mit den sogenannten Sühnegeschenken② aus, die als besondere Demütigung der Chinesen gelten. Der mit der Sühnemission beauftragte Prinz Chun II. (1883-1951), Vater des letzten chinesischen Kaisers Puyi, begab sich persönlich nach Berlin, um sich unter entwürdigenden Bedingungen für den Mord an den deutschen Diplomaten Clemens von Ketteler (1853-1900) in Peking, der übrigens in Potsdam, der brandenburgischen Landeshauptstadt, geboren worden ist,③ zu entschuldigen. Die chinesische Delegation übergab als Sühneakt am 4. September 1901 im Neuen Palais in Potsdam die Geschenke, die anschließend an verschiedene deutsche Museen übergeben wurden. Die Mehrzahl der Objekte verblieb jedoch in Berlin. Sie wurden an zwei Museen übergeben, die bereits über ansehnliche chinesische Sammlungen verfügten. Das Museum für Völkerkunde und das Kunstgewerbemuseum, der heutige Martin-Gropius-Bau, waren die Nutznießer.④

Dauerhafter als Erinnerung an die heute noch in Berliner Museen vorhandenen „Sühnegeschenke“ aus China⑤ haben sich im Stadtbild Berlin einige Straßennamen erhalten, die einen Bezug zum Boxeraufstand aufweisen. In Berlin wurde die Takustraße nach den durch die Alliierten beschossenen Taku-Forts benannt. Die Iltisstraße nach dem beim Boxeraufstand eingesetzten deutschen Kanonenboot SMS Iltis und die Lansstraße nach

---

① Wünsche Dietlind, *Feldpostbriefe aus China. Wahrnehmungs- und Deutungsmuster deutscher Soldaten zurzeit des Boxeraufstands* 1900/1901 (Berlin, 2008).

② Die kompakte Zusammenfassung bei Klein Thoralf, *„Sühnegeschenke“. Der Boxerkrieg*, in: van der Heyden Ulrich/Zeller Joachim (Hrsg.), *„... Macht und Anteil an der Weltherrschaft“...*, a.a.O., S. 208-214; Mühlhahn Klaus, *Kotau vor dem deutschen Kaiser? Die Sühnemission des Prinzen Chun*, in: Leutner Mechthild, ders. (Hrsg.), *Kolonialkrieg in China...*, a.a.O., S. 204-209.

③ Fischer Per, *Clemens von Ketteler. Ein Lebensbild aus amtlichen und privaten deutschen Quellen*, in: Heng-Yü Kuo/Leutner Mechthild (Hrsg.), *Deutschland und China. Beiträge des Zweiten Internationalen Symposiums zur Geschichte der deutsch-chinesischen Beziehungen* (Berlin, 1991/München, 1994).

④ Klein Thoralf, *Sühnegeschenke...*, a.a.O.

⑤ Butz Herbert, *Kniefall und Geschenke. Die Sühnemission des Prinzen Chun in Deutschland*, in: Hinz Hans-Martin/Lind Christoph (Hrsg.), *Tsingtau...*, a.a.O., S. 173-180.

Wilhelm von Lans (1861-1947), dem Kommandanten dieses Kanonenboots. Beide Straßen existieren in Berlin-Dahlem. Trotz jahrzehntelanger Forderungen, die Straßennamen zu ändern, weil sie Kolonialismus und Kriegsverbrechen wie Plünderungen und Vergewaltigungen heroisierten, wurden die Namensänderungen nicht vorgenommen. Allerdings wurde eine Stele errichtet, die den historischen Kontext der Straßenbezeichnungen erläutert.

In der deutschen Hauptstadt existiert auch noch eine Kiautschoustraße, die in Berlin-Wedding zum Pekinger Platz führt.

Aus jener Zeit, als Deutschland das chinesische Pachtgebiet zu seinem Kolonialgebiet zählte, stammt nämlich das in Deutschland beliebte Tsingtau-Bier, welches es heute in fast allen China-Restaurants und -Läden zu kaufen gibt und auf die einzige deutsche Kolonie verweist, die von Anfang an als staatliches Unternehmen entstand.①

Neben einigen Grabsteinen auf Berliner und Brandenburger Friedhöfen, auf denen Deutsche beerdigt worden sind, die einen Bezug zur Geschichte der deutsch-chinesischen Beziehungen haben, wie der Gouverneur Heinrich Schnee (1871-1949), der der Mandschurei-Kommission des Völkerbundes angehörte und in der Nähe der Heerstraße beerdigt ist,② oder der Geograph und Forschungsreisende Ferdinand von Richthofen (1833-1905), der in seinen Studien über das chinesische Kaiserreich den Begriff der Seidenstraße prägte③ und auf dem Friedhof im brandenburgischen Stahnsdorf, an der Berliner Stadtgrenze, seine letzte Ruhestätte fand.④ Es gibt sicherlich noch weitere Erinnerungsorte der chinesisch-preußisch/brandenburgischen Beziehungen, ganz zu schweigen von der Zeit ab dem Ersten Weltkrieg, die es wert wären, entdeckt und kommentiert zu werden.

Inhaltsverzeichnis

[1] Abermeth Katharina, Schnee, Heinrich. Karriereweg und Erfahrungswelten eines deutschen Kolonialbeamten (Kiel, 2017).

[2] Butz Herbert, Kniefall und Geschenke. Die Sühnemission des Prinzen Chun in

---

① Lü Yixu, *Tsingtau*, in: Zimmerer Jürgen (Hrsg.), *Kein Platz an der Sonne. Erinnerungsorte der deutschen Kolonialgeschichte* (Frankfurt am Main/New York, 2013), S. 208-230.

② Abermeth Katharina, *Schnee, Heinrich. Karriereweg und Erfahrungswelten eines deutschen Kolonialbeamten* (Kiel, 2017).

③ Osterhammel Jürgen, *Forschungsreise und Kolonialprogramm. Ferdinand von Richthofen und die Erschließung Chinas im* 19. *Jahrhundert*, in: *Archiv für Kulturgeschichte*, *Nr.* 1, (Köln/Weimar/Wien, 1987), S. 150-195.

④ Eming Ralf, *Stahnsdorf. Letzte Ruhestätte des Geographen Ferdinand von Richthofen*, in: van der Heyden Ulrich/Zeller Joachim (Hrsg.), *Kolonialismus hierzulande*..., a.a.O., S. 107-112.

Deutschland, in: Hinz Hans-Martin/Lind Christoph (Hrsg.), Tsingtau. Ein Kapitel deutscher Kolonialgeschichte in China 1897-1914 (Berlin, 1998), S. 173-180.

[3] Conrad Sebastian, „Die Sehnsucht nach Chinesen". Chinesische Arbeiten in der preußischen Landwirtschaft, in: van der Heyden Ulrich/Zeller Joachim, „... Macht und Anteil an der Weltherrschaft". Berlin und der deutsche Kolonialismus (Münster, 2005), S. 215-221.

[4] Eberstein Bernd, Hamburg - China. Geschichte einer Partnerschaft (Hamburg, 1988).

[5] Eberstein Bernd, Preußen und China. Eine Geschichte schwieriger Beziehungen (Berlin, 2007).

[6] Eming Ralf, Stahnsdorf. Letzte Ruhestätte des Geographen Ferdinand von Richthofen, in: van der Heyden Ulrich/Zeller Joachim (Hrsg.), Kolonialismus hierzulande. Eine Spurensuche in Deutschland (Erfurt, 2007), S. 107-112.

[7] Fischer Per/Clemens von Ketteler. Ein Lebensbild aus amtlichen und privaten deutschen Quellen, in: Heng-Yü Kuo, Leutner Mechthild (Hrsg.), Deutschland und China. Beiträge des Zweiten Internationalen Symposiums zur Geschichte der deutsch-chinesischen Beziehungen (Berlin, 1991/München, 1994).

[8] Franke Herbert, Die Beschäftigung mit der chinesisch-deutschen Geschichte, in: Hinz Hans-Martin/Lind Christoph (Hrsg.), Tsingtau. Ein Kapitel deutscher Kolonialgeschichte in China 1897-1914 (Berlin, 1998), S. 10-12.

[9] Giersberg Hans-Joachim/Nicht Jutta/Dreger Marion, Das Chinesische Haus im Park von Sanssouci (Berlin, 1998).

[10] Gruber Alain, Chinoiserie. Der Einfluss Chinas auf die europäische Kunst, 17. bis 19. Jahrhundert (Bern, 1984).

[11] Gütinger Erich, Die Geschichte der Chinesen in Deutschland. Ein Überblick über die ersten 100 Jahre ab 1822 (Münster, 2005).

[12] Hesse Johannes, Niedersachsen und China. Gestern und Heute (Seelze, 1987).

[13] Jian Xu, Die offizielle Entsendung chinesischer Studenten nach Deutschland in der späten Qing-Zeit, 1876-1911, in: Leutner Mechthild/Steen Andreas u. a. (Hrsg.), Preußen, Deutschland und China. Entwicklungslinien und Akteure (1842-1910) (Berlin, 2014), S. 195-229.

[14] Kaske Elisabeth/Bismarks Missionäre, Deutsche Militärinstrukteure in China 1884-1890 (Wiesbaden, 2002).

[15] Klein Thoralf, „Sühnegeschenke". Der Boxerkrieg, in: van der Heyden Ulrich/Zeller Joachim (Hrsg.), „... Macht und Anteil an der Weltherrschaft". Berlin und der deutsche Kolonialismus (Münster, 2005), S. 208-214.

[16] Lehmann Hellmut, 150 Jahre Berliner Mission (Erlangen, 1974).

[17] Leutner Mechthild/Steen Andreas/Kai Xu/Jian Xu/Klosterhuis Jürgen/Wanglin Hu/Zhongliang Hu (Hrsg.), Preußen, Deutschland und China. Entwicklungslinien und Akteure (1842-1910) (Berlin, 2014).

[18] Lü Yixu, Tsingtau, in: Zimmerer Jürgen (Hrsg.), Kein Platz an der Sonne. Erinnerungsorte der deutschen Kolonialgeschichte (Frankfurt am Main/New York, 2013), S. 208-230.

[19] Manalapanacharoen Suphot, König Chulalongkorn und die Stadt Berlin, in: van der Heyden Ulrich/Zeller Joachim (Hrsg.), „... Macht und Anteil an der Weltherrschaft". Berlin und der deutsche Kolonialismus (Münster, 2005), S. 251-256.

[20] Mühlhahn Klaus, Herrschaft und Widerstand in der „Musterkolonie" Kiautschou. Interaktionen zwischen China und Deutschland 1897-1914 (München, 2000).

[21] Mühlhahn Klaus, Kotau vor dem deutschen Kaiser? Die Sühnemission des Prinzen Chun, in: Leutner Mechthild, ders. (Hrsg.), Kolonialkrieg in China. Die Niederschlagung der Boxerbewegung 1900-1901 (Berlin, 2007), S. 204-209.

[22] Noack Lothar/Splett Jürgen, Bio-Bibliographischen. Brandenburgische Gelehrte der Frühen Neuzeit. Berlin-Cölln 1640-1688, Bd. 1 (Berlin, 1997).

[23] Osterhammel Jürgen, Forschungsreise und Kolonialprogramm. Ferdinand von Richthofen und die Erschließung Chinas im 19. Jahrhundert, in: Archiv für Kulturgeschichte, Nr. 1, (Köln/Weimar/Wien, 1987), S. 150-195.

[24] Preußen — Deutschland — China. Ein Inventar zu Akten des Geheimen Staatsarchivs Preußischer Kulturbesitz und des Bundesarchivs, Abteilung Reich (Berlin).

[25] Pützstück Lothar, Düsseldorf und China. Politische und kulturelle Bezüge im Kaiserreich, in: van der Heyden Ulrich/Zeller Joachim (Hrsg.), Kolonialismus hierzulande. Eine Spurensuche in Deutschland (Erfurt, 2007).

[26] Ruitenbeek Klaas, Gesichter Chinas. Portraitmalerei der Ming- und Qing-Dynastie (1368-1912) (Petersberg, 2017).

[27] Seyfruedm Friederick/Jung Mariana (Hrsg.), China und Ägypten. Wiegen der Welt (München, 2017).

[28] Sobich Frank Oliver/Bischoff Sebastian, „Chinesenpest" in Ostpreußen. Wie die Sozialdemokraten bei den „Hottentotten-Wahlen" 1907 in den östlichen Provinzen um Stimmen warben. in: van der Heyden Ulrich/Zeller Joachim (Hrsg.), Kolonialismus hierzulande. Eine Spurensuche in Deutschland (Erfurt, 2007), S. 190-194.

[29] Steinmetz George, The Devil's Handwirting. Precoloniality and the German colonial State in Qingdao, Samoa, and Southwest Africa, (Chicago/London, 2007).

[30] Stoecker Holger, Das Seminar für orientalische Sprachen, in: van der Heyden Ulrich/Zeller Joachim (Hrsg.), Kolonialmetropole Berlin. Eine Spurensuche (Berlin, 2002),

S. 115-121.

[31] Stoecker Helmuth, Deutschland und China im 19. Jahrhundert. Das Eindringen des deutschen Kolonialismus (Berlin, 1958).

[32] Van der Heyden Ulrich, Die „Hottentottenwahlen“ von 1907, in: Zimmerer Jürgen/ Zeller Joachim (Hrsg.), Völkermord in Deutsch-Südwestafrika. Der Kolonialkrieg (1904-1908) in Namibia und seine Folgen (Berlin, 2003), S. 97-102.

[33] Wagner Daniel Ernst, Allgemeine Weltgeschichte von der Schöpfung an bis auf gegenwärtige Zeit, 14 Bd., 3. Bd. (Leipzig, 1777).

[34] Widmer Paul (Hrsg.), Europe in China. Mission as a vehicle to cultural dialogue (Stuttgart, 2012).

[35] Wippich Rolf-Harald, Oldenburg und Ostasien. Der Schiffs- und Handelsverkehr eines norddeutschen Kleinstaates im Chinesischen Meer in der Mitte des 19. Jahrhunderts, in: Jahrbuch für Europäische Überseegeschichte, Bd. 4 (Wiesbaden, 2004).

[36] Wünsche Dietlind, Feldpostbriefe aus China. Wahrnehmungs- und Deutungsmuster deutscher Soldaten zurzeit des Boxeraufstands 1900/1901 (Berlin, 2008).

[37] Zhongliang Hu, Liu Xihong. Der erste chinesische Gesandte in Deutschland, in: Leutner Mechthild, Steen Andreas u. a. (Hrsg.), Preußen, Deutschland und China. Entwicklungslinien und Akteure (1842-1910) (Berlin, 2014), S. 161-194.

[38] Zongshu Zoudi Huiding, 3 Bde., Bd. 1:11 (Peking, 2003).